世界城地组织概况

中共西安市委外事工作委员会办公室　主编

世界知识出版社

图书在版编目（CIP）数据

世界城地组织概况 / 中共西安市委外事工作委员会办公室主编. —北京：世界知识出版社，2022. 9

ISBN 978-7-5012-6480-3

Ⅰ. ①世… Ⅱ. ①中… Ⅲ. ①城市—地方政府—国际组织—概况 Ⅳ. ①D523. 5

中国版本图书馆CIP数据核字（2021）第281169号

书　　名	**世界城地组织概况** Shijie Chengdi Zuzhi Gaikuang
主　　编	中共西安市委外事工作委员会办公室
责任编辑	谢　晴
责任出版	赵　玥
责任校对	陈可望
出版发行	世界知识出版社
地址邮编	北京市东城区干面胡同51号（100010）
电　　话	010-65265923（发行）　010-85119023（邮购）
网　　址	www.ishizhi.cn
经　　销	新华书店
印　　刷	北京虎彩文化传播有限公司
开本印张	720毫米 × 1020毫米　1/16　25⅛印张
字　　数	430千字
版次印次	2022年9月第一版　2022年9月第一次印刷
标准书号	ISBN 978-7-5012-6480-3
定　　价	86.00元

序　一

世界城市和地方政府联合组织（简称“世界城地组织”）比以往任何时候都更需要团结的力量。为了带来切实改变、提升组织水平，无数人不懈努力，互相合作，共同进步。

我们意识到，地方和区域政府是应对危机的关键，只有采取协调一致的行动才能克服危机。在应对21世纪最大的危机中，我们仍致力于为地方和区域政府服务，因为地方不仅是应对危机的关键，也是确保地球实现更宜居和更可持续转型的关键。正是在这样的背景下，在实现复苏和重新确定组织优先事项的过程中，国际社会间架起桥梁变得十分必要。

西安出版此书提供了一个扩大组织影响力、彰显世界城地组织对会员城市指导作用以及打破壁垒的机会。各城市和区域（如亚太区）都是世界城地组织的一部分，正是在它们的推动下，《未来公约》得以呈现，我们得以重新定义人类、地球与政府之间的关系。

西安对世界城地组织作出了积极贡献，这一点不仅体现在本书的出版上，也体现在地方行动港这一全球倡议中。地方行动港体现了地方行动所蕴含的变革力量，展现了增强集体性行动与转型以实现全球议程的必要性。

正是在西安等城市的领导和富有远见的地方行动之下，地方公共政策和行动才得以成为具有全球影响力的重大行动，地方和区域政府的集体参与感和共同责任才得以体现。

通过协同合作、对话交流和知识共享，我们希望此书能够在更大范围内增进中国地方社会对世界城地组织的认识，达成突破性共识，更好地推动全球响应和全球行动。这也证明了世界城地组织能够跨越国界，将国际社会紧密地联系在一起，赋权和提升地方政府。

众所周知，组织改革的动力源于团结。因此，我们一直致力于确保各会员城市在决策上拥有发言权。我们需要将地方政府的实际情况列入国际议程中，也需要呈现基于人民和所有利益攸关方需求的复苏景象。

世界城地组织作为各城市、大都市、地方和区域政府及其协会的全球性组织，致力于代表、捍卫和扩大所有地方和区域政府的声音。我们深信，此书是提高组织代表性，将世界城地组织带向全世界而向前迈出的一大步。随着每一位成员的加入，我们会变得更加强大、更加团结，更接近于打造一个不落一地、不落一人的世界。

世界城地组织秘书长

艾米莉亚·赛兹

2021年8月27日

序 二

联合国可持续发展目标为各成员国设立了总体框架，指导为民众和国际社会长期利益所作之共同奋斗。地方政府是全球多边利益攸关方伙伴关系的重要基石。如果没有与地方政府开展的重大合作，17个具体目标的落实就只是空中楼阁。此外，地方政府肩负着民众各方面的福祉，所以对于全球发展极为重要。其所发挥之作用，所积累之经验，为我们应对全球范围内的快速城市化提供了独特视角。被寄予厚望的地方政府，正为了前方的机遇和挑战，勠力同心，加快步伐。

相关各方已建立战略伙伴关系，加强合作，携手促进、开展和落实《2030年可持续发展议程》。世界城地组织亚太区是亚太地区城市和地方政府的平台。深耕数十载，我们建立了广泛而强劲的组织网络，为地区合作作出了重大贡献。我们对组织的成就深感自豪，对日益活跃的各城市而言，世界城地组织亚太区是值得信赖的合作伙伴，能够帮助城市和地方政府制定应对发展挑战解决方案，其中就包括西安市人民政府提出的编纂《世界城地组织概况》倡议。

有鉴于此，西安市人民政府编纂的这本书将成为信息和知识之源，向中国和世界各地所有城市以及地方政府介绍世界城地组织亚太区在进一步合作实现《2030年可持续发展议程》方面所作之努力和所创之机遇。《世界城地组织概况》与《世界城地组织亚太区2021—2025宣言》相契合，既为城市和地方政府应对新型挑战提供指导，又帮助实现本组织的愿景与使命。

世界城地组织亚太区希望加强全球议程与地方声音之间的重要联系。我们对具有远见卓识的西安市领导人表示感谢，感谢西安市人民政府编纂本书的倡议，呼应地方政府共同实现可持续发展的需求。我相信，本书将帮助城市和地方政府更好地了解世界城地组织和《2030年可持续发展议程》的落实情况。

《世界城地组织概况》不仅提醒人们，城市和地方政府在实现《2030年可持续发展议程》和其他全球议程方面发挥着不可或缺的作用，它也将指导我们通过密切合作提升民众的生活质量，改善我们的社会。我们要承担起对下一代人的使命担当，今天的共同努力会对他们的明天产生变革性的影响。

以梦为马，建设更好的社会！

携手奋进，共创亚太的辉煌！

世界城地组织亚太区秘书长

博娜蒂娅·伊拉瓦蒂·坦德拉德薇博士

2021年8月27日

目　录

第一章　基本概况……1
一、世界城地组织基本介绍……1
二、历史沿革……1
（一）艰难的开端（1913—1950）……2
（二）拓展纳新（1951—1990）……8
（三）国际舞台地方角色（1991—2003）……17
（四）地方与区域政府联合（2004—2012）……21
三、世界城地组织章程……24
四、选举程序规则……41
五、历届会员大会及主席团成员……46
（一）第一届会员大会……46
（二）第二届会员大会……46
（三）第三届会员大会……47
（四）第四届会员大会……47
（五）第五届会员大会……48
（六）第六届会员大会……48
（七）第七届会员大会……49
六、九大分会介绍……49
（一）亚太分会（Asia-Pacific，ASPAC）……49
（二）大都市协会（Metropolis）……50

（三）非洲分会（Africa）......51
（四）欧洲分会（Europe，CEMR）......52
（五）欧亚分会（Eurasia）......53
（六）中东及西亚分会（MEWA）......54
（七）北美分会（North America，NORAM）......55
（八）区域论坛（Forum of Regions）......56
（九）拉美分会（Latin America，FLACMA）......56
七、中国会员城市及组织名单（30个+4个）......57

第二章　运行机制......58
一、决策机构......59
（一）主席团......59
（二）世界理事会及执行局......60
二、机构委员会......95
（一）法定事务委员会......95
（二）财务管理委员会......96
（三）性别平等常务委员会......98
三、政策委员会......98
（一）城市权利与包容性地区委员会......99
（二）"机会平等、文化和城市外交：可持续发展与和平的关键"委员会......101
（三）地区多层次治理与可持续财政委员会......103
（四）更安全、有韧性和可持续的城市——有能力应对危机委员会......105
（五）实施《新城市议程》委员会......107
四、磋商机制......108
（一）主题委员会......110
（二）常驻工作组......113
（三）论坛......114
（四）实践社区......117

（五）其他......122
五、世界城地组织奖......123
（一）广州国际城市创新奖......123
（二）波哥大和平奖......124
（三）墨西哥城21世纪文化国际奖......126
（四）参与式民主国际观察站（IOPD）公民参与最佳实践奖......127
六、其他重要项目及工作机制......128
（一）务虚会（Retreat）......128
（二）全球工作组（Global Task Force）......132
（三）乌班图（UBUNTU）......133
（四）泛欧洲城镇和地区国际行动联盟（PLATFORMA）......134
（五）地方民主和权力下放全球观察站（GOLD）......135
（六）地方行动港（Local 4 action Hub）......137
（七）七个要点（7 Keys）......141

第三章　关键人物及城市......145
一、2019—2022届主席团、副主席个人及所在城市......145
（一）主席（自2021年11月起担任荣誉主席）......145
（二）联合主席......147
（三）司库......159
（四）联合国地方当局咨询委员会主席......163
（五）UCLG联合国特使......165
（六）UCLG地方发展特使......167
（七）UCLG主席团《新城市议程》使者......169
（八）副主席......171
二、秘书长和各分会秘书长......186
三、其他关键人物......195

第四章　部分重要分会......210
一、亚太分会......210

（一）章程……210
（二）选举程序规则……230
（三）2020—2022年主席团成员……233
（四）理事会成员……234
（五）执行局成员及城市介绍……236
（六）委员会……242
（七）主要会员组织……249
（八）2021—2025年战略计划宣言……251
二、世界大都市协会……257
三、欧洲分会……284

第五章 重要会议决议及文件……288
一、世界城地组织2016—2022年战略优先事项……288
（一）行动理念和途径……288
（二）全球目标本地化……296
（三）2016—2022年战略重点……298
（四）世界城地组织议程：本地化……299
二、变革我们的世界——联合国2030年可持续发展议程……308
三、德班政治宣言……342
四、丹吉尔宣言……346
五、后疫情时代宣言……347
六、地方和区域政府2020年可持续发展高级别政治论坛联合宣言……351
七、《罗马宪章》2020……355
八、2020年进展报告：同步之年……360
（一）第一次主席团会议，巴塞罗那，2020年1月……361
（二）丹吉尔务虚会……361
（三）爆发：赋予社区权力……362
（四）实时经验分享会……363
（五）视频交流和学习将给我们的会员带来知识……363
（六）疫情暴发期间的政治领导……364

（七）秘书长会议......364
（八）第一次世界城地组织线上执行局会议（意大利罗马市主办）....364
（九）联合国成立75周年大会......367
（十）高级别政治论坛......368
（十一）我们响应联合国75周年的号召......369
（十二）城市和地区紧急治理计划——监控疫情的影响及其产生的后果......371
（十三）地方和区域政府对联合国秘书长政策简报的贡献......371
（十四）前进的道路：从实施经验分享到“城市在倾听”体验......372

第六章　合作伙伴......373
一、联合国人居署......373
二、联合国开发计划署......375
三、C40......377
四、Urban20......378
五、宜可城—地方可持续发展协会......379
六、联合国经济和社会理事会......380
七、联合国粮食及农业组织......382
八、世界卫生组织......384
九、联合国环境规划署......384
十、联合国妇女地位委员会......386
十一、东南亚国家联盟......387

第一章　基本概况

一、世界城地组织基本介绍

世界城市和地方政府联合组织（以下简称“世界城地组织”，UCLG）于2004年成立，秘书处设在西班牙巴塞罗那，是全球最大、最具代表性的世界城市和地方政府的国际组织，覆盖全球24万个城市、城镇、区域和大都市，占世界总人口的70%，国家级地方政府协会会员175个。

世界城地组织在成立之初就将自身定位为“全球地方政府的统一声音”，在国际舞台上就重要国际议程从地方政府的角度发表意见和建议，积极参与联合国《2030可持续发展议程》以及气候变化、改善民生等议题。该组织下设9个分支机构：非洲分会、亚太分会、欧洲分会、欧亚分会、中东及西亚分会、拉美分会、北美分会、区域论坛和世界大都市协会。*

二、历史沿革

国际城市运动已有百年历史。1913年，世界城地组织的创始机构之一——国际地方政府联合会在比利时根特（Ghent）举行第一次大会。在这次大会上，与会市长和市政人员作出了一个富有开创性的决定，即继续以更有条理的方式进行长期合作，国际城市联盟（the Union Internationale des Villes, UIV）由此诞生。100年后，国际城市运动逐渐壮大，国际社会日益认识到，要真正解决全球问题，必须抓住地方层面这一核心。

2004年，世界城地组织在巴黎成立，这是国际城市运动的一个重要里程

---

* 本书部分内容译自世界城地组织官方网站，译文质量及其与原文的一致性由译者负责。——编者注

碑，因为它成功地将全球各地主要地方和区域政府协会联合起来。鉴于此，作为直接传承者，世界城地组织于2013年开展了贯穿全年的纪念国际城市运动100周年庆祝活动，并在世界地方和区域首脑会议上举办大型展览，详细介绍了该运动的百年历史。

（一）艰难的开端（1913—1950）

国际城市运动始于1913年创建的国际城市联盟。国际城市联盟旨在维持世界各地城市之间的永久关系，以便更好地为公民服务。

在两次世界大战期间，国际城市运动几乎没有进展。但在第二次世界大战之后，为了实现永久和平，城市合作和城际联系逐渐建立，国际冲突有所转变。

（1）1913年

随着国际城市联盟（UIV）在比利时根特的创建，国际城市运动正式诞生。在国际城市建设和组织社区生活艺术大会上，与会者们决定创建国际城市联盟，将其作为一个有关市政问题交流和文献记录的常设办公室。协会的第一个驻地在布鲁塞尔，同时设立由30名成员组成的临时理事会。

（2—5）1914年、1915年、1916年、1917年

1914年8月，第一次世界大战开始。虽然在荷兰市政协会（Association of Netherlands Municipalities）办事处［位于海牙（The Hague）荷兰地方政府协会（Association of Netherlands Municipalities）］设立一个“临时席位”，但国际城市联盟依然无法发挥关键作用。

埃米尔·芬奇（Emile Vinck）是国际城市联盟第一任秘书长。

（6）1918年

第一次世界大战结束后，国际城市运动的创始者返回各自的国家，他们中大多数人并未遭受战争的摧残。

（7）1919年

停战之后，国际城市联盟秘书长埃米尔·芬奇要求为恢复国际城市联盟工作提供信息与资金支持。国际联盟和劳工组织建立。

（8）1920年

9月5日至20日，在布鲁塞尔举行的“国际双周”（Quinzaine Internationale）期间，召开了国际城市联盟战后推动者会议，其中包括“城镇规划和地方政

府”部分。法国苏雷内斯市（Suresnes）市长亨利·塞利耶（Henri Sellier）和荷兰阿姆斯特丹市议员弗洛伦蒂努斯·马里努斯·维博特（Florentinus Marinus Wibaut）博士被赋予重新启动国际城市联盟的任务。国际城市运动的创始者将国际联盟（the League of Nations）视作潜在伙伴。

（9）1921年

尽管受到财政限制，国际城市联盟秘书长埃米尔·芬奇还是创建了第一个市政文献纪要（市政事务的文件注释），其中收录了各成员国关于市政主题的文章，内容涵盖城市生活、住房、污水、交通、公共卫生和火灾等方面。这份刊物由国际行政科学研究所与国际住房和城市规划联合会（International Federation for Housing and Town Planning）（成立于1913年）合作出版。

（10）1922年

9月，“世界地方自治联盟促进者筹备会”在巴黎举行。会议决定在巴黎举行大会，并成立国际文献中心。事实上，巴黎大会直到1925年才召开。

（11）1923年

国际联盟开始与地方政府合作。古巴代表泛美联盟通过一项决议，将城市间合作列入国际联盟第四届大会的议程，并请联盟秘书处编写主题报告。埃米尔·芬奇和负责该报告的联盟秘书处官员肯·哈拉达（Ken Harada）召开会议，但没有得出具体结论。

（12）1924年

6月30日，第二届国际城市联盟大会在阿姆斯特丹举行，试图“在地方政府之间建立永久关系”并制定规则，规定“成员间可互换文献记录”。弗·马·维博特博士成为国际城市联盟主席，埃米尔·布朗（Emile Braun）和格·库勒曼（G. Cooreman）担任名誉会长。大会还讨论了该联盟如何为国际联盟和国际组织工作作出贡献，并设立委员会筹办下一届大会。

（13）1925年

第三届国际城市联盟大会在巴黎举行，讨论了各国的地方政府制度、地方政府的土地使用政策及其对住房问题的影响，以及大型活动的管理。大会收到时任伦敦市公共卫生负责人G. 蒙塔古·哈里斯（G. Montagu Harris）的一份重要报告，他后来也在世界地方自治联盟的发展中发挥了重要作用。鹿特丹市长德鲁格勒弗·福图因（Droogleever Fortuyn）以及法国苏雷斯内斯市长兼法国城市和公社联盟（Union des Villes et Communes de France）秘书长亨利·塞利耶也做了关于其他议题的报告。720多名代表出席大会，并决定尝试重新开启与德国工会的联系。

（14）1926年

10月，德国杜塞尔多夫市（Dusseldorf）（市长为罗伯特·勒尔）监事会议设立国际城市联盟的常驻代表机构，并使其正常化。到1926年，国际城市联盟形成了一个汇集30个国家、52000个城市，并为国家和国际层面提供有效服务的组织架构。

（15）1927年

国际城市联盟在瑞士伯尔尼召开特别会议，会议就道路交通标志提出建议，后被包括国际联盟在内的国际机构采用。这一年标志着国际城市联盟的繁荣时期，由于与北美城市进行接触，联盟得到劳拉·斯佩尔曼·洛克菲勒纪念馆（Laura Spellman Rockefeller Memorial）等机构的支持。英国正式成为成员国、德国的回归，以及在欧洲东部的进一步发展，也有助于推动该联盟的发展。

（16）1928年

其间埃米尔·芬奇游历英国和北美，旨在提高国际城市联盟在英语国家中的影响力。此后，联盟更名为“世界地方自治联盟”，并逐渐成为国家和地方政府联合会。

（17）1929年

第四届世界地方自治联盟大会在塞维利亚—巴塞罗那举行。会议讨论了地方政府、具有经济性质的社区企业，以及公共事业征用土地的财政问题。兼任执政官及总监的佩利莫·德·里弗拉（Primo de Rivera）指出该城市是“开启民主政府的地方”。大会首次出现来自拉丁美洲的大型代表团。

（18）1930年

在列日—安特卫普举行的世界地方自治联盟会议是在比利时建国一百周年庆祝活动的框架下举行的。本次会议讨论了地方政府应对风险的保障机制、混合性质的企业，以及公共服务等方面的问题。

（19）1931年

美国市政运动的一些关键人物［后归入公共行政清算所（Public

Administration Clearing House）］访问欧洲，试图寻找潜在的欧洲合作伙伴，其中就包括世界地方自治联盟。1930年和1932年，他们两次访欧。第五届大会的宣传活动于会前一年启动，因此负责组织筹备大会的世界地方自治联盟委员会加大了工作力度。同时，世界地方自治联盟的出版物采用了一种更加新颖、现代的风格。

（20）1932年

第五届世界地方自治联盟大会在英国伦敦举行。大会重点聚焦地方政府工作、培训和强化市政雇员等。除法语外，大会的报告首次以英文和德文出版。来自40个国家的28个国家政府、27个地方政府组成的国家联盟、252个市政府和50个市政利益相关组织汇聚一堂，参会者约924人。

（21）1933年

乔治·蒙塔古·哈里斯对美国进行了为期6个多月的访问，专门研究市政系统。他认为路易斯·布朗洛（Louis Brownlow）治下的芝加哥公共行政清算所是美国最有价值的研究机构之一。他还走访了印度和日本，并在他的《从西方到东方》和《比较地方政府》两本书中对此行进行总结。

（22）1934年

在法国里昂举行的世界地方自治联盟会议侧重于与城市利益相关的主题，例如，建立公共科学以及收集和处理生活垃圾。世界地方自治联盟美国委员会由洛克菲勒基金会创建和资助，以维持与世界地方自治联盟的关系。这个团体改变了世界地方自治联盟的运作方式，成为美国市政运动和处理市政问题机构间的纽带。美国的资金支出从200美元增加到3500美元。

（23）1935年

1935年年初，世界地方自治联盟大会召开前夕，时任联盟主席维博特去世，继而由乔治·蒙塔古·哈里斯接任主席。

（24）1936年

在德国柏林—慕尼黑举行的第六届世界地方自治联盟大会缺席者众多，令人担忧。大会提出了一份应对社区与失业的重要报告。本届大会标志着世界地方自治联盟开始拥有北美和欧洲以外的更广泛、数量更多的国际成员。美国市政协会（American Municipal Association）主席约翰·斯图茨（John Stutz）当选世界地方自治联盟副主席。

（25）1937年

世界地方自治联盟继续在法国巴黎举行会议，会议主题涉及防治烟雾、粉尘、有毒气体，以及管控牛奶等。

（26）1938年

为纪念成立25周年，世界地方自治联盟在英国格拉斯哥举行会议，主题是大英帝国的殖民展览——“帝国展览”。专家会议上讨论了市政管理的具体问题，如污水和工业废物的处理以及防治自来水污染。1940年布加勒斯特（Bucharest）大会的筹备工作已经开始，但大会并没有如期举行。

（27）1939年

乔治·蒙塔古·哈里斯任世界地方自治联盟（国际城市联盟）主席。1939—1945年，由于第二次世界大战给全球带来动荡，联盟的工作被迫停止。埃米尔·芬奇在报告中指出，战争期间，在比利时协会的帮助下，通过哈瓦那（Havana）泛美中心（该时期世界地方自治联盟的正式地址），研究工作继续进行。

（28—30）1940年、1941年、1942年

第七届世界地方自治联盟大会原计划在布达佩斯举行，但因战争而推迟。

（31）1943年

法国苏雷斯内斯市长、“花园城市”推动者、首批国际城市联盟积极分子之一，亨利·塞利耶去世。

（32）1944年

安德烈·福伊森（André Voisin）、雅克·巴索（Jacques Bassot）和麦克斯·理查德（Max Richard）在里昂创立“联合会”（La Fédération），这是致力于促进社会组织权力下放的调解机构。首任秘书长安德烈·福伊森后来在创建欧洲城市委员会（Council of European Municipalities, CEM）方面发挥了重要作用。

（33）1945年

世界地方自治联盟秘书长埃米尔·芬奇参加了在伦敦成立的联合国教科文组织（UNESCO）首次会议，并提交了一份寻求合作的备忘录。

（34）1946年

得益于法国、英国、美国、瑞士和荷兰等国工会的支持，一个小范围会

议在布鲁塞尔举行，有12个工会或国家委员会派代表参加。参加人数达到120人。

（35）1947年

战后首届世界地方自治联盟大会在法国巴黎新翻修的联合国教科文组织大楼内举行，有来自23个国家的代表参加。在这次大会期间，法国市长和德国市长组建国际市长联盟（UIM），以促进两国之间的友好关系，确保和平。同年，荷兰地方政府协会总干事尼古拉斯·阿科玛（Nicholas Arkema）应埃米尔·芬奇的要求访问美国，以重建世界地方自治联盟与美国之间的联系，同时，努力与中南美洲和斯堪的纳维亚国家建立联系。

（36）1948年

埃米尔·芬奇和尼古拉斯·阿科玛决定将秘书处迁往海牙，该地址一直沿用到2004年。同年，随着乔治·蒙塔古·哈里斯离任，鹿特丹市长、荷兰地方政府协会主席彼得·乌德（Pieter Oud）成为世界地方自治联盟主席；荷兰地方政府协会理事阿科玛接替埃米尔·芬奇担任世界地方自治联盟秘书长；曾任荷兰市政联盟（Union of Netherlands Municipalities）助理主任的瑞芙尔（H. J. D. Revers）女士被任命为世界地方自治联盟首位女性副秘书长。埃米尔·芬奇离任时对她说："我们将火炬传递给您，请让它继续燃烧。"在尤金·怀勒（Eugène Wyler）和汉斯·兹宾登（Hans Zbindon）博士的倡议下，国际市长联盟在瑞士的佩尔兰山（Mont Pélerin）举行会议，将法国市长和德国市长召集在一起，以期重新开展充满活力的交流与和解。

（37）1949年

共有250名代表参加了在瑞士日内瓦举行的世界地方自治联盟会议。自战前离开联盟后，瑞典、丹麦和挪威地方政府重新加入联盟，德国再次成为联盟成员，新成立的以色列地方政府联盟也加入其中。埃米尔·芬奇作为前秘书长发言，并受到热烈欢迎。会议结构发生变化，印发一般性报告，附属问题只做口头发言，议程继续侧重于重建与和解。世界地方自治联盟公报以简短为特色，每三个月出版一次，内容为新闻概要和联盟活动集锦。

（38）1950年

"公共行政清算所"运动呼吁加强世界地方自治联盟与国际住房和城市规划联合会之间的工作联系，因为这两个组织在海牙共用办事处。同年，前任联盟秘书长埃米尔·芬奇在其80岁生日前夕去世。6月24—25日，联合会秘书长安德烈·福伊森在凡尔赛召开“法国共产主义和共和制部门”（Les Etats Généraux des Communes et Départements de France）会议，这是数月后建立欧洲城市委员会进程的第一步。

（二）拓展纳新（1951—1990）

国际城市运动在欧洲和北美以外地区的兴起是一个重要阶段，通过设立区域分部，尤其是在非洲和亚洲，扩大了地方政府的覆盖面，从而开启全球合作。

（39—40）1951年、1952年

根据法国外交部长罗伯特·舒曼（Robert Schuman）关于“建立有组织的欧洲以保障和平关系”的提议，欧洲多位市长在日内瓦成立欧洲城市委员会，在欧洲层面代表欧洲的地方利益。该委员会主要由世界地方自治联盟、联合会和国际市长联盟的亲欧成员组成。世界地方自治联盟大会在英国布莱顿（Brighton）举行，重点解决供水和污水处理问题、地方政府和教育问题。

（41）1953年

首届欧洲城市委员会大会在凡尔赛举行，最终出版了本联盟宪章，重点是为未来的多国磋商或重大政治、经济协议开启市政投入。世界地方自治联盟大会在维也纳举行。

首届欧洲城市委员会全体会议在凡尔赛举行，并于1953年出版了《欧洲公共自由宪章》。

（42）1954年

欧洲城市委员会活动的中心内容是“结好行动”，他们认为结好就像寻找伴侣，一个人必须了解未来的伴侣，了解他们的意愿，并让双方都觉得希望共同建立一个更加长久的关系。

（43）1955年

城镇联谊在冷战期间引发了激烈的辩论。欧洲城市委员会坚持只与“自由民主国家”中的伙伴城镇联谊这一立场。《双语世界报》和世界联合城市联盟—姊妹城市团体联盟（Fédération Mondiale des Cités Unies, FMCU-UTO）认为，与不同政治体系中的城镇结好有助于促进国际理解。与此同时，佛罗伦萨市长乔治·拉·皮拉（Giorgio La Pira）召开市长会议，讨论城市在构建和平中的作用，来自美国、苏联和中国的市长参会。世界地方自治联盟大会在罗马举行，主题是“地方政府财政和地方自治”。

（44）1956年

美国总统艾森豪威尔（Eisenhower）创立“人文交流计划”，鼓励美国公民与其他国家的公民进行交流，以促进文化互动和世界和平。《双语世界报》宣布将于1956年在圣艾蒂安（St Etienne）举行世界联谊大会，两位苏联市长确认参加，而欧洲城市委员会呼吁法国市长抵制本次大会。结好大会推迟到1957年，在法国艾克斯莱班（Aix-les-Bains）举行。

（45）1957年

4月28日，在艾克斯莱班举行的成立大会上，决定将《双语世界报》推广到世界双城联合会（Fédération Mondiale de Villes Jumelées，FMVJ）（后称“姊妹城市团体联盟”），旨在通过参与全球计划扩大行动、提高效率。创会主席是法国第戎市（Dijon）市长夏诺因·费利克斯·基尔（Chanoine Félix Kir）。“联谊”成为人类文化的一种工具，不分政党、不具排他性地将人们聚集在一起是至关重要的。让-马里·布雷桑（Jean-Marie Bressand）向欧洲城市委员会主席兼任《双语世界报》名誉主席的爱德华·埃里奥（Edouard Herriot）致信，谈及欧洲城市委员会和《双语世界报》之间的争执，“国家可能被分裂，但城市能够达成统一”。世界地方自治联盟在海牙召开会议，讨论城镇扩容、市中心交通拥堵、地方政府与欧洲经济一体化等问题。

（46）1958年

根据人文交流项目要求，作为友好城市运动的组织，国际友好城市（Sister Cities International）创建目标是通过相互尊重、理解和合作，以促进和平。姊妹城市团体联盟在英国哈罗盖特（Harrogate）举行第二次代表大会，会上法国图卢兹市（Toulouse）市长路易斯·巴泽克（Louis Bazerque）当选主席。世界地方自治联盟公共卫生委员会（IULA Public Health Committee）举办第一次会议，直接得益于与世界卫生组织（World Health Organization）的合作。

（47）1959年

亚洲和非洲成员的影响力逐步扩大，这是世界地方自治联盟发展过程中的重要里程碑。

（48）1960年

第三届世界双城联合会—姊妹城市团体联盟会议在意大利奥斯塔（Aosta）举行。世界双城联合会—姊妹城市团体联盟项目联合主席、英国考文垂市（Coventry）市长威廉·卡洛德（William Callow）和奥斯塔市市长朱利·多奇（Giulio Dolchi）向600多名与会者表示热烈欢迎。会议期间，非洲成员首次参会，开启了非洲友好结对的项目。以色列特拉维夫（Tel-Aviv）举办的世界地方自治联盟大会主要侧重于发展中国家和地区地方政府的任务。世界地方自治联盟主席彼得·乌德（Pieter Oud）离任，并被授予荣誉奖章，他的继任者是比利时梅赫伦市（Malines）市长斯宾尼（A. Spinoy）。

（49）1961年

世界地方自治联盟会议在华盛顿举行，主题为“美国地方政府：近期趋势和发展以及大都市地区的问题”，来自50多个国家的代表参加会议。其中有两位代表分别是纽约市长罗伯特·F. 瓦格纳（Robert F. Wagner）和鹿特丹市长G. E. 范瓦尔苏姆（G. E. van Walsum），他们对其所在城市和地方政府面临的主要问题进行了基础性调研。世界地方自治联盟的刊物名为《世界各地地方政府》，重新编制成每年五期的英文特刊。市际技术援助方案（Intermunicipal Technical Assistance Programme）由世界地方自治联盟与联合国共同发起，福特基金会予以资金支持。

（50）1962年

第四届世界双城联合会—姊妹城市团体联盟大会在英国考文垂举行，会议选举产生第一位非洲籍主席、塞内加尔外交部长兼穆蓓科市（M’Backé）市长杜杜·蒂亚姆（Doudou Thiam）和联合主席、塞内加尔财政部长瓦尔迪奥·恩迪亚耶（Valdiodio N’Diaye）。550多名代表参加大会，签证被拒问题自第一届大会以来一直存在，而考文垂大会期间，该问题得到解决。H.瑞芙尔接替阿科玛担任世界地方自治联盟秘书长，这是女性首次担任该职务。

（51）1963年

世界地方自治联盟大会在比利时布鲁塞尔举行。大会主题是“20世纪的地方政府”，并庆祝国际市政合作五十周年，同时提交“青年社会适应困难问题”（Problems of Maladjusted Youth）的报告。同年，非洲统一组织（Organisation of African Unity）成立于亚的斯亚贝巴（Addis Ababa），塞内加尔的莱奥波德·塞达尔·桑戈尔（Léopold Sédar Senghor）当选首任主席。

（52）1964年

第五届世界双城联合会—姊妹城市团体联盟大会在波兰华沙举行，杜杜·蒂亚姆再次当选主席。对于城市发展框架内的和平与结好问题，大会进行了回顾。世界地方自治联盟参加了联合国举办的关于“中央服务走向地方政府”的研讨会。第一次研讨会在亚洲城市新德里举办，第二次会议在非洲城市扎里亚（Zaria）（尼日利亚境内）举办。

（53）1965年

第17届世界地方自治联盟大会在南斯拉夫贝尔格莱德举行。1965年是联合国成立20周年，联合国大会于1963年11月21日将该年指定为国际合作年。大会提议发行纪念邮票、活动日历，宣传和交流关于国际合作方面的所有信息，并成立国际合作年国家委员会（National Committees for the International Co-operation Year）。

（54）1966年

在突尼斯莫纳斯蒂尔（Monastir）举行世界双城联合会—姊妹城市团体联盟会议，会上首次讨论了城市与城市之间的合作问题，即通过当选代表和技术人员直接进行的市镇合作。地方一级组织安排具体的合作项目，有望产生“滚雪球效应”。该组织成为广为人知的世界联合城市联盟—姊妹城市团体联盟（FMCU–UTO），并取得A级非政府组织称号，标志着地方政府开始直接参与国际合作。

（55）1967年

第六届世界联合城市联盟—姊妹城市团体联盟大会在巴黎举行。为庆祝世界联合城市联盟成立十周年，拉·皮拉主席呼吁，总结回顾这十年的主要成就，即权力下放、公民自由迁徙的权利，以及反对种族主义、法西斯主义、帝国主义和歧视的斗争。姊妹城市团体联盟组织成员呼吁成立城市间的联合组织。在此之前，联合国为成立联合城市联盟拨划了专项资金。世界地方自治联盟大会首次在亚洲举行，东道主曼谷市长沙曼·尤瓦普纳（Shaman Yuvapurna）发表讲话。3月15日，阿拉伯城镇组织（Arab Towns Organization）在科威特成立，其宗旨是加强阿拉伯城市之间的合作，促进共同发展，同时保持其阿拉伯文化认同感。

（56）1968年

世界联合城市联盟—姊妹城市团体联盟在法国罗扬（Royan）举行会议。本次会议恢复了原先的双语制度，探讨通过语言学习，以增进各国人民之间的理解。全球大约20个国家的代表出席了会议，其中非洲代表出席人数众多。世界地方自治联盟将总部从荷兰地方政府协会办事处搬出，新办事处距离原址50米。

（57）1969年

应维也纳市市长邀请，世界地方自治联盟第19届大会在维也纳举行。在巴黎举行的世界联合城市联盟—姊妹城市团体联盟大会上，法国教育部长埃德加·福雷（Edgar Faure）和其他39位知名人士签署了致法兰西共和国总统的一封信，请求政府支持世界联合城市联盟—姊妹城市团体联盟的组织行动。

（58）1970年

世界联合城市联盟—姊妹城市团体联盟大会在列宁格勒（今圣彼得堡）的塔夫利宫举行。乔治·拉·皮拉再次当选主席，任期三年。他向会议提交报告，全面综述世界各地的种种危机。2000名代表参加会议，其中包括名誉主席、塞内加尔总统莱奥波德·塞达尔·桑戈尔。大会采用了联合国的和平公民联盟标志，体现了世界联合城市联盟为促进合作发展而采取行动。乔治·拉·皮拉表示，"团结城市和国家，并通过南北、东西方国家的合作建立联系"。欧洲城市委员会和世界地方自治联盟办事处设立在布鲁塞尔。国际法语国家组织（Organisation Internationale de la Francophonie）也于当年成立。

（59）1971年

第20届世界地方自治联盟大会于7月19—23日在加拿大多伦多举行。维也纳市市长费利克斯·斯拉维克当选为世界地方自治联盟新一届主席（任期：1971—1978年）。

（60）1972年

世界联合城市联盟—姊妹城市团体联盟大会在保加利亚索非亚举行。会议涉及城市水、空气、噪声和垃圾污染等议题（城市化带来的负面影响）。9月15日，突尼斯总统哈比卜·布尔吉巴（Habib Bourguiba）接见该组织代表团，并签署设立布尔吉巴合作奖。该奖由三个奖项（金、银、铜）构成，旨在促进最佳社会实践，激励新型合作项目。世界联合城市联盟—姊妹城市团体联盟还设立附属机构，即世界双语教育信息中心（World Centre of Information on Bilingual Education），安德烈·马蒂内（André Martinet）担任主席。2004年该中心改为双语和多语言教育信息中心（Centre of Information on Bilingual and Multi-Lingual Education）。

（61）1973年

世界联合城市联盟—姊妹城市团体联盟被评价为“在欧洲建设方面具有积极代表性”，并在欧洲委员会内具有“顾问”地位。世界联合城市联盟—姊妹城市团体联盟在黎巴嫩贝鲁特（Beirut）举行“世界社区间保护地中海免受污染会议”，使地中海沿岸所有城市聚集一起讨论污染管控问题。会议通过了《贝鲁特宪章》，召开了欧洲外围海洋区域会议，重点讨论了社会、经济和领土完整及综合海洋政策。同年，在塞内加尔达喀尔（Dakar）会议上，世界联合城市联盟—姊妹城市团体联盟通过了一项关于发展的政策文件。

（62）1974年

世界联合城市联盟—姊妹城市团体联盟关于城市交通问题的会议在意大利博洛尼亚（Bologna）举行，会议促成“发展中国家城市交通发展促进协会”的建立。

（63）1975年

第22届世界地方自治联盟大会在伊朗德黑兰（Tehran）举行，开幕式在鲁达基歌剧院（Rudaki opera hall）举行。会议形成了一份关于《城市化新模式》的报告。贝尔纳·斯塔西（Bernard Stasi）创建的法国城市联合会（CUF），旨在促进法国地方政府在和平、发展和团结的基础上采取行动。

（64）1976年

在加拿大温哥华召开的第一届联合国人居会议促成了联合国人类住区规划署（联合国人居署）的成立，其总部设在肯尼亚首都内罗毕（Nairobi）。世界联合城市联盟—姊妹城市团体联盟名誉主席让-马里·布雷桑和世界地方自治联盟主席斯拉维克在巴黎签署《联合声明》，但各成员国代表反应不一。

（65）1977年

世界联合城市联盟—姊妹城市团体联盟在瓜德罗普岛（Guadeloupe）皮特雷角（Pointe-à-Pitre）举行第九届大会，纪念该组织成立20周年。菲利普·马洛（Philippe Malaud）上半年担任世界联合城市联盟—姊妹城市团体联盟主席，后由法国波尔多市市长雅克·沙班–德尔马斯（Jacques Chaban-Delmas）接任（后担任法国国民议会主席）。第23届世界地方自治联盟大会在德国汉堡举行，主题是“提高生活质量：地方政府的挑战”。

（66）1978年

塞内加尔考拉克市（Kaolack）市长阿马杜·西塞–迪亚（Amadou Cisse-Dia）接替雅克·沙班–德尔马斯担任世界联合城市联盟—姊妹城市团体联盟主席。同年也是世界地方自治联盟创立75周年。

（67）1979年

国际法语国家市长协会（The Association Internationale de Maires Francophones）是在巴黎市长雅克·希拉克（Jacques Chirac）和魁北克市市长让·佩利西耶（Jean Pellicier）的倡议下成立的。第24届世界地方自治联盟大会在菲律宾马尼拉（Manila）举行。

（68）1980年

意大利都灵市（Turin）市长迭戈·诺维利（Diego Novelli）接替塞内加尔考拉克市市长阿马杜·西塞–迪亚，成为世界联合城市联盟—姊妹城市团体联盟主席。

（69）1981年

第十届世界联合城市联盟—姊妹城市团体联盟大会在摩洛哥卡萨布兰卡（Casablanca）举行。西班牙马德里市（Madrid）市长恩里克·蒂尔诺–加尔万（Enrique Tierno-Galvan）当选为联盟主席。第25届世界地方自治联盟大会在美国俄亥俄州哥伦布市（Columbus）举行。11月17日，世界地方自治联盟拉丁美洲区分会（Latin American Regional Section of IULA）在厄瓜多尔基多（Quito）成立，其前身为世界地方自治联盟拉丁美洲分部（IULA-LATAM），下设拉丁美洲地方政府发展培训中心（CELCADEL），现为世界城地组织拉丁美洲城市市镇联盟和拉丁美洲分会（FLACMA and Latin American regional section of UCLG）。第14届欧洲城市委员会大会在马德里举行。

（70）1982年

世界联合城市联盟—姊妹城市团体联盟庆祝成立25周年。欧洲委员会举行第17届欧洲地方和区域政府会议，并通过了关于地方自治原则的第126号决议。

（71）1983年

在意大利比萨举行的第一次“欧洲共同体地方和区域妇女代表会议”，由福斯塔·吉亚尼·切基尼（Fausta Giani Cecchini）市长主持。此次会议是在欧洲城市和地区委员会（Council of European Municipalities and Region，CEMR）的倡议下举办的。

（72）1984年

第11届世界联合城市联盟—姊妹城市团体联盟大会在加拿大蒙特利尔（Montreal）举行。欧洲城市委员会会议在意大利都灵举行，意大利总统佩尔蒂尼（Pertini）参会。法国里尔市（Lille）市长皮埃尔·毛罗伊（Pierre Mauroy）担任世界联合城市联盟主席，直至1992年。欧洲城市委员会更名为欧洲城市和地区委员会。非洲地方当局联盟（African Union of Local Authorities, AULA）成立，是世界地方自治联盟的非洲分部，其秘书处设在津巴布韦的哈拉雷（Harare）。法兰西岛城市化治理研究院（IAURIF）（现为IAU Ile de France）在巴黎组织召开国际会议“大都市84’”，主题是“巴黎大城市的问题和未来”。

（73）1985年

世界大都市协会（World Association of the Major Metropolises）在蒙特利尔正式建立，由法兰西岛（大巴黎）区域理事会［Regional Council of Ile de France（Greater Paris）］主席米歇尔·吉罗（Michel Giraud）担任创会主席。第27届世界地方自治联盟大会在里约热内卢（Rio de Janeiro）举行。此次会议颁布了世界地方自治联盟《世界地方自治宣言》。应东京都知事铃木（Suzuki）的邀请，世界主要城市会议（SUMMIT）在东京举行。它提供了讨论城市管理和城市在维护和平中作用的平台。欧洲委员会（Council of Europe）的《欧洲地方自治宪章》是第一个制定地方自治规范的国际条约，该条约由其成员国签署，在法国斯特拉斯堡（Strasbourg）通过。

（74）1986年

南非索韦托起义十周年之际（1976年6月16日），世界联合城市联盟—姊妹城市团体联盟反对种族隔离制度会议在塞内加尔达喀尔举行。欧洲城市组织由欧洲六大城市的市长创建，即西班牙巴塞罗那、英国伯明翰、德国法兰克福、法国里昂、意大利米兰和荷兰鹿特丹。

（75）1987年

第28届世界地方自治联盟大会在罗马举行。第12届世界联合城市联盟—姊妹城市团体联盟大会在法国格勒诺布尔（Grenoble）举行。世界联合城市联盟—姊妹城市团体联盟被联合国指定为“和平使者”。第二届世界大都市协会大会在墨西哥市举行，主题为“让所有人在大都市过上更好的生活”。在联合国亚洲及太平洋经济社会委员会（UNESCAP）、联合国开发计划署（UNDP）、联合国人居署（UN–HABITAT）、名古屋市（Nagoya）和27个成员的支持下，在日本名古屋大会（N’LAP）上正式建立亚太城市间合作网络（CITYNET）。世界地方自治联盟—东地中海和中东地区分会（IULA-EMME），也就是今天的世界城地组织—中东及西亚分会（UCLG-MEWA）在土耳其成立，这是世界地方自治联盟的中东区分部。世界地方自治联盟出版德勒·奥卢武的《非洲地方政府作为经济和社会发展的工具》。

（76）1988年

世界联合城市联盟—姊妹城市团体联盟拉丁美洲—欧洲城市国际会议在乌拉圭蒙得维的亚（Montevideo）举行。会议讨论了贫民区的供水和公共卫生问题。《欧洲地方自治宪章》正式生效。到2013年，欧洲委员会47个成员国中已有46个批准了《欧洲地方自治宪章》。

（77）1989年

世界联合城市联盟—姊妹城市团体联盟的技术方案结构——联合城市发展组织（United Cities Development）成立。该组织致力于采取更大规模的行动，并将新的城市纳入发展援助和城市管理。第29届世界地方自治联盟大会在澳大利亚珀斯（Perth）举行。世界地方自治联盟亚洲和太平洋区域分会（IULA’s Asia and Pacific Regional Section）成立，印度尼西亚雅加达（Jakarta）省长沃戈·阿特莫达明托（Wyogo Atmodarminto）任主席。《城市网络宪章》获得通过。在欧洲议会（European Parliament）的帮助下，欧洲共同体（European Community）制订第一个城镇结好资助方案，该方案后来演变为欧洲公民方案（European Pargament）。

（78）1990年

第13届世界联合城市联盟—姊妹城市团体联盟大会在阿根廷科尔多瓦（Cordoba）举行。第三届世界大都市协会大会在墨尔本举行，主题为“大都市会处于优势地位吗?”在纽约联合国总部举行的地方政府可持续发展世界大会上，43个国家的200多个地方政府代表出席会议，倡导地区可持续发展国际理事会（ICLEI）［现为地方政府可持续发展理事会（Local Governments for Sustainability）］成立。欧洲城市和地区委员会与世界地方自治联盟的欧洲委员会进行融合，欧洲城市和地区委员会成为世界地方自治联盟欧洲分会（European regional section of IULA）。

（三）国际舞台地方角色（1991—2003）

四国集团（G4）、四国集团+（G4+）和世界城地自治协调协会（CAMVAL）的创建促进了地方组织之间的国际协作，克服了在活动、措施和市政行动方面的分歧，促使人们更加认识到地方层面在国际发展合作和政策制定方面的有效性。

地方层面协调的基调从临时性转向永久性，目的是为世界各地的地方和区域当局建立统一的声音，并致力于完成一系列活动。

（79）1991年

第30届世界地方自治联盟大会在挪威奥斯陆（Oslo）举行。大会通过了关于环境、健康和生活方式的《奥斯陆宣言》。同年，欧洲城市和地区委员会庆祝成立40周年。

（80）1992年

联合国环境与发展会议（即“地球峰会”）在巴西里约热内卢举行。会上，地方当局首次被公认为“主要团体”，并帮助起草了《21世纪议程》第28章内容。《21世纪议程》使全球成千上万的地方政府和社区迅速参与到可持续发展中。“四国集团”协调机制形成于巴西库里提巴（Curitiba），由世界城市联盟、世界地方自治联盟、世界大都市协会和世界主要城市会议构成。里斯本市（Lisbon）市长若热·桑帕约（Jorge Sampaio）当选世界联合城市联盟—姊妹城市团体联盟主席，并在敦促世界城市团结方面发挥积极作用。

（81）1993年

联合城市发展组织获得联合国人居署颁发的“权力下放合作模式”奖。世界大都市协会第四届世界大会在加拿大蒙特利尔举行，主题是“公民与可持续发展”，大会新设技术援助服务，以促进成员之间的交流。第31届世界地方自治联盟世界大会在加拿大多伦多召开，会上通过《世界地方自治宣言》修订版。在国际生态城市会议召开之际，倡导地区可持续发展国际理事会（ICLEI）执行委员会会议在东京举行。倡导地区可持续发展国际理事会—欧洲分会（ICLEI-Europe）与欧盟委员会（European Commission）建立合作关系。

（82）1994年

第14届世界联合城市联盟—姊妹城市团体联盟大会在葡萄牙里斯本举行。世界地方自治联盟主席里卡多·特里格里亚（Riccardo Triglia）受邀出席并致辞，世界大都市协会派代表出席。"四国集团"扩展为"四国集团+"，欧洲城市和地区委员会、阿拉伯联合城镇（United Arab Towns）、亚太城市间合作网络（CITYNET）以及非洲城市联盟（Union of African Cities）等纳入世界区域协会。

（83）1995年

第32届世界地方自治联盟大会在荷兰海牙举行，主题是"市政国际合作"。智利圣地亚哥市（Santiago）市长杰米·拉维内（Jaime Ravinet）当选世界地方自治联盟主席。英联邦地方政府论坛（Commonwealth Local Government Forum, CLGF）成立。如今，英联邦地方政府论坛成员已遍及全球40个国家和地区。谢赫·马克图姆·本·拉希德·阿勒马克图姆（Sheikh Maktoum Bin Rashid Al Maktoum）发起迪拜地方政府最佳实践奖，该奖项是与联合国人居署联合设立的。英国利兹市议会（Leeds City Council）领导人乔恩·特里克特（Joh Trickett）成为世界联合城市联盟—姊妹城市团体联盟主席。倡导地区可持续发展世界理事会—美国分会（ICLEI USA）启动，并从参与试点的少数几个地方政府发展成为一个由600多个市、镇和县组成的强大网络，积极致力于减少温室气体排放量，建立更具可持续性发展的社区等。

（84）1996年

联合国第二次人类居住大会（简称"人居二"），即"城市峰会"在土耳其伊斯坦布尔（Istanbul）举行。会议通过《人居议程》，并得到联合国大会的正式批准。这项议程规定了使所有人实现充分住房和可持续的人类住区发展的政策和执行方法。会议认为，各国政府视地方政府为"最紧密的合作伙伴"，并将地方政府的能力建设确定为优先事项。"四国集团+"在伊斯坦布尔组织了世界城市和地方当局大会（WACLA），大会通过一项宣言，要求国际协会更密切地协调和发展与联合国系统的关系，后在巴黎会议上，建立了相关协调机制，被称为“世界城市和地方当局协会”（WACLAC）。塞内加尔卢加地区（Louga Region）领导人达比·迪亚涅（Daby Diagne）成为世界联合城市联盟—姊妹城市团体联盟主席。第五届世界大都市协会世界大会在东京举行，主题为“人民的大都市协会：寻求世界公民之间的团结”。

（85）1997年

世界地方自治联盟首次在非洲毛里求斯（Mauritius）举行，主题是“三千年的地方治理：地球村的地方治理、多样性与伙伴关系”。德国科隆市（Cologne）市长诺伯特·布尔格（Norbert Burger）成为世界地方自治联盟主席，表示“我决心在任期内为世界联合城市联盟—姊妹城市团体联盟的统一目标而努力”。世界城市和地方当局大会世界理事会在内罗毕的联合国人居中心（UNCHS）总部召开。世界地方自治联盟发起“协会能力建设计划”，由荷兰政府资助，这是第一个包含所有大洲，并将南北地方政府协会联系起来的计划。

（86）1998年

第15届世界联合城市联盟—姊妹城市团体联盟大会在法国里尔举行。迪亚涅主席邀请世界地方自治联盟主席布尔格在大会发言，这是实现组织合并的一步。世界联合城市联盟—姊妹城市团体联盟同意就合并问题展开谈判。世界地方自治联盟的世界执行委员会投票决定退出世界城市和地方当局大会，同时支持与世界联合城市联盟—姊妹城市团体联盟的合并，但推迟了退出的最后期限。《关于地方政府妇女参政的世界地方自治联盟宣言》在津巴布韦哈拉雷获得通过。巴塞罗那市市长琼恩·克劳斯（Joan Clos）接替米歇尔·吉罗担任世界大都会协会主席，其董事会在汉城（Seoul，2005年中文译名改为首尔）举行会议。首届非洲峰会（Africities Summit）在科特迪瓦首都阿比让（Abidjan）举行，主题为“承认地方政府在非洲发展中不可替代的作用”。

（87）1999年

世界地方自治联盟和国际大都市协会代表大会连续两次在巴塞罗那举行。第34届世界地方自治联盟大会的主题是“地方政府在全球使命中团结起来”。赞比亚的马克斯·恩戈德韦（Max Ng’andwe）成为世界地方自治联盟的第一任非洲主席。世界地方自治联盟投票接纳中国人民对外友好协会（Chinese People's Association for Friendship with Foreign Countries）为会员，为中国城市的参与开辟了道路。琼恩·克劳斯再次当选为世界大都市协会主席，其秘书处迁往巴塞罗那。世界联合城市联盟—姊妹城市团体联盟在西班牙塞维利亚组织召开欧洲—地中海城市会议。联合国人居署和世界城市和地方当局大会共同启动关于《世界地方自治宪章》的磋商。

（88）2000年

琼恩·克劳斯和达比·迪亚涅当选世界城市和地方当局协会主席。世界银行（World Bank）行长詹姆斯·沃尔芬森（James Wolfensohn）在华盛顿会见了该组织的市长代表团。应墨西哥市政协会的邀请，世界地方自治联盟世界执行委员会（IULA World Executive Committee）在墨西哥梅里达（Merida）举行会议，反对与世界城市联盟—姊妹城市团体联盟的合并进程的投票未获通过。第二届非洲峰会在纳米比亚温得和克（Windhoek）举行，主题为"资助非洲地方政府，加强民主和可持续发展"。

（89）2001年

世界城市联盟—姊妹城市团体联盟和世界地方自治联盟在巴西里约热内卢举行统一联席会议。艾伦·劳埃德（Alan Lloyd）[来自英国斯旺西（Swansea）]当选世界地方自治联盟主席，梅赛德斯·布雷索（Mercedes Bresso）（来自意大利都灵）当选世界城市联盟—姊妹城市团体联盟主席。世界地方自治联盟和姊妹城市团体联盟的首届联合执行会议在都灵举行，巴黎被确定为首届世界城地组织大会的举办地。在纽约，联合国大会通过了《新千年城市和其他人类住区宣言》；联合国秘书长科菲·安南（Kofi Annan）会见了世界城市和地方当局协会主席琼恩·克劳斯、姊妹城市团体联盟主席迪亚涅和世界地方自治联盟主席布尔格，并参加了世界城市和地方当局协会的市长会议。首届世界社会论坛在巴西阿雷格里港（Porto Alegre）举行，其中包括地方政府社会包容论坛。

（90）2002年

第七届国际大都市协会世界大会在韩国首尔举行，主题为"新世纪的世界大都市协会治理"。在墨西哥瓜达拉哈拉（Guadalajara）举行的姊妹城市团体联盟与世界地方自治联盟联席会议上，巴塞罗那被确立为世界城地组织所在地，并决定下届联席会议将在突尼斯（Tunis）举行。10月，鉴于世界城地组织的成立，世界地方自治联盟理事会投票决定正式解散世界地方自治联盟，从2003年12月31日起实施生效。在联合国可持续发展问题世界首脑会议召开的同时，倡导地区可持续发展国际理事会、世界地方自治联盟和姊妹城市团体联盟在南非约翰内斯堡（Johannesburg）举行会议。峰会的行动计划要求各国加强地方当局在执行《21世纪议程》方面的作用和能力。

“区域政府促进可持续发展”组织［nrg4SD（Network of Regional Governments for Sustainable Development）］建立，并将30个国家的区域联系起来。

（91）2003年

世界大都市协会主席参加在美国丹佛（Denver）举行的市长会议。第22届欧洲城市和地区委员会大会在波兰波兹南（Poznan）举行。此次会议为首次在中东欧国家举行的联合大会。非洲峰会在喀麦隆雅温得（Yaoundé）举行。

（四）地方与区域政府联合（2004—2012）

在世界大都市协会的支持下，世界地方自治联盟和姊妹城市团体联盟作为最大的两个地方政府组织合并，这是地方和区域政府在国际舞台上相互协调的里程碑。

世界城地组织代表来自世界各地地方和区域当局，呼吁增强其作用与影响力，以成为民主、高效、创新型地方政府的坚强后盾、智慧来源和最佳典范。

（92）2004年

“世界城地组织”正式成立，以便在世界舞台上推广和代表地方政府。伯特兰·德拉诺（Bertrand Delanoë）被提名为第一任主席。世界城地组织欧亚分会和亚太分会分别在喀山（Kazan）和中国台湾台北市设立。第一届世界城地组织世界理事会在巴西圣保罗（São Paulo）举行，巴西总统路易斯·卢拉·达席尔瓦（Luiz Lula da Silva）参加会议。世界城地组织与世界银行签署框架协议，以通过合作提高发展中国家人民的生活水平。198个地方政府通过了《21世纪文化议程》，表明对人权、文化多样性和参与性民主的承诺。联合国人居署与地方政府运动（Local Government Movement）签署合作协议，以促进国际政策权力下放的实施。

（93）2005年

世界城地组织世界理事会在中国北京举行，会上成立了第一个世界城地组织委员会和工作组，其中涉及18个不同的主题。地方政府通过联合国地方当局咨询委员会（UNACLA）在联合国发挥咨询作用。在纽约联合国总部举行的世界首脑会议期间，联合国秘书长科菲·安南会见了世界城地组织市长代表团。这次首脑会议的最终宣言承认地方政府是实现“千年发展目标”的践行者。第八届世界大都市协会大会在柏林举行，主题为“传统与转型，城市的未来”。

（94）2006年

世界城地组织执行局会议在美国华盛顿举行，世界银行行长表示有兴趣加强与该组织的联系，并承诺开发支持城市发展的新工具。3月，与会各国政府在世界水资源论坛上认可了地方政府在提供可持续用水和卫生服务方面发挥着重要作用。在摩洛哥马拉喀什（Marrakech）举行的世界城地组织世界理事会上，500多名地方政府领导人同意支持联合国文明联盟（United Nations Alliance of Civilisations），以促进不同区域间的和平与对话，并表示将致力于推动获得基本服务和实现世纪发展目标。

（95）2007年

4月，联合国人居署理事会通过《关于权力下放和加强地方政府的国际准则》，首次制定了关于权力下放的国际法律框架，并将其置于国际政策的首要位置。8月，区域政府和全球区域协会论坛（FOGAR）在南非开普敦（Cape Town）成立。10月，第二届世界城地组织世界大会在韩国济州（Jeju）举行，2000名市长和地方政府代表出席，讨论城市扩张的后果、地区国际合作，以及未来城市所面临的挑战。

（96）2008年

9月，《海牙城市外交议程》为地方和区域当局在国际舞台上制定了具体的工作方案。11月，建立欧洲交流平台，以促进欧洲机构与地方和区域政府之间的对话。《地方民主与权力下放全球观察站》第一期报告总结了过去20年里世界各地地方自治的进展情况。发起欧洲市长盟约（European Covenant of Mayors），即由地主政府参与的国际合作，致力于节能减排，提高其辖区内的能源使用效率。亚洲市长论坛（Asian Mayors Forum）第一次会议由德黑兰市市长卡利巴夫（Qalibaf）博士主持，并决定设立常设秘书处。

（97）2009年

4月，在第二届联合国文明联盟论坛上，地方和区域政府强调其在和平与对话中的作用。由于世界城地组织及其合作伙伴举行了地方政府气候变化领导峰会，各地方政府在第15届缔约方会议期间就气候变化问题共同发声。在广州举行的世界理事会上，通过了世界城地组织关于援助实效和地方政府立场的文件，回顾了地方和区域政府通过分权合作和对等伙伴关系在援助和发展领域作出的贡献。法语国家国际市长协会庆祝成立30周年。第五届非洲峰会在摩洛哥马拉喀什举行。

（98）2010年

世界城地组织第三届世界大会暨第一届世界地方和地区首脑峰会在墨西哥城举行。3000名代表相聚并讨论世界各大洲面临的重大问题。与会者就一系列倡议、优先事项和行动达成一致。《2030年城市宣言》和《地方民主与权力下放全球观察站》第二期地方财政报告出版。世界城市论坛（World Urban Forum）在巴西里约热内卢举行，主题是“城市的权力：为分化城市架起桥梁”。启动“阿莱姆”（ARLEM），即欧洲—地中海地方与区域大会，在地中海联盟（Union for the Mediterranean）中代表地方与区域层面。吕克·范登布兰德（Luc Van den Brande）当选为区域委员会主席，摩洛哥塔扎–阿尔荷塞马–陶纳特地区（Taza-Al Hoceima-Taounate）主席穆罕默德·邦德拉（Mohamed Boudra）当选为联合主席。

（99）2011年

5月，世界城地组织主席卡迪尔·托普巴什（Kadir Topbaş）会见联合国秘书长潘基文（Ban Ki-moon），并在联合国大会召开前为世界城地组织争取特殊地位。世界城地组织在釜山（Busan）举办第四届援助实效问题高层论坛边会活动，促进充分的权力下放，加强地方治理合作，以提高援助实效。设立性别平等常务委员会（Standing Committee on Gender Equality），以推动女性参与地方决策。欧洲城市和地区委员会庆祝成立60周年，表示将“从头开始建设欧洲”。伊斯坦布尔市长卡迪尔·托普巴什主持伊斯坦布尔亚洲市长论坛第二次会议。

（100）2012年

联合国秘书长潘基文欢迎地方和区域政府代表团访问联合国总部，该小组表达了他们对于里约+20峰会的核心观点意见。大会成果文件首次承认地方和区域政府在可持续发展议程中发挥的作用。7月，潘基文提名卡迪尔·托普巴什为“后千年发展目标”高级专员小组（post-MDGs High-Level Panel of Eminent Persons）成员，以承认地方和地区政府在“千年发展目标”中所发挥的作用。世界城地组织通过了地方政府和合作与发展的政策文件，呼吁提供足够的资金以使地方政府能够参与合作与发展。“广州城市创新奖”在中国广州成立。第四届世界城地组织亚太区理事会大会召开，重点关注具有复原力的城市。第六届非洲峰会在塞内加尔达喀尔举行。

三、世界城地组织章程

《世界城地组织章程》

2004年5月5日，经法国巴黎会员大会通过

2010年4月26日，经美国芝加哥会员大会特别会议修订

2013年10月3日，经摩洛哥拉巴特会员大会修订

序　言

作为全球地方政府的代表，我们为农村、城市和社区、大中小城镇、大都市和区域的人民服务，于2004年5月5日相聚法国巴黎，共同创建了一个新的、统一的世界地方政府组织。

◎回顾：

◆《世界人权宣言》，尤其是第21条中确立的原则提出，即人民的意愿是政府政权的基础；

◆全球地方政府联盟（IULA）自1913年起及世界联合城镇组织（UTO）自1957年起，在发展城市国际关系和加强全球地方政府发展方面做了大量工作；

◆世界联合城镇组织1957年通过《联合城镇宪章》；

◆全球地方政府联盟1985年通过、1993年修订、1994年经世界联合城镇组织通过的《全球地方政府联盟地方政府宣言》；

◆1996年，在伊斯坦布尔通过了《城市和地方政府世界大会最终宣言》；

◆《人居议程》《新千禧年城市和其他人居宣言》《21世纪议程》《可持续发展全球峰会政治宣言》以及《千年宣言》和《千年发展目标》。

◎考虑因素：

◆不断变化的经济、科技、人口、环境和社会力量正在重塑这个世界；

◆国家的传统角色受上述趋势的深刻影响，无论是现在和未来，国家都无法集中管理和控制复杂的一体化城镇；

◆人口增长和城市化进程不断推进，城乡地方政府面临的任务更加复杂，但也更加重要；

◆在这个不断变化的世界里，作为政府合法性的基础，民主的核心价值比以往任何时候都更加强大；

◆地方政府是所有民主社会的主要基础之一，是最接近人民的政府机构。

◎认识：

◆地方政府是可持续发展、良好治理、可持续城市化和促进人民权利的推动力量之一，扮演着至关重要的角色；

◆地方政府在推动民权（民主权利和政治授权，社会权利和经济权利）方面扮演的重要角色得到联合国的认可和支持，并被合法化；

◆地方政府有责任在应对人类面临的挑战时发挥积极作用；努力解决贫困、无知、不宽容、歧视、排外、不安全、环境恶化和文化单一性问题；

◆地方政府是维护人民和平团结的重要推动力，扮演了关键角色；

◆社区可以凭借多样的民主方法和途径实现这些目标；

◆地方民主不能流于形式，需要不断加以更新和修改，确保无论男女都能实现平等和参与权。

◎强调：

◆通过提供更有效更民主的公共政策，可以强化地方政府、国家和国际社会的职能；

◆城市国际合作和地方合作、伙伴关系、缔结友好关系、地方政府国际外交、姐妹城市关系以及通过能力建设项目和国际城市团结项目进行的互助活动，都是对建设和平、可持续发展的世界所作出的重要贡献；

◆地方政府在国家、区域和世界层面越是团结，就越能够强有力地表达自己所服务地区的意愿。

◎致力于：

◆地方民主和自治，即在政府部门互联精神下遵守民主，加强地方治理原则和权利自主原则；

◆在加强城市治理和权利自主原则下的以市民为中心的参与性地方治理；

◆公共服务的高道德标准、效率、有效性和透明度；

◆与国际社会和各级政府部门、社会团体和其他重要伙伴的关系。

制定和建立世界城地组织的《章程》如下：

◎名字、总部和法律地位

◆第1条

根据现有《章程》，成立一个非盈利、具有完全法律能力和运作能力、受西班牙法律管辖的协会。该协会的名字应为“世界城市和地方政府联合组织”（World Organization of United Cities and Local Governments），简称为“世界城地组织”。

其合法地址为西班牙巴塞罗那Carrer Avinyó 15号。

世界城地组织为非盈利性国际组织，不隶属于任何政党或宗教。世界城地组织存续时间为无限期，覆盖范围为全球。

◎目标

◆第2条　宗旨

世界城地组织的宗旨是：

让地方政府发出团结一致的声音，通过地方政府以及国际社会的合作推动组织价值观、宗旨和利益的实现。

◆第3条　目标

为实现这一宗旨，世界城地组织应追求以下目标：

（一）在全世界范围内促进强大、高效的地方政府的发展；

（二）促进会员间的团结合作；

（三）提高地方政府在国际社会，特别是在联合国及联合国机构中的政治地位；

（四）提供关于全球地方政府的重要信息；

（五）成为全球学习、交流和能力建设的发起者，支持地方政府及全国性协会的成立和发展；

（六）在良好治理、可持续性和社会包容的原则下推动经济、社会、文化、职业和环境发展并服务人民；

（七）提倡种族和性别平等，打击任何形式的违反国际法和/或违背本组织价值观和政策的歧视行为；

（八）成为强大有影响力的组织，在组织组成和运作中体现地方治理领域的多样化；

（九）促进地方政府及其协会之间的地方治理合作和国际合作；

（十）促进友好城市结对和建立伙伴关系，增进民族间相互学习，加深友谊；

（十一）在世界城地组织的宗旨、价值观和目标的框架内制定政策、开展项目和活动，这意味着在本组织内部规则下采取适当方式来实施这些政策、项目和活动。

◆第4条　任务

为实现这些目标，世界城地组织将承担适当的任务和计划，实现其宗旨和目标，其中包括：

（一）积极从事游说和宣传工作，提高地方政府在国际社会的角色和地位，对国际政策制定产生影响；

（二）制定和宣传地方政府和国际重要事务的政策和立场；

（三）积极与联合国、联合国各机构和其他相关国际组织开展合作；

（四）在地方治理和国际合作的原则上，制定倡议和行动计划，特别是通过地方政府和地方政府协会之间的合作或开发项目，并为这些项目寻求资金和创造金融工具；

（五）建立国际交流与合作平台，加强地方政府及地方政府协会的能力；

（六）支持强有力的地方政府会员网络，并为满足其需要而开发服务和全球性产品；

（七）成为全球地方政府治理、地方政府、国际团结和经验的主要信息来源；

（八）通过出版物、研讨会和新信息技术等方式，在全体会员中进行宣传，提供世界地方政府的现状和发展的信息；

（九）组织会员大会和其他活动，发展会员，强化世界城地组织的政治影响力和财政独立性。

◆第5条　拥护国际法原则和联合国决定

为实现这些宗旨、目标和任务，在应对会员问题和本《章程》下的其他决定时，世界城地组织将根据国际法原则和联合国的相关决定行事，并按照其指导，承认各国的合法存在及其他相关事务。

◎会员资格

◆第6条　会员类别

世界城地组织由以下类别的会员组成：

（一）地方政府会员；

（二）区域分会会员；

（三）国际组织会员；

（四）准会员；

（五）荣誉会员。

◆第7条　地方政府会员

世界城地组织地方政府会员资格面向下列政府机构：

（一）城市和地方政府；

（二）全国性的地方政府协会。

◆第8条　区域分会会员

根据本《章程》条款规定，世界城地组织区域分会为本组织会员。

◆第9条　国际组织会员

世界城地组织的国际组织会员面向能代表具体类型的地方政府和/或其宗旨与具体领域或专题事项有关的地方政府国际组织。

◆第10条　准会员

世界城地组织准会员面向那些虽然本身并非地方政府组织，但积极关注或参与地方政府事务的组织。

◆第11条　荣誉会员

荣誉会员资格授予那些为协会或地方政府治理事业作出突出贡献的个人或机构。荣誉会员由执行局提名，由世界理事会批准通过。

◎会员的权利与责任

◆第12条

会员可参与世界城地组织的各种活动和项目，在获得与地方政府事务和世界城地组织相关活动、决定有关的信息、数据和文件上享有同等权利。

◆第13条

会员承诺支持、推动和拥护世界城地组织的宗旨、价值观和目标。

◆第14条　会费

地方政府会员、国际组织会员和准会员应缴纳会员年费。根据执行局决议，世界理事会对会费数额作出规定。地方政府会员的会费应考虑下列因素：

（一）该地方政府会员代表的人口数量；

（二）所在国的经济发展状况。

会费计算公式包含在《一般程序规则》中。

◆第15条

会费的缴纳应遵守《一般程序规则》。新会员缴纳第一笔会费后，其会员资格即时生效。

◆第16条

根据《一般程序规则》，会员可随时退出组织，但需提前至少6个月向秘书处提交书面申请，退出的会员需要缴纳所欠会费，包括按比例承担的部分。

◎入会

◆第17条

地方政府会员、国际组织会员和准会员的资格申请应当由执行局决定，确保申请机构符合会员要求。会员申请机构必须保证支持、推动和拥护世界城地组织的宗旨、价值观和目标。

◆第18条

符合要求的会员申请机构有权直接向世界城地组织递交会员申请。但为了便于协调，世界城地组织将向申请机构地理位置所在的区域分会征询意见。鼓励申请机构同时加入世界城地组织及相关区域分会。

◆第19条　特别会员委员会

特别会员委员会将由执行局任命，负责与会员资格相关特殊问题进行商议并提供建议。

◎开除

◆第20条

有下列情况，会员可能会被开除或中止会员资格：

（一）违背本《章程》规定的责任和原则；

（二）未经执行局同意，拖欠一年以上的会费；

（三）不再符合本《章程》规定的会员条件。

◆第21条

开除或中止会员资格的决定由执行局建议，由世界理事会决定，需要通过出席世界理事会三分之二会员的投票表决。

◆第22条

被开除的会员应至少提前两个月得到世界理事会的书面通知。该会员应当在世界理事会前提交书面意见，有权出席世界理事会处理开除问题的会议并在会上发言。

◆第23条

同样的程序适用于会员资格拟被中止的会员。在下一次世界理事会会议做出是否恢复会员资格或开除会员资格的决定之前，该会员的会员资格中止。

◎大都市协会和区域分会

◆第24条a项

根据《一般程序规则》，世界城地组织应当设立大都市协会分会，并向大都市地方政府开放会员资格。大都市协会分会应当推动其会员城市各项具体政策的落实，处理相关事务，并促进大都市在城地组织内的会员数量。

◆第24条b项

根据《一般程序规则》，世界城地组织应当为区域政府专门设立分会，即区域论坛，向区域政府开放会员资格。区域论坛应推动区域政府会员各项具体政策的落实，处理相关事务，并促进区域政府在城地组织内的会员数量。

◎**区域分会**

◆第25条

区域分会作为独立法人开展工作，制定章程，设立管理机构。在不违反本《章程》的情况下，有权制定政策及管理内部事务。

◆第26条

区域分会是世界城地组织运行结构的组成部分，不排除会员直接加入世界城地组织，在区域内为世界城地组织提供制度上的支持，帮助城地组织履行使命、实现目标。

◆第27条

区域分会协调会员关系，为区域政府提供帮助。区域分会通过其会员为世界城地组织管理机构制定的政策以及举办的活动提供支持。在本《章程》的框架内，区域论坛在世界城地组织里承担着政策制定、规划和管理的角色，同时也协调选举程序。

◆第28条

世界理事会在考虑现状、经与受区域分会设立影响的地方政府会员充分协商后，方可正式批准成立区域分会。

◆第29条

世界城地组织与各区域分会应签署书面协议，明确分工和职责。签署协议是建立区域分会的前提条件。鉴于区域分会所处的环境、分会会员和区域特点各有不同，协议应考虑到各分会的多样性和具体需求。

◆第30条

除协议包含的特殊条款（如有）外，世界城地组织无须对区域分会的债务承担责任。同理，区域分会也无须承担世界城地组织的债务。

◆第31条

获得会员城市的授权后，世界城地组织应在全球范围内协调会员之间的多边活动。

◎**管理结构**

◆第32条

世界城地组织的管理工作由以下机构/人员负责：

（一）会员大会；

（二）世界理事会；

（三）执行局；

（四）主席团（由主席和联合主席组成）；

（五）司库；

（六）秘书长。

◎会员大会

◆第33条　职能

会员大会是世界城地组织的最高权力机构，负责制定组织的总体政策、确定政策方向以及监管组织的运行。会员大会的主要职责包括：

（一）指导组织总体政策的方向；

（二）接收世界理事会提交的活动报告和财务报告；

（三）按照《选举程序规则》，经参阅法定事务委员会制定的关于世界各区域对此进行正式选举的有效性的报告，从地方政府会员中任命世界理事会成员；

（四）处理世界理事会提上议程的各项问题；

（五）通过对本《章程》的各类修订；

（六）决定世界城地组织的解散和清算事宜。

◆第34条　组成

会员大会由世界城地组织全体会员组成。各成员指定法定代表。

◆第35　会议

会员大会应由世界理事会召集，通常在世界大会期间召开，届时世界城地组织会员和非会员都会受邀参加。在《一般程序规则》规定的情况下，世界理事会可在例行会议期间召开特别会议。

关于例行会议和特别会议，会议通知与议程都必须至少提前一个月发给会员。

世界理事会可邀请非城地组织会员的个人和机构以观察员身份出席会员大会。

世界城地组织主席负责主持会议，引导会上讨论，邀请与会人员发言。秘书长应履行大会秘书职责，在会议纪要中记下通过的各项决议。

◆第36条　参会和投票

会员城市应指定一名代表出席会员大会，也可指定一名替补代表。后者只有在原代表缺席时才能在会议上参与投票。替补代表必须拥有地方政府政治授权（民选身份）。

所有会员均有资格参加会议，并有权公开表达自己的意见和建议。如果请求发言的人数过多，主席可调整发言时间长短。主席也可给予参会人员回应的权利。会费缴纳至会议召开当年的地方政府会员享有会员大会的投票权。区域分会的主席或其授权的替补代表拥有投票权，此规则同样适用于国际组织会员。准会员和荣誉会员在世界城地组织会员大会上没有投票权。

◆第37条

会员大会所有投票成员享有平等表决权。

◆第38条

除本《章程》规定的特殊情形外，会员大会的决策均采用简单多数制进行表决。

◎世界理事会

◆第39条　角色

世界理事会是城地组织的主要决策机构，决定城地组织的各项政策，确保会员大会制定的总方针得到落实。

◆第40条

世界理事会依照本《章程》开展活动，执行会员大会通过的各项决议。

◆第41条

世界理事会的主要职责包括：

（一）选举世界城地组织主席、联合主席和司库，批准副主席提名人选；

（二）按照《选举程序规则》，经参阅法定事务委员会制定的关于各区域分会对此进行正式选举的有效性的报告，从世界理事会成员中任命执行局成员；

（三）通过执行局提交的年度预算和账目；

（四）决定会员资格的申请、中止和取消；

（五）决定会费的标准；

（六）任命委员会来处理与世界城地组织有关的各项具体问题与事项，或处理其认为适当的问题或事项，并委派任务。此项工作可委托给执行局负责。

◆第42条　构成

世界理事会由以下成员组成：

（一）主席、联合主席和司库；

（二）副主席；

（三）340名地方政府会员，由代表两种类型的地方政府成员在每个区域分会选举后由会员大会任命，任期为两届会员大会之间的闭会期；

（四）世界秘书处所在城市的一名政治代表；

（五）秘书长（无投票权、依据职权）；

（六）国际地方政府组织和准会员的指定代表（皆无投票权）；

代表世界城地组织会员的各区域政府的市长/副市长和主席/副主席（或者同等职位）以及各协会的主席/副主席，可加入世界理事会（无投票权）。

世界理事会的成员无偿履行其职责。

◆第43条

世界理事会成员必须拥有地方政府的政治授权（民选身份）。

◆第44条　替补代表

世界理事会的每位成员都可指定一名常任替补代表。后者只有在原代表缺席时方可在会议上参与投票。该替补代表必须拥有地方政府的政治授权（民选身份）。

◆第45条　会议

世界理事会至少一年召开一次会议，由主席或者至少三分之一以上的成员召集。

主席负责主持会议，引导会上讨论，邀请与会人员发言。秘书长履行世界理事会会议秘书的职责，在会议纪要中记下通过的各项决议。

所有世界理事会成员均有资格参加会议，并有权公开表达自己的意见和建议。如果请求发言的人数过多，主席可调整发言时间长短。主席也可给予参会会员回应的权利。

◆第46条　投票

世界理事会所有成员均有一张表决票。

◆第47条

除本《章程》规定的特殊情形外，世界理事会的决策均采用简单多数制进行表决。如遇票数相同，会议主席应投决定票。

◎执行局

◆第48条　角色

执行局负责发起提案、执行世界理事会的决策以及完成世界理事会委派的其他事务。此外，还负责世界城地组织的行政管理与财务管理，筹备世界理事会会议和会员大会。

◆第49条

执行局的主要职责包括：

（一）通过并向世界理事会提交年度预算、账目和报告；

（二）任命法定事务委员会成员；

（三）任命特别会员委员会成员；

（四）任命财务管理委员会成员；

（五）为组织外聘独立审计师；

（六）经授权签订财产获得、转让与抵押协议以及利益产生与转移协议（需公示登记）；签订其他协议，其中，世界城地组织充当担保人或作为共同债务人承担连带责任，同意对第三方负责或为第三方的任何债务提供担保。

◆第50条

对于亟待解决、无法延到下一届世界理事会会议解决的问题，执行局有资格在现存的政策准则下于闭会期间制定决策。

◆第51条

执行局应行使会员大会和世界理事会之外的其余所有权力。根据本《章程》条款，主席或秘书长应担任世界城地组织的法定代表。

◆第52条　构成

执行局由以下成员组成：

（一）主席、联合主席和司库；

（二）副主席（无投票权）；

（三）世界理事会从其成员中选出114位代表，任期为两届会员大会之间的闭会期，执行局中两类地方政府会员所占比例与世界理事会相同；

（四）世界秘书处所在城市的一名政治代表；

（五）秘书长（无投票权、依据职权）；

（六）国际组织会员的指定代表（无投票权）；

代表世界城地组织会员的各区域政府的市长/副市长和主席/副主席（或者同等职位）以及各大协会的主席/副主席，可加入执行局（无投票权）。

出于不同目的，执行局可指定至多3位无投票权的成员，其中包括世界城地组织下一届大会主办方的代表。

执行局的成员无偿履行其职责。

◆第53条

执行局成员必须拥有地方政府的政治授权（民选身份）。

◆第54条　替补代表

执行局的每位成员都可指定一名常任替补代表。后者只有在原代表缺席时方可在会议上参与投票。该替补代表必须拥有地方政府的政治授权（民选身份）。

◆第55条　会议

执行局会议一年至少举行两次，由主席或者至少三分之一成员召集。

例行会议和特别会议的通知和议程必须至少提前一个月发给执行局成员。

主席主持会议，引导会上讨论，邀请与会人员发言。秘书长将履行执行局会议秘书职责，在会议纪要中记下通过的各项决议。

所有执行局成员均有资格参加会议，并且有权公开表达自己的意见和建议。如果请求发言的人数过多，主席可调整发言时间长短。主席也可给予参会人员回应的权利。

◆第56条　投票

执行局所有投票成员均有一张表决票。

◆第57条

除本《章程》规定的特殊情形外，执行局的决策均采用简单多数制进行表决。如遇票数相同，会议主席应投决定票。

◎主席团

◆第58条

主席团由主席和最多5位联合主席组成，由世界理事会从地方政府会员中选出，任期为两届会员大会之间的闭会期。上述职位的人员中，至少一位来自地方政府，至少一位来自全国性协会，至少一位来自大都市协会分会。主席和联合主席代表世界城地组织而非特定分会来行使职权。

如未达到性别平衡，经法定事务委员会建议，根据《一般程序规则》，得到任命的性别平等常务委员会主席可以成为主席团的合法成员，享有全部权利。

司库应参与主席团的日常和审议工作。

主席团成员无偿履行其职责。

◆第59条

主席和联合主席候选人由以下机构/人员提名：

（一）执行局；或者

（二）来自不同国家和不同区域分会（至少2个）的至少6名地方政府会员。

◆第60条　主席

主席是世界城地组织的主要代表，负责主持会员大会、世界理事会会议和执行局会议。主席应确保执行局会议闭会期间城地组织政策的延续性。

◆第61条　联合主席

联合主席协助主席履行其职责，并在必要时承担主席的角色。

◆第62条　副主席

世界城地组织设多名副主席，各分会提名一人。在适当情况下，副主席经授权代表世界城地组织，必要时还应履行其他职责。

副主席无偿履行其职责。

◆第63条

主席团成员应拥有地方选举权，且必须在地方政府或全国性地方政府协会担任领导人。

如主席团成员失去上述领导职位，则其在主席团内的职务会在下一届执行局会议召开当天终止。

执行局应宣布空缺席位，如有必要，执行局还应负责组织职位接替人的选举。

◆第64条

主席、联合主席和副主席有权卸任。

◎财政

◆第65条

世界城地组织财政来源于会费、活动收入、赞助费和其它来源。

◆第66条

运营年度和财政年度与日历年度一致，以每年12月31日为截止日期。账目结算日期为每年的12月31日。

◆第67条　司库

司库负责监督世界城地组织的财政战略、账目核算以及财务管理。司库每年应向执行局提交：

（一）上一个财政年度账目，此账目需经独立审计师审核，该审计师由执行局聘请且经由世界理事会批准；

（二）下一个财政年度预算；

（三）其他重要财务报告。

司库无偿履行其职责。

◆第68条　财务管理委员会

财务管理委员会成员由执行局任命，由司库领导，成员包括缴纳最高会费的六个会员代表、从其余会员中选出的六位代表，任命时应兼顾地方政府会员的区域多样性和代表性。

财务管理委员会成员无偿履行其职责。

◆第69条

财务管理委员会的职责是就财务事项向司库和执行局提出建议。该委员会提供有关预算编制和执行的咨询，向执行局提出内部审计机制方面的建议，包括任命至多三位荣誉审计师等事宜。

◎秘书长

◆第70条

秘书长是世界城地组织首席执行官，负责管理世界城地组织的日常工作，执行会员大会、世界理事会和执行局会议通过的决议。在主席团的带领和执行局的监管下，秘书长管理秘书处各项事宜以及世界城地组织的活动、项目和资金。

◆第71条

秘书长的任命和辞退由执行局决定。

◆第72条

秘书长负责招聘秘书处工作人员。

◆第73条

在日常活动中，执行局授权秘书长代表世界城地组织。

◆第74条

作为世界城地组织的正式授权代表，秘书长有权同银行及其他信贷机构合作，在民法、商法和行政法允许的范围内进行支付和执行各类合同。

在公共管理机构和法院等场合中，秘书长也可代表世界城地组织，并且有权任命法律顾问和律师。

◎选举

◆第75条

作为本《章程》的附件,《选举程序规则》具有规范世界理事会和执行局选举工作的作用，并规定法定事务委员会的职责。

◆第76条

执行局通过相关修订决议后，世界理事会经投票表决，获得不少于三分之二的多数票后，可修订《选举程序规则》。世界理事会召开会议就《选举程序规则》的修订提案进行投票时，世界城地组织的所有会员应在会议召开前至少两个月收到相关书面通知。

◎债务

◆第77条

作为法人实体，世界城地组织仅以其全部资产为限对债务负责；会员无须单独对组织的债务负责。

◎《一般程序规则》

◆第78条

《一般程序规则》由执行局批准通过，规定有关世界城地组织内部运行和监管的细节，应经世界理事会核准。

◆第79条

《一般程序规则》中任何未尽事宜应受西班牙法律约束。

◎《章程》修订&世界城地组织合并、解散和清算

◆第80条

任何对《章程》的修订、世界城地组织合并、解散或清算的提案须由执行局或者来自不同国家的六位及以上地方政府会员提出。

◆第81条

世界城地组织会员应在会员大会提案讨论会召开前至少两个月收到关于提案的书面通知。

◆第82条

只有三分之二的地方政府会员出席提案讨论会且获得三分之二有效票数的支持，方可通过对《章程》的修订、世界城地组织合并、解散或清算的决策。

◆第83条

如果出席第一次讨论会的地方政府会员数量不足三分之二，则在随后的会议上，无论地方政府会员出席数量多少，会员大会均有权制定约束性决策。

◆第84条

一旦面临解散的情况，会员大会应做出必要且充分的安排，确定组织资产和权益的归属。对于组织内未定活动的终止、逐步取消及清算事宜，会员大会也应作出相应安排。

清算产生的资产净余额将直接赠予非盈利公共机构或私人机构，受赠机构需和世界城地组织处在同一区域且从事相似领域的事业，或者致力于慈善事业。

世界城地组织会员在会员大会为此召开的特别会议上做出明确的解散决定后，组织解散。依据本《章程》第82条、《民法典》第39条及法庭命令，需至少三分之二的地方政府会员达成一致意见，并有三分之二的有效票表明其同意解散，世界城地组织才能被解散。

◎官方语言

◆第85条

世界城地组织首要官方语言是英语、法语和西班牙语。考虑到组织会员以及可用资源的增加，世界理事会可就官方语言和工作语言制定后续决策。

四、选举程序规则

选举程序规则

2004年5月5日，经巴黎会员大会通过
2019年4月6日，经蒙得维的亚执行局修订

第一部分 一般原则

第1条

1.1世界理事会和执行局成员的选举应在各自所在的分会内进行。

1.2每个区域地方政府会员有权按照第2条原则选择其在世界理事会的代表。

1.3世界理事会成员有权按照第2条原则选出其在执行局的代表。

第2条

2.1各区域分会在世界理事会和执行局的人数分配情况分别如下表所示：

分区	世界理事会	执行局
非洲	45	15
亚太	66	23
欧洲	73	23
欧亚	36	12
中东&西亚	35	12
拉美	39	13
北美	24	8
大都市协会	21+1VP	7+1VP
区域论坛	1VP	1VP
世界秘书处所在地：巴塞罗那	1	1
总计	**342**	**116**

2.2上述席位分配基于各区域分会的总人口数，例如欧洲分会，许多国家一直以来都积极参与城地组织的活动。另一分配原则是任意一分会席位总数不得超过总数的四分之一，也不得超过任意分会席位总数的两倍。

第3条

3.1在每个分会内，世界理事会和执行局的席位由以下两类地方政府会员享有，即：

➢城市和地方政府（根据本规则和《世界城地组织章程》，“城市和地方政府”是指拥护世界城地组织的城市、城镇、地方议会、省、区域政府以及其他政府单位。）

➢全国性地方政府协会

上述情况考虑到各分会每种类型的地方政府会员所代表的人口总数。

3.2世界理事会和执行局整体的席位分配应确保落实到上述两类地方政府会员。

第二部分　各类成员之间的席位划分

第4条

4.1 为计算两类地方政府成员的席位分配，应计算每一类成员所代表的总人数。该计算应分别针对整个组织和各个区域分会进行。

4.2 各区域分会的两类会员（地方和区域政府或全国性地方政府协会）享有以下权益：

➢10%的席位，最多占该区域全体成员所代表人口的10%；

➢30%的席位，占该区域人口10%以上但不超过30%；

➢席位数与其所代表的人口数量呈正比，占总人口的30%以上。

4.3 在进行上述计算时，以下内容适用：

➢将全国性地方政府协会成员代表的实际人数纳入计算（而非全国总人口数，并且排除任何非该协会成员的个人成员）；

➢计算各地方政府会员所代表的总人数，即使这意味着同一人口数会被重复计算。

应使用与这些计算有关的有效统计数据。在这方面，法定事务委员会的决定应为最终决定。为此，要求每位会员提供包括总人数在内的相关信息。

第5条

5.1各类地方政府会员享有在世界理事会和执行局至少30%的席位，即使（根据上述第4条所列人数的计算）实际的百分比会低于30%。

5.2如第5.1条所述，在每个区域分会任一类型的地方政府会员的席位数占比低于最低的30%，法定事务委员会应向会员大会建议，采取可以达到平衡的方法，包括将其他区域的空缺席位分配给代表人数不足的类别，以到达30%的门槛。

5.3各区域分会应努力在以下方面实现性别平等：2010年，在各分会候选人中，各性别占比不低于10%。这一比例应在2013年提高到20%，2016年提高到25%，2019年提高到30%。

5.4若某一区域分会无法实现这些目标，则需向执行局提交书面报告进行解释说明。

5.5在世界理事会拥有3名以上代表的国家需提交候选资格申请，以确保该国国内城地组织所有政府会员代表的比例均衡。

5.6根据《世界城地组织章程》，以下定义适用于政治授权和代表权：政治授权是指政治代表所履行的授权。政治代表担任公职，是负责定义和实施地方或区域公共政策的审议机构成员。

第三部分　世界理事会选举程序

第6条

6.1若设有区域分会，该分会应负责协调选举进程，并与法定事务委员会保持联系。若会员质疑区域一级单一组织的代表权，那么代表会员的不同组织应与法定事务委员会密切协调，确保选举程序顺利进行。

6.2每个区域分会应举行选举，保证该区域的整体代表情况在地域上的公平性，包括各类地方政府会员。同一区域分会不同国家的成员可就共同代表事宜提出建议。

6.3如果区域分会内会员对选举程序达成高度共识，包括根据地域或国家因素考量的席位分配，应将这一共识尽快提交给法定事务委员会。经法定事务委员会批准，予以执行。任何此类协商一致的提案应确保两类地方政府成员中代表人数较少的地区有权获得不少于其在该区域的席位份额，根据第4.2条计算。

6.4在没有达成共识的情况下，区域选举程序必须确保每一类地方政府会员都有权获得按照本规则计算的相应席位，并保证地域平衡的公平公正。

6.5在每个区域分会内，各类会员应选举其在世界理事会中的代表，即《章程》第4.2条提到的两个类别（组成世界理事会）。

6.6所有选举应按照程序公平进行。特别是必须给予候选人被提名的公平机会，并向全体有投票权的成员发出正式的书面通知。

6.7每个区域分会会员以及组织选举成员均应确保候选人具有政治授权（民选身份）。要适当考虑性别公平性和均衡性。

第四部分　执行局选举程序

第7条

7.1每个区域分会的执行局成员均从该区域分会选出的世界理事会成员中选出。

7.2每个区域分会执行局成员的选举应在该区域分会世界理事会选举后，在合理可行的情况下尽快举行。

7.3第6条的规定在细节上做必要修改后，适用于执行局的成员选举。根据第6.2条达成的共识提议，可同时适用于世界理事会和执行局的选举。

第五部分　选举时间表

第8条

8.1法定事务委员会应在符合本规则的情况下，确定选举进程时间表，并监督选举的有效开展，直至在下一届会员大会中正式选出世界理事会成员。

8.2本规则所要求的相关人口和其他事项的计算结果，应在会员大会前6至12个月内完成并告知各区域分会。

8.3区域分会的选举应不早于会员大会相关会议召开前五个月进行。

第六部分　法定事务委员会

第9条

9.1法定事务委员会应根据本条和下一条规定的人员设置和职责成立。

9.2法定事务委员会包括：

（一）主席（同时也是会议主席）

（二）前任主席

（三）联合主席

（四）司库

（五）缴纳会费额最高的3个政治代表

（六）世界组织所在地的政治代表

第10条

法定事务委员会成员的职责如下：

总则：

➢确保遵守《选举程序规则》规定的选举原则和要求，促使实现世界范围内协商一致的选举办法；

步骤1—提供框架

➢明确界限，确保每个投票成员归属于适当的区域分会；

➢计算会员人数（包括裁决任何事实争议）和区域分会和组织中两类地方政府人员所占的百分比；

➢计算各区域内每种类型的地方政府会员在世界理事会中享有的席位数量；

➢就相关计算结果，向各区域分会（如有）提出建议；

➢在没有区域分会的情况下，世界组织依照规章制度公平选举，实现会员和原则的适当平衡，包括满足地域平衡的要求；

➢若在某个区域有多个分会，应适当协调，确保该区域的选举过程公平地对待所有会员；

步骤2—批准选举程序

➢在区域分会会员达成高度共识的基础上，审议区域分会的提案（包括公平的地域代表性），通过实施相关选举程序的方式，实现两类地方政府会员的适当平衡。如满足这些要求，则批准实施此提案；

➢在没有通过获得共识的提案的情况下，要确定每个区域分会选举的基础，确保满足本规则的条件并实现平衡；

步骤3—确保选举过程的有效性

➢接收各个区域分会的选举结果，并确认选举过程的有效性；

➢解决在各个区域分会选举过程中出现的任何重大争议，必要时在情节严重的分会进行新一轮选举；

步骤4—向大会报告

➢确保实现两类地方政府会员分配的全球平衡性；

➢向会员大会报告选举过程的有效性，特别是每个区域分会的选举结果，以及两类地方政府会员分配的整体平衡性，此为会员大会最终正式公布世界理事会任命结果的基础；

向新一届世界理事会成员第一次会议报告，为世界理事会正式任命执行局提供依据。

五、历届会员大会及主席团成员

（一）第一届会员大会

1.举办时间及地点：2004年，法国巴黎

2.主题：城市和地方政府：未来的发展

3.成果:《巴黎宣言》

4.2004年至2007年主席团、司库、秘书长：

主席：法国巴黎市市长伯特兰·德拉诺

联合主席：南非茨瓦内市市长斯曼加里索·姆哈茨瓦

巴西圣保罗市市长玛塔·苏普利西

司库：美国南湾市市长克拉伦斯·安东尼

秘书长：伊丽莎白·盖特

（二）第二届会员大会

1.举办时间及地点：2007年，韩国济州

2. 主题：变化中的城市正推动世界的发展

3. 成果：《济州宣言》

4.2007年至2010年主席团及司库：

主席：法国巴黎市市长伯特兰·德拉诺

联合主席：中国广州市市长张广宁

南非约翰内斯堡市市长阿莫斯·马桑多

厄瓜多尔基多市市长帕科·蒙卡约

土耳其伊斯坦布尔市市长卡迪尔·托巴斯

司库：美国南湾市市长克拉伦斯·安东尼

（三）第三届会员大会

1. 举办时间及地点：2010年，墨西哥墨西哥城

2. 主题：2030年的城市

3. 成果：《2030年城市宣言》

4.2010年至2013年主席团及司库：

主席：土耳其伊斯坦布尔市市长卡迪尔·托巴斯

联合主席：哥斯达黎加圣何塞市市长乔尼·阿拉亚

葡萄牙里斯本市市长安东尼奥·科斯塔

津巴布韦哈拉雷市市长穆萨德伊·马松达

俄罗斯喀山市市长伊尔苏尔·梅特申

中国广州市市长（时任）

司库：美国布拉夫顿市市长泰德·埃利斯

（四）第四届会员大会

1. 举办时间及地点：2013年，摩洛哥拉巴特

2. 主题：畅想社会，构建民主

3. 成果：《畅想社会，构建民主宣言》

4.2013年至2016年主席团及司库：

主席：土耳其伊斯坦布尔市市长卡迪尔·托巴斯

联合主席：厄瓜多尔基多市市长奥古斯托·巴雷拉

法国巴黎市副市长、世界城地组织性别平等常委会主席安娜·伊达尔戈
中国广州市市长陈建华
法国波多尔市市长阿兰·朱佩
俄罗斯喀山市市长伊尔苏尔·梅特申
塞舌尔维多利亚市市长杰奎琳·贝拉
司库：摩洛哥拉巴特市市长法塔拉赫·瓦拉卢
副司库：加拿大基奇纳市议员贝里·沃班诺维奇

（五）第五届会员大会

1.举办时间及地点：2016年，哥伦比亚波哥大
2.主题：倾听地方声音，打造更美好世界
3.成果：《波哥大承诺和行动纲领》
4.2016年至2019年主席团及司库：
主席：南非地方政府协会主席、约翰内斯堡市议员帕克斯·陶
联合主席：土耳其科尼亚市市长塔希尔·阿克尤雷克
中国广州市市长温国辉
法国斯特拉斯堡市市长罗兰·里斯
厄瓜多尔基多市市长毛里西奥·罗达斯
法国巴黎市市长、世界城地组织性别平等常委会主席安娜·伊达尔戈
司库：加拿大基奇纳市市长贝里·沃班诺维奇
副司库：摩洛哥拉巴特市市长穆罕默德·萨迪奇

（六）第六届会员大会

1.举办时间及地点：2019年，南非德班
2.成果：《德班政治宣言》
3.2019年至2022年主席团及司库：
主席：摩洛哥阿尔荷塞马市市长穆罕默德·邦德拉（Mohamed Boudra）
联合主席：中国西安市市长李明远

土耳其科尼亚市市长乌尔·易普拉辛·阿尔泰（Ugur Ibrahim Altay）
哥斯达黎加圣何塞市市长乔尼·阿拉亚（Johnny Araya）
南非波罗克瓦尼市市长坦比希里·恩卡迪蒙（Thembisile Nkadimeng）
荷兰海牙市市长范·赞能（Jan van Zanen）
法国巴黎市市长、世界城地组织性别平等常委会主席安娜·伊达尔戈（Anne Hidalgo）

司库：加拿大基奇纳市市长贝里·沃班诺维奇（Berry Vrbanovic）
菲律宾伊里加市市长马德莱娜·阿尔费罗·加兹曼（Madelaine Alfelor-Gazman）

（七）第七届会员大会

举办时间及地点：2022年，韩国大田市

六、九大分会介绍

（一）亚太分会（Asia-Pacific，ASPAC）

世界城地组织亚太分会的历史可追溯至世界地方自治联盟的成立之日。

1913年，世界地方自治联盟在比利时成立，总部设于荷兰海牙。世界地方自治联盟亚太分会于1989年9月在澳大利亚珀斯市举行的第29届世界大会上成立，其总部设于印度尼西亚雅加达。

世界城地组织亚太分会（由世界地方自治联盟、世界城镇联盟以及世界大都市协会合并而成）是地方性分会之一。世界城地组织于2004年1月1日成立，总部位于西班牙巴塞罗那。合并之后的亚太分会于2004年4月14日在中国台北成立，是亚太地区地方政府事务的重要信息管理中心。

世界城地组织是一个国际协会，是唯一一个得到联合国认可的地方性政府组织。它任命了联合国地方当局咨询委员会20名成员中的10名，是首个隶属于联合国的地方当局正式咨询机构。

亚太地区是世界城地组织最大的地区分支，与7000多个地方政府建立了联系。该组织代表了超过37.6亿人口，占世界总人口的一半以上，包括一些经济飞速发展的发展中国家，如中国、印度、印度尼西亚。

愿景

世界城地组织亚太分会是地方民主自治的统一发声者和促进者，旨在促进亚太地区政府间的合作以及广大国际社会内部的合作。

使命

➢ 通过加强成员间的团结协作，在地区/世界范围内促进有力、有效的民主地方自治；

➢ 确保地方政府在联合国和其他国际社会中的有效政治代表性；

➢ 成为全球范围内地方管理、学习、交流和能力建设的主要信息来源，从而为地方政府及其相关组织提供帮助；

➢ 在良好治理的基础上，通过加强面向市民的公共服务，促进经济、社会、文化、职业和环境发展；

➢ 促进种族和性别平等，反对歧视，推动加强地方治理合作以及地方政府和相关组织之间的国际合作；

➢ 促进地方政府和人民之间的结对，深化伙伴关系。

工作范围

➢ 加强地方治理合作（指城市和地方政府之间的交流）。

主张

➢ 能力建立和能力训练；

➢ 研究和信息管理；

➢ 项目发展和管理。

（二）大都市协会（Metropolis）

大都市协会是全球主要城市和大都市的全球性网络，扮演着枢纽和平台的角色，帮助大都市之间建立联系、分享经验、组织众多地方和区域性事务。此外，大都市协会致力于在大都市治理方面成为一个分享国际经验和专业知识的中心平台。

使命

将全世界的政治领导人、决策者和从业人员联系在一起，共同维护大都市的利益，并在解决地方和国际挑战方面提升大都市的表现。

在应对当前巨大的城市挑战方面，现有的大都市治理显得至关重要。因此，大都市协会的使命将会通过一系列方式得以实现，旨在建立以现有大都市治理为特色的关爱型可持续发展城市：

- 在既定原则的基础上开展城市外交；
- 在工具和资源信息平台的基础上提升城市容量。

愿景

大都市协会为公民服务，由公民组成。一个参与性强、高效率的大都市管理能够促进经济增长、维护社会稳定、加强社会凝聚力、促进性别平等以及提高生活质量。

目标

根据本协会的使命和愿景，以及《新城市议程》和《可持续发展目标》，大都市协会致力于：

- 推动实现大都市的利益；
- 提升大都市的表现。

（三）非洲分会（Africa）

世界城地组织非洲分会是非洲地方政府的联盟，也是各地方政府的统一发声者和代表。2005年，该组织在南非茨瓦内市（Tshwane）成立，由地方政府为会员的3个本土组织合并而成，它们分别是非洲地方当局联盟、非洲城镇联盟，以及非洲葡语城市首都联盟。

世界城地组织非洲分会囊括了来自非洲的44个地方政府的全国性协会，以及2000个人口超过10万人的城市。因此，该组织覆盖了近3.5亿的非洲人口。非洲分会的总部位于摩洛哥首都拉巴特市，享有泛非洲国际组织的外交地位。

愿景和使命

非洲分会的愿景是“通过基层建设，推动非洲团结与发展”。为了实现这一愿景，非洲分会在其使命宣言中阐述了其主要目标：

➢ 联合非洲地方政府，将使命宣言置于非洲政治和经济发展的背景之下，在相关论坛上进行表述；

➢ 致力于将地方政府建设成为特别的政府工作领域，支持非洲各国政府以及政府其他部门的工作；

➢ 在地区层面保护民主、平等，并尊重人权；

➢ 在非洲地方政府间促进人力资本和智慧资本共享；

➢ 通过研究、培训和能力发展增强地方政府的能力；

➢ 与具有相同使命的机构、组织和项目进行合作，寻求可持续发展机遇。

目标

非洲城市治理、宣传及加强城市治理发展项目是世界城地组织非洲分会的一项战略远景，旨在从根本上建设非洲。该组织罗列了其目标，并阐述了如何在11个主要领域取得进展，推动加强城市治理合作。

（四）欧洲分会（Europe，CEMR）[①]

欧洲城市和地区委员会是历史最悠久、影响范围最广的欧洲地方政府协会，是唯一一个将41个欧洲国家的地方和区域政府的国家性协会囊括在一起的组织，通过这些协会来代表各级地区。

自1951年成立以来，欧洲城市和地区委员会在地方自治的基础上，尊重权力下放原则，重视公民参与，始终致力于建设一个团结、和平、民主的欧洲。

① 由欧洲城市和地区委员会负责。

工作范围

➢ 在对城市和地区有影响力的范围内影响欧洲政策和立法；

➢ 通过全国性协会和组织，为地区和区域提供发声平台；

欧洲城市和地区委员会是世界城地组织的欧洲分会，通过该组织在国际舞台上代表欧洲地方和地区政府发声。

工作内容

欧洲城市和地区委员会的工作主要关注五大领域，这些领域几乎影响着所有欧洲市民的生活，还影响着代表欧洲市民的地方和区域政府。

➢ 治理、民主和公民权利；

➢ 环境、气候和能源国际参与和合作；

➢ 经济问题、社会问题和地区凝聚力；

➢ 地方和区域公共服务管理；

➢ 欧洲城市和地方委员会的法定事务和日常事务。

（五）欧亚分会（Eurasia）

世界城地组织欧亚分会是最年轻、最具发展活力的分会，由100多个城市及独立国家联合体和蒙古国的地方政府协会组成。欧亚分会的会员城市举办过很多全国和国际活动。欧亚分会秘书处总部位于俄罗斯喀山市。

工作内容

➢ 在国际舞台上捍卫地方自治；

➢ 提高各个城市的国际知名度，提升城市形象；

➢ 增加会员城市的投资和旅游吸引力；

➢ 帮助地方政府和国际社会在关键问题上制定政策，提高其自身地位；

➢ 以地区自治和国际社会为原则，制定相关倡议和项目；

➢ 与联合国相关组织和机构，及其他国际组织开展合作；

➢ 组织会议、研讨会及其他活动，旨在相互交流经验；

➢ 增加支持者的数量，旨在加大世界城地组织的政治影响力及其财政独立性；

➢ 通过各种出版物、研讨会以及新的信息技术，在全世界宣传有关地方自治的现状及发展的相关信息；

➢ 和欧亚地区的城市开展合作，为他们提供和世界城地组织交流的机会；

➢ 在地方政府民主化和城市可持续发展领域寻找最佳做法，并将这些做法分享给组织会员。

目标

➢ 支持地方政府，在国际舞台上捍卫地方政府的角色和地位；

➢ 在欧亚地区推动强而有效的地方自治；

➢ 促进世界城地组织会员间的团结合作；

➢ 确保地方政府在国际社会上进行有效政治表达；

➢ 成为地方政府和经验交流的主要信息来源；

➢ 推动种族平等和性别平等，反对一切形式的歧视；

➢ 将国家间相互联系和增进友谊作为一种手段，支持各国建立和加强联系；

➢ 在组织内部开展政治活动、制定项目以及倡议，并寻找合适的资金来源；

➢ 推动加强地方治理合作以及国际合作，强化地方政府和组织间的伙伴关系。

（六）中东及西亚分会（MEWA）

作为世界城地组织九个分会之一，中东及西亚分会拥有百年以来与地方政府建立合作，并联络世界各地方政府的经验。中东及西亚分会仍不遗余力地确保地方政府在国际舞台上拥有有效话语权，建立强大的政府架构，并且在中东和西亚地区持续跟进国际议程的本地化工作。

该组织的目标建立在多层次的伙伴关系上，通过维护地方政府的价值观、目标及利益，成为地方政府在国际上的发声者和支持者。

愿景

让地方政府发出一致的声音，通过与地方政府和国际社会的合作，推广自己的价值观、目标以及兴趣。

使命

➢ 在整个地区内促进强而有效的地方自治；

➢ 促进成员间的团结与合作；

➢ 确保地方政府在国际社会中，尤其是在联合国及其相关机构中，进行有效政治表达，成为地区和世界范围内重要信息的来源，以及与地方政府相关的情报来源；

➢ 成为地区和世界范围内学习、交流和能力建设的信息来源，在建立并加强地方政府和国家组织的自由度、自主度方面给予支持；

➢ 以良好的治理、可持续性和社会融入为原则，促进经济、社会、文化、职业、公共服务和环境的发展；

➢ 促进种族和性别平等，反对各种形式的歧视；

➢ 成为一个强有力的民主组织，发挥地方管理的多样性；

➢ 推动地方政府及协会组织之间的地方治理合作；

➢ 通过促进结对并加强伙伴关系，帮助人们相互学习、增进友谊。

（七）北美分会（North America，NORAM）①

自1901年以来，加拿大城市联合会一直为地方和区域政府发声，涵盖了2000多个不同规模的城市和乡村地区、北方社区以及20个省和地区的城市协会。组织成员代表着90%以上的加拿大人。加拿大各城市领导人每年都会举行会议，就关键问题进行讨论，并制定加拿大城市联合会相关政策。

1902年，加拿大各城市组成了加拿大城市联盟。1935年，成立了全国市长会议。1937年，两个全国性的联盟加入并组成了加拿大市长和城市联盟。1976年，改名为加拿大城市联合会。

加拿大城市联合会呼吁城市要确保市民的需求，让加拿大每个市政府以及纳税人从中受益，同时也提供一些方法帮助各个城市解决地方挑战。

加拿大城市联合会汇聚了2000多个城市，代表着90%的加拿大人口，会

① 由加拿大城市联合会（Federation of Canadian Municipalities, FCM）负责。

员城市达成共识：团结才能共赢。

2010年，加拿大城市联合会颁发了“加拿大城市联合会卓越奖”，旨在表彰加拿大和国外卓越的城市领导和优秀实践。奖项种类繁多，其中包括与可持续实践创新和参与国际城市合作相关奖项。

（八）区域论坛（Forum of Regions）

世界城地组织于2013年在摩洛哥首都拉巴特举办了区域论坛，并将该论坛视为地方政府的一部分。2015年巴黎世界理事会决定为该论坛提供新的政治动力。鉴于此，世界城地组织准备为国际议程的制定做出地区政府的贡献，尤其是通过与其相关部门和成员进行合作，将工作重心放在第三届人居大会和可持续发展目标上。

可持续发展目标的实施标志着我们需要为地区合作创造空间，还要通过加强地方和区域政府的职责，让公共政策不断适应人们的实际需求。

地方政府的参与对于建立全面发展的战略至关重要，该发展战略应该考虑对地区造成的总体影响。

其目标是服务地区，和世界城地组织一道，加强与国际组织对话，强化与地方政府合作，共同进步。

（九）拉美分会（Latin America，FLACMA）[①]

拉美分会统一协调本区域内地方政府，实现多元统一。这是一项由世界城地组织理事会拉美会员领导，拉丁美洲城市市镇联盟秘书长和南方共同市场城市常任技术秘书长协助，世界城地组织秘书处支持的分会。

拉丁美洲城市市镇联盟秉承复兴精神，竭力为会员提供服务，以参与性政治和技术工作为基础，将不同地区联合在一起进行共同建设。

南方共同市场城市的建立是为了加强地方政府参与地区融合进程，促进城市在南方共同市场的框架内设置机构，以及促进该地区地方政府间的交流与合作。

① 由拉丁美洲城市市镇联盟和南方共同市场城市负责。

使命

- 加大行动力度，支持拉美和加勒比海地区进行迫切市政改革；
- 促进拉美城市运动内部的融合进程，加强现有关系之间的协调；
- 强化拉丁美洲和加勒比海地区地方政府的性别平等政策；
- 计划统筹并开展有关城市增长及发展相关的行动。

工作范围

- 权力下放与地方民主；
- 加强地方治理合作；
- 学习与经验交流；
- 性别平等；
- 可持续发展。

七、中国会员省市及组织名单（30个+4个）

全国对外友协、北京、长春、长沙、成都、重庆、大连、福州、广州、海口、哈尔滨、杭州、吉林市、济南、昆明、南宁、上海、沈阳、深圳、天津、武汉、西安、厦门、义乌、郑州、四平、南京、贵阳、无锡、湖南省

中国台湾地区：中国高雄、中国新北、中国台中、中国台北

（2021年4月更新）

第二章　运行机制

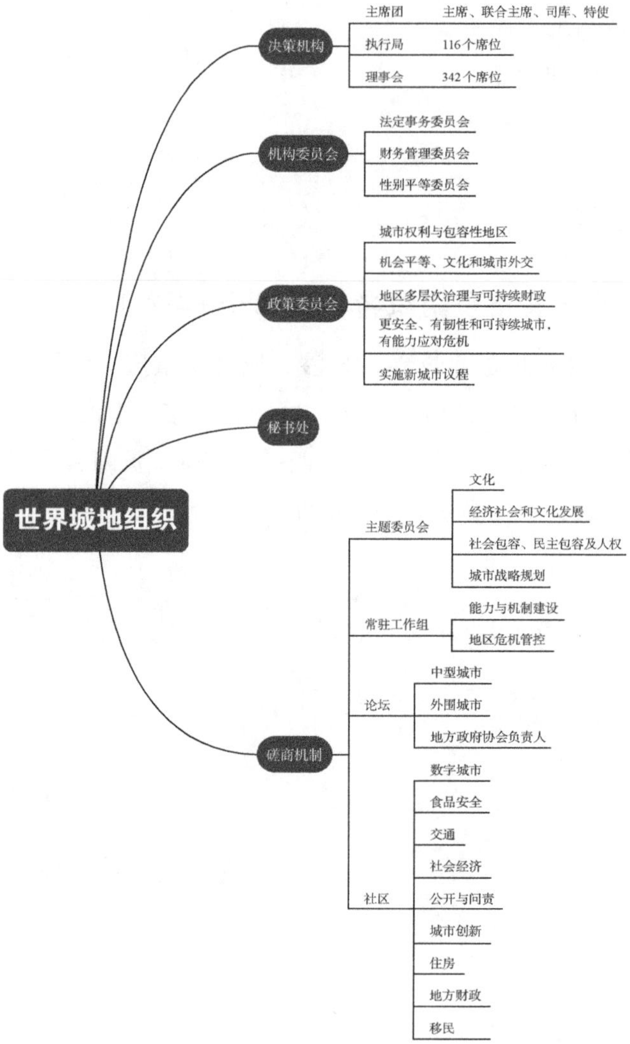

图2–1　世界城地组织的组织架构

一、决策机构

（一）主席团

◎主席

◆穆罕默德·邦德拉，摩洛哥阿尔荷塞马市市长、摩洛哥市长协会（Moroccan Association of Presidents of Communal Councils，MAPCC）主席

◎联合主席

◆李明远，中国西安市市长

◆乌尔·易普拉辛·阿尔泰（Uğur İbrahim Altay），土耳其科尼亚市市长

◆乔尼·阿拉亚，哥斯达黎加首都圣何塞市市长

◆坦比希里·恩卡迪蒙（Thembisile Nkadimeng），南非波罗克瓦尼市（Polokwane）市长、南非地方政府协会（South African Local Government Association，SALGA）主席

◆范·赞能（Jan van Zanen），荷兰海牙市市长、荷兰地方政府协会主席

◆安娜·伊达尔戈，法国巴黎市市长、性别平等常务委员会主席（根据章程自动成为世界城地组织联合主席）

◎司库

◆贝里·沃班诺维奇，加拿大基奇纳市市长、加拿大城市联合会名誉主席

◆马德莱娜·约洛布·阿尔费罗（Madelaine Yorobe Alfelor），菲律宾伊里加市（Iriga）市长

◎特使

◆伊尔苏尔·梅特申，俄罗斯喀山市市长、联合国地方当局咨询委员会主席

◆艾达·科劳，西班牙巴塞罗那市市长、2030年可持续发展议程联合国特使

◆费尔南多·梅迪纳（Fernando Medina），葡萄牙里斯本市市长、地方发展特使

◎副主席

◆（代表亚太分会）阿肖克·库玛尔·拜安居·什雷斯塔（Ashok Kumar Byanju Shrestha），尼泊尔杜利凯尔市（Dhulikhel）市长、尼泊尔城市协会

（Municipal Association of Nepal, MuAN）主席

◆（代表非洲分会）阿曼德·贝因德（Armand Béouindé），布基纳法索首都瓦加杜古市（Ouagadougou）市长

◆（代表欧亚分会）艾森·尼古拉耶夫（Aysen Nikolaev），俄罗斯萨哈共和国总统、世界城地组织欧亚分会副主席

◆（代表欧洲分会）卡罗拉·贡纳森（Carola Gunnarsson），瑞典萨拉市（Sala）市长、瑞典地方和区域当局协会（Swedish Association of Local Authorities and Regions，SALAR）副会长

◆（代表中东及西亚分会）穆罕默德·萨蒂耶（Mohamed Saadie），黎巴嫩丹尼赫城市联盟（Union of Dannieh Municipalities，Lebanon）主席、世界城地组织中东及西亚分会主席

◆（代表拉美分会）卡罗莱纳·科塞（Carolina Cosse），乌拉圭首都蒙得维的亚市市长

◆（代表北美分会）加斯·弗里泽尔（Garth Frizzell），加拿大乔治王子城议员、加拿大城市联合会主席

◆（代表大都市协会）温国辉，中国广州市市长、大都市协会主席

◆（代表区域论坛）巴勃罗·朱拉多·莫雷诺（Pablo Jurado Moreno），厄瓜多尔省自治政府联盟［Consortium of Provincial Autonomous Governments from Ecuador，CONGOPE（Ecuador）］主席

◎世界秘书处东道主城市

◆艾达·科劳，西班牙巴塞罗那市市长[①]

（二）世界理事会及执行局

2019年11月，在德班世界大会上通过

2020年11月，广州理事会上进行更新

◎章程回顾

◆第42条　构成

世界理事会由以下成员组成：

① https://www.uclg.org/en/organisation/vice-presidency。

（一）主席、联合主席和司库；

（二）副主席；

（三）340名地方政府会员，由代表两种类型的地方政府成员在每个区域分会选举后由会员大会任命，任期为两届会员大会之间的闭会期；

（四）世界秘书处所在城市的一名政治代表；

（五）秘书长（无投票权、依据职权）；

（六）国际地方政府组织和准会员的指定代表（皆无投票权）；

代表世界城地组织会员的各区域政府的市长/副市长和主席/副主席（或者同等职位）以及各协会的主席/副主席，可加入世界理事会（无投票权）。

世界理事会的成员无偿履行其职责。

◆第43条

世界理事会成员必须拥有地方政府的政治授权（民选身份）。

◆第44条　替补代表

世界理事会的每位成员都可指定一名常任替补代表。后者只有在原代表缺席时方可在会议上参与投票。该替补代表必须拥有地方政府的政治授权（民选身份）。

◆第52条　构成

执行局由以下成员组成：

（一）主席、联合主席和司库；

（二）副主席（无投票权）；

（三）世界理事会从其成员中选出114位代表，任期为两届会员大会之间的闭会期，执行局中两类地方政府会员所占比例与世界理事会相同；

（四）世界秘书处所在城市的一名政治代表；

（五）秘书长（无投票权、依据职权）；

（六）国际组织会员的指定代表（无投票权）；

代表世界城地组织会员的各区域政府的市长/副市长和主席/副主席（或者同等职位）以及各大协会的主席/副主席，可加入执行局（无投票权）。

出于不同目的，执行局可指定至多3位无投票权的成员，其中包括世界城地组织下一届大会主办方的代表。

执行局的成员无偿履行其职责。

◆第53条

执行局成员必须拥有地方政府的政治授权（民选身份）。

◆第54条　替补代表

执行局的每位成员都可指定一名常任替补代表。后者只有在原代表缺席时方可在会议上参与投票。该替补代表必须拥有地方政府的政治授权（民选身份）。[①]

席位分布情况

分会名称	世界理事会	执行局
非　洲	45	15
亚　太	66	23
欧　亚	36	12
欧　洲	73	23
中东及西亚	35	12
拉　美	39	13
北　美	24	8
大都市协会	21+1 VP	7+1 VP
区域论坛	1 VP	1 VP
世界秘书处东道主城市：巴塞罗那	1	1
总　计	**342**	**116**

① https://www.uclg.org/en/organisation/vice-presidency。

非洲分会①

（异体字：既是理事会成员，也是执行局成员）

分配席位：共45席，已确认45席

中　非

国　家	法定代表	替补成员
喀麦隆 （3）	奥古斯丁·丹波（Augustin Tamba） 喀麦隆联合议会及城市组织主席	格雷戈里·梅瓦努 （Gregory Mewanu） 昆巴市（Kumba）市长
	伊冯娜·埃伊迪（Yvonne Eyidi） 恩康桑吧市（Nkongsamba）市长	特克莱尔·恩詹乔·埃科索 （Teclaire Njanjo Ekosso） 芒桥市（Mangjo）市长
	吕克·梅西·安塔加纳 （Luc Messi Antagana） 雅温得（Yaoundé）城市社区市长	奥古斯丁·巴拉（Augustin Bala） 雅温得第五区区长
中非共和国 （1）	莱昂廷·扬巴·邦纳 （Léontine Yangba Bonna） 班吉市（Bangui）副市长	布里吉特·伊莎贝尔·安达拉·妮·帕西里（Brigitte Isabelle Andara Née Passiri） 班吉市第四区区长
刚果民主共和国 （1）	根蒂尼·恩戈比拉·姆巴卡 （Gentiny Ngobila Mbaka） 金沙萨市（Kinshasa）市长	埃米尔–格罗斯·雷蒙德·纳孔博 （Emile-Gros Raymond Nakombo） 班吉市市长
刚果共和国 （1）	迪约多内·班辛巴 （Dieudonné Bantsimba） 布拉柴维尔市（Brazzaville）市长	艾玛·克莱什·阿蒂波·恩加皮 （Emma Clesh Atipo Ngapi） 布拉柴维尔市议员

① 本节内容及表格是译者依据世界城地组织成员相关文件翻译而成，其区域分会和席位分配所列即此。

续表

国家	法定代表	替补成员
加蓬（2）	尤金尼·姆巴（Eugène Mba） 利伯维尔市（Libreville）市长、加蓬市长协会（Association des maires du Gabon, AMG）成员、非洲分会主席	贾斯汀·帕菲特·毕优构·泊图构（Juste Parfait Biyogo B'otogo） 恩图姆市（Ntoum）市长
	安妮·克里斯特尔·林堡·伊温加（Annie Chrystel Limbourg Iwenga） 利伯维尔市副市长	非洛马内·姆巴·奇巴（Philomène Mbou Tsiba） 恩古奥尼市（Ngouoni）市长
圣多美和普林西比（1）	何塞·玛丽亚·阿马多·达·丰塞卡（José Maria Amado da Fonseca） 圣多美和普林西比当局和自治区协会（Association of Authorities and Autonomous Regions of Sao Tome Principe, STP-ARA）主席	格尔瓦尼奥·罗马里奥·达斯（Gervanio Romario Daz） 圣多美市（Sao Tome）议员

东　非

国家	法定代表	替补成员
布隆迪（2）	尼特赛·马丁（Niterese Martin） 布隆迪地方当选官员协会（Association Burundaise des Elus Locaux, ABELO）主席	卢奥波德·恩达伊萨巴（Léopold Ndayisaba） 布隆迪吉汉加公社（Commune of Gihanga in Burundi）市长
	卡伊西·奥黛特（Kayitesi Odette） 博索尼市（Bosony Commune）市长、布隆迪地方当局联盟（Association Burundaise des Elus Locaux, ABELO）副主席	丹尼斯·恩达达耶（Denise Ndadaye） 尼亚比汉加公社（Nyabihanga Commune）市长
吉布提（1）	法图马·阿瓦莱·奥斯曼（Fatouma Awaleh Osman） 吉布提市（Djibouti）市长	阿布拉赫曼·扬伊斯·阿雷赫（Abourahman Yonjs Arreh） 迪基勒（Dikhil）地区副主席
肯尼亚（1）	马丁·万博拉（Martin Wambora） 肯尼亚省长协会（Council of Governors, CoGs, Kenya）主席	詹姆斯·翁韦（James Ongwae） 肯尼亚省长协会副主席

续表

国　家	法定代表	替补成员
马达加斯加（1）	萨洪德拉马拉·埃丝特·拉辛巴扎菲（Sahondramalala Esther Ratsimbazafy）菲亚纳兰楚阿公社（Commune of Fianarantsoa）市长	待定
卢旺达（1）	伊纳森特·乌维马纳（Innocent Uwimana）卢旺达地方政府当局协会（Rwanda Association of Local Government Authorities, RALGA）主席、东非区副主席	安格·塞布泰格（Ange Sebutege）休耶区（Huye District）区长
塞舌尔（1）	大卫·安德烈（David Andre）维多利亚市（Victoria）市长、维多利亚区协会（Association of the Districts of Victoria）主席	亨利·格瓦斯（Henrie Gervais）维多利亚区协会议员
坦桑尼亚（1）	基贝纳·金戈·纳索罗（Kibena Kingo Nassoro）莫洛哥罗市（Morogoro）市长	戈弗雷·乔治·姆洛温（Godfrey George Mlowe）姆旺加区（Mwanga District）区长
乌干达（1）	约瑟夫·莱蒙杨（Joseph Lemonyang）乌干达地方政府协会（Uganda Local Government Association, ULGA）主席	帕特里克·贝西格耶·凯瓦（Patrick Besigye Keihwa）乌干达地方政府协会副主席

北　非

国　家	法定代表	替补成员
埃及（1）	哈立德·阿卜杜勒·阿勒（Khaled Abdel Aal）开罗省（Cairo）省长	阿拉·阿卜杜勒哈利姆·穆罕默德·马尔祖克（Abdel Hameed Abdel Aziz El-Haggan）开罗卡尤比亚区（Kalyubiya District Cairo）区长
利比亚（1）	侯赛因·德瓦迪（Hussein Dhwadi）利比亚全国城市协会（National Association of Lybia Municipalities, NMCA）主席	穆斯塔法·埃尔巴罗尼（Mustapha El Baroni）津坦市（Zintan）市长

续表

国　家	法定代表	替补成员
毛里塔尼亚（2）	艾查·贝迪（Aicha Beddi） 阿法法特市（Araffat）市长	塔吉亚·莫克塔尔·拉利（Taghia Moktar Laly） 恩泰切特农村公社（N'Teichet Rural Commune）市长
	法图马·阿卜杜勒·马利克（Fatimetou Abdel Malick） 努瓦克肖特市区域委员会（Regional Council of Nouakchott）主席	谢赫·蒂亚姆（Cheikh Thiam） 努瓦克肖特市区域委员会副主席
摩洛哥（3）	穆罕默德·邦德拉（Mohamed Boudra） 摩洛哥市长协会（Association Marocaine des Présidents des Conseils Communaux, AMPCC）主席、非洲分会北非区副主席	穆罕默德·亚辛·达乌迪（Mohamed Yassine Daoudi） 摩洛哥市长协会副主席、吉赛尔公社（Commune of Guisser）市长
	费特纳·埃尔·基尔（Fetna El Khiel） 阿尔巴乌阿公社（Commune of Arbaoua）市长	吉塔·艾特·本·马达尼艾特（Ghita Ait Ben El Madani） 艾特伊兹达格公社（AIt Izdag Commune）主席
	穆罕默德·萨迪基（Mohamed Sadiki） 拉巴特市（Rabat）市长	苏阿德·扎伊迪（Souad Zaidi） 拉巴特市副市长
苏　丹（1）	艾曼·哈立德·尼姆（Aymen Khalid Namer） 首都喀土穆市（Khartoum）总督	待定
突尼斯（1）	苏阿德·本·阿布德拉希姆（Souad Ben Abderrahime） 突尼斯市（Tunis）市长	穆尼尔·斯拉菲（Mounir Srarfi） 突尼斯市第一副市长

南部非洲

国　家	法定代表	替补成员
博茨瓦纳（1）	杰弗里·西比西比（Jeffrey Sibisibi） 博茨瓦纳地方政府协会（Botswana Association of Local Authorities, BALA）主席	弗洛拉·姆梅察内（Florah Mpetsane） 博茨瓦纳地方政府协会副主席

续表

国　家	法定代表	替补成员
莱索托（1）	赫拉特·大卫·马贾拉（Mampho Thabane-Libate）马塞卢市（Maseru）市长	待定
马拉维（2）	维尔德·恩迪波（Wild Ndipo）布兰太尔市（Blantyre）市长	约瑟夫·N. 马克温贾（Joseph N. Makwinja）布兰太尔市副市长
	格特鲁德·奇兰博（Gertrude Chirambo）利隆圭区（Lilongwe）议会议员	埃丝特·萨加瓦（Esther Sagawa）布兰太尔市议员
莫桑比克（1）	埃尼亚斯·戈米谢（Eneas Comiche）首都马普托市（Maputo）市长	玛丽亚·海伦娜·何塞·科雷亚·兰加（Maria Helena Jose Correia Langa）曼德拉卡齐市（Mandlakazi）市长
纳米比亚（1）	加布里埃尔·弗雷耶（Gabriel Freyer）纳米比亚地方政府协会（the Association for Local Authorities in Namibia, ALAN）主席	乔治娜·姆维娅（Georgina Mwiya）纳米比亚地方政府协会副主席、非洲女性地方当政者联盟南非分盟（REFLA Africa）主席
南　非（2）	坦比希里·恩卡迪蒙（Thembisile Phumelele Nkadimeng）南非地方政府协会（South African Local Government Association, SALGA）主席	迪恩·德沃斯（Deon de Vos）南非地方政府协会副主席
	布西韦·莫迪萨肯（Busisiwe Modisakeng）塞迪本区（Sedibeng District Municipality）行政市长	林德瓦·恩特隆泽（Lindelwa Ntlonze）国王萨巴塔达林德耶博地方市（King Sabata Dalindyebo Local Municipality）议员
赞比亚（1）	克里斯托弗·奇辛巴·康·奥姆贝（Christopher Chishimba Kang'Ombe）赞比亚地方政府协会（Local Government Association of Zambia, LGAZ）主席	提图斯·特姆博（Titus Tembo）赞比亚地方政府协会副主席

西 非

国 家	法定代表	替补成员
贝 宁 （1）	吕克·索冬吉·阿特罗克波 （Luc Sètondji Atrokpo） 贝宁市政协会（National Association of Communes of Benin, ANCB）主席	查理曼·扬科蒂 （Charlemagne Yankoty） 波多诺沃市长、贝宁市政当局协会成员
布基纳法索 （2）	阿曼德·皮埃尔·贝因德 （Armand Roland Pierre Béouindé） 布基纳法索市政当局协会（Association of Municipalities of Burkina Faso, AMBF）主席、瓦加杜古市（Ouagadougou）市长	贝廷·瓦西（Bertin Ouiya） 西格莱公社（Siglé Commune）市长
	拉斯马塔·孔波雷 （Rasmata Compaore） 瓦加杜古第十二区市长	班图·萨拉·卡萨 （Bintou Sara Kassa） 巴纳公社（Bana Commune）市长
佛得角 （1）	弗朗西斯科·卡瓦略 （Francisco Carvalho） 普拉亚市（Praia）市长	杜妮亚·杜阿尔特（Dunia Duarte） 市议会副主席
加 纳 （1）	比斯马克·拜西·恩库姆 （Bismark Baisie Nkum） 加纳地方当局协会（National Association of Local Authorities of Ghana, NALAG）主席	威廉·阿杜姆（William Aduum） 加纳地方当局协会副主席
科特迪瓦 （1）	马库拉·库利巴利·道 （Macoura Coulibaly Dao） 丰博洛市（Foumbolo）市长	西塔·瓦塔拉·艾普塞凯塔 （Sita Ouattara epouse Keita） 格贝莱班（Gbéléban Town）市长
马 里 （2）	班巴·埃普·迪亚巴特·马穆 （Bamba ep Diabate Mamou） 佩莱加纳公社（Commune of Pélegana）市长	萨诺戈·卡里迪亚塔·库利巴利 （Sanogo Karidiata Coulibaly） 迪奥马泰内农村公社（Commune Rural de Diomatene）市长
	艾达玛·桑加雷（Adama Sangare） 巴马科市（Bamako）市长	阿西坦·迪亚洛·吉拉 （Assitan Diallo Djilla） 巴马科市副市长
塞内加尔 （1）	索哈姆·瓦尔迪尼（Soham El Wardini） 达喀尔市（Dakar）市长、非洲分会西非区副主席	巴巴卡尔·姆本盖 （Babacar Mbengué） 汉贝莱尔市（Hann Bel Air）市长

亚太分会

分配席位：共66席，已确认55席（截至2020年10月）

东亚＆东北亚

城市/组织	法定代表	替补成员
中国人民对外友好协会	姜江 中国人民对外友好协会副会长	郝忠伟 中国人民对外友好协会欧亚工作部副主任、中国大洋洲友好协会秘书长
北　京	陈吉宁 北京市市长	李轶[待定] 北京市外办副主任
长　春	张志军 长春市市长	薛春志 长春市外办主任
长　沙	郑建新 长沙市市长	郑力虎 长沙市外办主任、市人大代表
成　都	王凤朝 成都市市长	姜斌 成都市外办主任、市政协委员、成都市人民对外友好协会执行副会长
重　庆	唐良智 重庆市市长	宋爱荣 重庆市政协副主席
大　连	陈绍旺 大连市外办主任	待定
福　州	尤猛军 福州市市长	吴晓杰 福州市外办主任、市人大代表
广　州	温国辉 广州市市长	詹德村 广州市外办主任、广州市人民对外友好协会会长
海　口	丁晖 海口市市长	吴家宏 海口市外办主任
杭　州	刘忻 杭州市市长	周澍 杭州市外办主任、杭州市人大代表
哈尔滨	孙喆 哈尔滨市市长	曹儒 哈尔滨市外办主任、市人大代表

续表

城市/组织	法定代表	替补成员
济　南	孙述涛 济南市市长	田迎 济南市外办主任、济南市人民对外友好协会会长
南　宁	孙大光 南宁市市长	彭健 南宁市外办主任、南宁市人民对外友好协会会长
南　京	韩立明 南京市市长	闵一峰 南京市政府办公厅主任、市人大代表
上　海	龚正 上海市市长	待定
武　汉	程用文 武汉市市长	王祥胜 武汉市人民对外友好协会专职副会长
西　安	李明远 西安市市长	强盛 西安市外办主任、西安市人民对外友好协会执行副会长
义　乌	王健 义乌市市长	吴丹 义乌市外办主任、市人大代表
郑　州	侯红 郑州市市长	崔萍 郑州市人民对外友好协会会长
新　北	侯友谊 新北市市长	陈景峻 新北市副市长
台　中	卢秀燕 台中市市长	黄国荣 台中市副市长
台　北	柯文哲 台北市市长	黄珊珊 台北市副市长
滨　松 （Hamamatsu City）	铃木康友 （Suzuki Yasutomo） 滨松市市长	
韩国城市协会（Korean City Federation）	姜门良（Kang Mun-ryol） 韩国城市协会副会长	金俊哲（Kim Chun-chol） 韩国城市协会秘书长
釜　山 （Busan）	边成云（Park Heong-joon） 釜山市代市长	尹在成（Yun Jae-sung） 釜山市政府办公室主任
大　邱 （Daegu）	权泳臻（Kwon Young-jin） 大邱市市长	陈基勋（Chin Ki-hoon） 大邱市政府办公室主任

续表

城市/组织	法定代表	替补成员
大 田（Daejeon）	许泰铤（Her Tae-jeong）大田市市长	李恩哲（Lee Hyung-jong）大田市外办主任
韩国市道知事协议会（Gaok - Governor's Association of Korea）	宋河珍（Song Ha-jin）韩国市道知事协议会会长、韩国全罗北道知事	金大植（Kim Dae-sik）韩国市道知事协议会副秘书长
高 阳（Goyang）	李在俊（Lee Jae-joon）高阳市市长	李宰哲（Lee Jae-chul）高阳市副市长
光 州（Gwangju）	李庸燮（Lee Yong-sup）光州市市长	尹汝哲（Yoon Yeo-cheol）光州市外办主任
京畿道（Gyeonggi）	李在明（Lee Jae-myung）京畿道知事	柳光烈（Ryu Kwang-yeol）京畿道助理知事
仁 川（Incheon）	朴南春（Park Nam-choon）仁川市市长	张济学（Jang Je-hak）仁川市外办主任
济州道（Jeju Special Self-Governing Province）	元喜龙（Won Hee-ryong）济州道知事	高振华（Ko Chun-hwa）济州特别自治道国际关系部局长
首 尔（Seoul）	徐正协（Oh Se-hoon）首尔市代市长	崔景柱（Choi Kyeng-ju）首尔市国际合作部主任
蔚 山（Ulsan）	宋哲镐（Song Chul-ho）蔚山市市长	赵再哲（Cho Jai-chel）蔚山市政府办公室主任

太平洋地区

城市/组织	法定代表	替补成员
新西兰地方政府协会（Local Government of New Zealand）	图尔特·克罗斯比（Stuart Crosby）新西兰地方政府协会会长	

东南亚

城市/组织	法定代表	替补成员
柬埔寨全国公社联盟—桑卡议会（National League of Assoc. of Commune, NLCS / Sangkat Councils）	瑟·克萨尔（Pa Say Kosal）柬埔寨全国地方议会联盟（National League of Local Councils, NLC）主席	博克·索昆达拉（Pok Sokundara）柬埔寨全国公社联盟—桑卡议会秘书长
柬埔寨全国首都和省议会协会（National Association of Capital and Provincial Councils, Nacpc）	帕·思车特妄（Pa Socheatevong）柬埔寨全国首都和省议会协会主席	博克·索昆达拉柬埔寨全国首都和省议会协会秘书长
雅加达（Jakarta）	阿尼斯·巴斯威丹（Anies Baswedan）雅加达首都特区省长	
日　惹（Yogyakarta）	哈里亚纳·苏尤提（Haryadi Suyuti）日惹市市长	
泗　水（Surabaya）	埃里·卡亚迪斯（Eri Cahyadis）泗水市市长	阿尔梅吉（Armudji）泗水市副市长
槟　港（Pangkalpinang）	莫兰·阿克利尔（Maulan Aklil）槟港市市长	
卢布林高（Lubuklinggau）	普拉那·普特拉·苏禾（SN Prana Putra Sohe）卢布林高市市长	
南丹格朗（South Tangerang）	本雅明·戴夫尼（Benyamin Davnie）南丹格朗市市长	皮乐·佐贺·一山（Pilar Saga Ichsan）南丹格朗市副市长
马来西亚地方当局协会（Malaysia Association of Local Authorities, MALA）	余东生（Dato' Ar. Yew Tung Seang）马来西亚地方当局协会会长	哈加·诺兰·宾蒂·哈吉·罗斯兰（TPr. Hajah Noraini Binti Haji Roslan）梳邦再也市（Subang Jaya）议会主席

续表

城市/组织	法定代表	替补成员
伊里加（Iriga）	马德莱娜·约罗布·阿尔费罗（Madelaine Yorobe Alfelor）伊里加市市长	索菲尼奥·玛吉斯特多（Sofronio Magistrado）伊里加市议员
卡巴洛甘（Catbalogan）	德克斯特·威（Dexter Uy）卡巴洛甘市市长	斯蒂芬妮·谭（Stephany Tan）卡巴洛甘市议员
菲律宾城市联盟（League of Cities of the Philippines, LCP）	伊夫里奥·伦纳迪亚（Evelio Leonardia）菲律宾城市联盟主席	伯纳德·戴（Bernard Dy）市长（负责基础设施发展）
维甘古城（Vigan）	胡安·卡洛斯·麦地那（Juan Carlos S. Medina）维甘古城市市长	

南亚及西南亚

城市/组织	法定代表	替补成员
孟加拉国城市协会（Municipal Association of Bangladesh, MAB）	德万·卡马尔·艾哈迈德（Dewan Kamal Ahmed）孟加拉国城市协会主席	穆罕默德·阿卜杜勒·马吉德（Mohammad Abdul Mozid）孟加拉国城市协会秘书长（负责财政）
尼泊尔农村城市联盟（National Association of Rural Municipality in Nepal, Narmin）	霍姆·尼拉言·什雷斯塔（Hom Narayan Shrestha）尼泊尔农村城市联盟主席	麦努卡·卡夫乐（Menuka Kafle）尼泊尔农村城市联盟副主席
尼泊尔城市协会（Municipalities Association of Nepal, MuAN）	阿肖克·库马尔·比扬朱（Ashok Kumar Byanju）尼泊尔城市协会主席	比姆·普拉萨德·敦加纳（Bhim Prasad Dhungana）尼泊尔城市协会秘书长
尼泊尔地区发展委员会协会（Association of District Coordination Committees of Nepal, ADDCN）	西塔·库马里·桑达斯（Sita Kumari Sundas）尼泊尔地区发展委员会协会主席	

续表

城市/组织	法定代表	替补成员
斯里兰卡地方政府联盟 （Federation of Sri Lankan Local Governments Authorities, FSLGA）	苏德玛・阑达尼 （Thushara Sanjeewa Withang） 斯里兰卡地方政府联盟主席	

欧亚分会

分配席位：共36席，已确认36席

国　家	法定代表	替补成员
亚美尼亚 （1）	埃明・埃里采安（Emin Eritsyan） 亚美尼亚公社协会主席	艾达・梅特申（Aidar Metshin） 下卡姆斯克市市长
阿塞拜疆 （1）	埃尔汗・乌苏博夫（Elkhan Usubov） [待定] 沙基市市长	托菲克・哈萨诺夫（Tofik Hasanov） [待定] 阿塞拜疆市政联盟
哈萨克斯坦 （2）	阿尔泰・库尔吉诺夫 （Altay Kulginov） 努尔苏丹市市长、哈萨克斯坦地方当局协会主席	巴克提亚・马肯（Baktivar Maken） 努尔苏丹市议会副主席
	拉希德・阿尤波夫（Rashid Ayupov） 图尔克斯坦市市长	亚伦贝克・艾达纳（Arynbek Aidana） 图尔克斯坦市副市长
吉尔吉斯斯坦 （2）	巴克蒂别克・库代别尔格诺夫 （Baktybek Kudaibergenov） 比什凯克市市长、吉尔吉斯斯坦城市协会主席	艾占・奇尼巴耶娃 （Aizhan Chynybaeva） 比什凯克市副市长
	塔莱贝克・萨里巴舍夫 （Taalaybek Sarybashev） 奥什市市长	扎苏尔・阿齐莫夫（Zhasur Azimov） 奥什市副市长
蒙古国 （1）	苏米耶巴扎尔・多尔戈苏伦 （Sumiyabazar Dolgorsuren） 乌兰巴托市市长、 蒙古国地方当局协会主席	巴苏伦・比安巴多伊 （Batsuren Byambadorj） 乌兰巴托市议会代表

续表

国 家	法定代表	替补成员
俄罗斯（29）	伊万·乌里扬琴科 斯塔夫罗波尔市市长	乔治·科利亚金 斯塔夫罗波尔市议会主席
	扎乌尔·希兹里耶夫 格罗兹尼市市长	马戈梅–阿里·图拉耶夫 格罗兹尼市杜马第一副主席
	奥克萨纳·法迪纳 鄂木斯克市市长	弗拉基米尔·科尔布特 鄂木斯克市议会主席
	乌尔法特·穆斯塔芬 乌法市市长	阿丽娜·苏莱玛诺娃 乌法市副市长
	弗拉基米尔·霍季列夫 沃罗涅日市议会主席	利纳尔·扎基罗夫 布古尔马市市长
	伊尔苏尔·梅特申 喀山市市长、鞑靼斯坦共和国城市协会主席	尤金妮娅·洛德维戈娃 喀山市副市长
	阿纳托利·洛科特 新西伯利亚市市长、西伯利亚和远东城市协会第一副主席	德米特里·阿桑采夫 新西伯利亚市议会主席
	谢尔盖·耶雷明 克拉斯诺亚尔斯克市市长、西伯利亚和远东城市协会副主席	娜塔莉亚·菲柳利纳 克拉斯诺亚尔斯克市杜马主席
	弗拉基米尔·沃尔科夫 雅罗斯拉夫尔市市长	谢尔盖·克拉夫丘克 哈巴罗夫斯克市市长
	齐奈达·内亚罗希纳 顿河畔罗斯托夫市市长	谢尔盖·苏哈里耶夫 顿河畔罗斯托夫市杜马副主席
	维拉·加卢什科 克拉斯诺达尔市议会主席	柳德米拉·戈洛夫琴科 克拉斯诺达尔市议会副主席
	阿利姆·蒂姆布拉托夫 达吉斯坦地方当局联盟主席、凯塔格斯基市区主席	叶夫根尼·卡吉舍夫 切博克萨雷市市长
	艾森·尼古拉耶夫 萨哈共和国主席	亚历山大·日尔科夫 萨哈共和国议会第一副主席

续表

国家	法定代表	替补成员
俄罗斯（29）	萨尔达纳·阿夫克森特瓦 雅库茨克市市长	帕维尔·基林 雅库茨克市副市长
	安德烈·克罗波特金 加里宁格勒市杜马主席	德米特里·贝尔德尼科夫 伊尔库茨克市市长
	德米特里·萨莫伊洛夫 佩尔姆市市长	维克多·吉耶夫 佩尔姆市副市长
	奥列格·贝克梅季耶夫 伊热夫斯克市市长	埃莫马利·鲁斯塔米 杜尚别市市长、城市发展协会主席
	亚历山大·维索金斯基 叶卡捷琳堡市长	伊戈尔·沃洛丁 叶卡捷琳堡杜马主席
	埃琳娜·拉普什金娜 萨马拉市市长、伏尔加地区城市协会理事会成员	埃琳娜·莫斯克维切娃 萨马拉市副市长
	奥列格·拉夫里切夫 下诺夫哥罗德杜马主席	奥尔加·巴拉基纳 下诺夫哥罗德市杜马副主席
	谢尔盖·潘钦 乌里扬诺夫斯克市市长、伏尔加地区城市协会副主席	伊利亚·诺热奇金 乌里扬诺夫斯克市杜马主席
	伊琳娜·卡赞采娃 克孜勒市市长	迪娜·奥云 克孜勒市议会副主席
	安德烈·卢兹金 奔萨市市长	鲁斯兰·沙加列夫 鞑靼斯坦共和国因诺波利斯区主席
	埃琳娜·科瓦列娃 基洛夫市市长	亚历山大·沃斯特里科夫 基洛夫市副市长
	乌斯曼·奥舍夫 马尔卡斯市市长	扎丽娜·丽娜诺娃 马尔卡斯市议会主席
	米哈伊尔·阿法纳西耶夫 泽列诺多尔斯克市市长	塔季扬娜·梅列希纳 彼得罗巴甫洛夫斯克卡姆查茨基市议会副主席
	加莉娜·莫纳霍娃 彼得罗巴甫洛夫斯克市议会主席	塔季扬娜·梅列希纳 彼得罗巴甫洛夫斯克卡姆查茨基市议会代表
	尤里·萨波日尼科夫 沃洛格达市市长	梅尔·马格捷夫 纳贝列日尼–切尔尼市市长

续表

国　家	法定代表	替补成员
俄罗斯（29）	阿列克谢·沙波什尼科夫 莫斯科市杜马主席	米哈伊尔·勒沃夫 纳加廷斯基扎顿区主席

欧洲分会

分配席位：共73席，已确定62席

世界理事会

国　家	法定代表	替补成员
阿尔巴尼亚（1）	待定	
奥地利（2）	卡门·基弗（Carmen Kieffer） 马克特格门德库奇尔市 （Marktgemeinde Kuchl）副市长	
	迈克尔·路德维希（Michael Ludwig） 维也纳市市长、奥地利市镇协会 （Austrian Association of Cities and Towns）主席	奥马尔·拉维（Omar Al-Rawi） 维也纳市议会议员
比利时（3）	维姆·德姆斯（Wim Dries） 亨克市（Genk）市长、 佛兰芒城市协会（VVSG）主席	巴特·托梅林（Bart Tommelein） 佛兰芒城市协会国际政治委员会 （VVSG International Political Commission）主席、奥斯坦德市 （Ostende）市长
	克里斯蒂娜·普林（Christine Poulin） 瓦勒库尔市（Walcourt）市长、 瓦隆大区市镇联盟（UVCW）主席	待定
	马克·洛温斯坦（Marc Loewenstein） 森林市（Forest）议员、 布鲁塞尔区域议会议员	塞西尔·乔多涅（Cécile Jodogne） 斯哈尔贝克市（Schaerbeek）市长

续表

国　家	法定代表	替补成员
保加利亚 （1）	约尔丹·约尔达诺夫 （Yordan Yordanov） 多布里奇市（Dobrich）市长	普拉门·切尔内夫 （Plamen Chernev） 苏欣多尔市（Suhindol Municipality） 市长
克罗地亚 （1）	伊戈尔·安德罗维奇（Igor Andrović） 维罗维蒂察–波德拉维纳县 （Virovitica-Podravina County）县长/ 执行委员会成员	米兰·亚奈契厅（Miran Janečić） 维罗维蒂察–波德拉维纳县议会主席
塞浦路斯 （1）	待定	
捷　克 （1）	伊沃·桑克（Ivo Sanc） 库特纳霍拉镇（Kutna Hora）议员	马克特·万科娃（Marketa Vankova） 布尔诺市（Brno）市长、捷克共和国 市镇联盟（Union of Towns and Municipalities of the Czech Republic） 副主席（负责欧洲事务）
爱沙尼亚 （1）	米克尔·尤赫塔米（Mihkel Juhkami） 爱沙尼亚城市协会（Board of AECM） 董事会副主席	皮皮–莉斯·西曼 （Pipi-Liis Siemann） 爱沙尼亚城市协会董事会副主席
芬　兰 （1）	克里斯蒂娜·哈迈莱宁 （Kristiina Hämäläinen） 佩尔吕特–赫梅区域（Päijät-Häme） 议会董事会副主席	丹尼尔·索佐诺夫（Daniel Sazonov） 赫尔辛基市（Helsinki）议员
法　国 （10）	乔塞琳·布格尔德 （Jocelyne Bougeard） 雷恩市（Rennes）副市长	
	安妮–凯瑟琳·戈茨 （Anne-Catherine Goetz） 米卢斯市（Mulhouse）副市长	
	待定	
	安娜·伊达尔戈（Anne Hidalgo） 巴黎市市长	
	帕特里克·贾里（Patrick Jarry） 楠泰尔市（Nanterre）市长	

续表

国 家	法定代表	替补成员
法 国 （10）	菲利普·洛朗（Philippe Laurent） 斯科市（Sceaux）市长、法国伊莱德（Île-de）地区议员、欧洲共同体和区域理事会法国协会（AFCCRE）主席	
	待定	
	约翰娜·罗兰（Johanna Rolland） 南特市（Nantes）市长、南特都会区（Nantes Métropole）主席	
	安德烈·维奥拉（André Viola） 奥德县（Aude）议会主席	
	斯拉达纳·齐夫科奇 （Sladana Zivkovic） 第戎市（Dijon）副市长	注：法国替补人员名单尚未确定
德 国 （5）	克里斯蒂安·霍奇 （Christiane Horsch） 韦尔班德斯格明德舍乌奇市 （Verbandsgemeinde Scheiwch）市长	待定
	彼得·库兹（Peter Kurz） 曼海姆市（Mannheim）市长	马库斯·莱埃（Markus Lewe） 明斯特市（Muenster）市长
	梅兰妮·格拉博伊 （Melanie Grabowy） 波恩市（Bonn）第一副市长	
	安德烈亚斯·沃尔特 （Andreas Wolter） 科隆市（Cologne）市长	豪克·贾高（Hauke Jagau） 汉诺威市（Hannover）地区主席
	待定	待定
希 腊 （2）	迪米特里奥斯·卡凡塔里斯 （Dimitrios Kafantaris） 皮勒斯－内斯特市（Pylos-Nestor）议员、希腊城市中央联盟（Central Union of Municipalities of Greece）秘书长	伊琳娜·卡拉拉里奥图 （Irina Karalariotou） 拉里萨市（Larissa）议员
	罗克萨尼·贝（Roxani Bei） 雅典市议员	阿波斯托洛斯·卡洛吉亚尼斯 （Apostolos Kalogiannis） 拉里萨市市长

续表

国　家	法定代表	替补成员
冰　岛 （1）	阿尔迪斯·哈夫斯坦斯多蒂尔 （Aldis Hafsteinsdottir） 冰岛地方当局协会（Icelandic Association of Local Authorities）主席	待定
以色列 （1）	待定	
意大利 （5）	西尔维娅·巴拉迪（Silvia Baraldi） 莱尼亚戈市（Legnago）议员	
	斯特凡诺·博纳奇尼 （Stefano Bonaccini） 艾米利亚–罗马涅区（Emilia-Romagna）主席、欧洲城市和地区委员会主席、欧洲共同体和区域理事会意大利协会（AICCRE）主席	
	伊拉里亚·布盖蒂（Ilaria Bugetti） 托斯卡纳（Tuscany）地区议员	
	安娜丽莎·帕洛佐（Annalisa Palozzo） 切帕加蒂市（Cepagatti）议员	
	法比奥·特拉瓦格利尼 （Fabio Travaglini） 圣萨尔沃市（San Salvo）议员	
拉脱维亚 （1）	金茨·卡明斯基斯（Gints Kaminskis） 拉脱维亚地方和区域政府协会（Latvian Association of Local and Regional Government, LALRG）主席、奥斯市（Auce）议员	安地里斯·拉万（Andris Rāviņš） 拉脱维亚地方和区域政府协会副主席、叶尔加瓦（Jelgava）市长
立陶宛 （1）	明道加斯·辛克维修斯 （Mindaugas Sinkevičius） 立陶宛地方当局协会（Association of Local Authorities in Lithuania, ALAL）主席、约纳瓦市（Jonava）市长	伊迪塔·鲁德林（Edita Rudelienė） 立陶宛地方当局协会理事会成员、特拉凯市（Trakai）市长
卢森堡 （1）	路易斯·奥伯哈格（Louis Oberhag） 副主席、瓦尔德布雷迪穆斯市（Waldbredimus）市长	

续表

国　家	法定代表	替补成员
摩尔多瓦（1）	待定	待定
荷　兰（3）	罗布·梅兹（Rob Metz） 荷兰地方政府协会国际事务委员会国际代表团（International Delegation of the VNG Committee on European and International Affairs）主席	
	埃伦·范·塞姆（Ellen van Selm） 奥普斯特兰市（Opsterland）市长、荷兰地方政府协会（VNG）董事会成员	待定
	范·赞能（Jan van Zanen） 海牙市（Hague）前市长、荷兰地方政府协会主席	
挪　威（1）	冈恩·玛丽特·赫尔格森（Gunn Marit Helgesen） 挪威地方和区域当局协会（Norwegian Association of Local and Regional Authorities）第一副主席	比约恩·阿里德·格兰姆（Bjoern Arild Gram） 挪威地方和区域当局协会主席
葡萄牙（4）	费尔南多·梅迪纳（Fernando Medina） 里斯本市市长	卡洛斯·卡斯特罗（Carlos Castro） 里斯本市副市长
	卡塔琳娜·瓦兹·平托（Catarina Vaz Pinto） 里斯本市副市长	
	路易莎·萨尔盖罗（Luísa Salgueiro） 马托西纽什市（Matosinhos）市长	玛丽亚·伊达利娜·特林达德（Maria Idalina Trindade） 尼萨市（Nisa）市长
	何塞·卡利克斯托（José Calixto） 蒙萨拉兹雷贡戈斯市（Reguengos de Monsaraz）市长	里卡多·佛朗哥（Ricardo Franco） 马奇科市（Machico）市长

续表

国　家	法定代表	替补成员
罗马尼亚（3）	埃米尔·德什希奇（Emil Drăghici）阿尔卡纳–贝伊市（Vulcana-Băi）市长	
	马里亚娜·戈朱（Mariana Gâju）坎普斯纳公社（Cumpăna commune）主席	
	西蒙娜–西尔维娅·费希特电讯公社主席	
斯洛伐克（1）	马罗·萨根（Maroš Sagan）西弗市（Cifer）市长	雅罗斯拉夫·赫林卡（Jaroslav Hlinka）科希策市（Košice - Juh）市长
斯洛文尼亚（1）	佐兰·扬科维奇（Zoran Janković）卢布尔雅那市（Ljubljana）市长	待定
西班牙（10）	亚伯·卡瓦列罗·阿尔瓦雷斯（Abel Caballero Álvare）维戈市（Vigo）市长、联邦选举管理会（FEMP）主席	卡洛斯·马丁内斯·明格斯（Carlos Martínez Mínguez）索里亚市（Soria）市长
	弗朗西斯科·哈维尔·阿亚拉·奥尔特加（Francisco Javier Ayala Ortega）富恩拉布拉达市（Fuenlabrada）市长	奥斯卡·普恩特·圣地亚哥（Oscar Puente Santiago）巴利亚多利德市（Valladolid）市长
	米拉格罗斯·托隆·杰米（Milagros Tolon Jaime）托莱多市（Toledo）市长	安帕罗·马可·瓜尔（Amparo Marco Gual）卡斯特隆市（Castellon）市长
	约瑟普·马约拉尔·伊（Josep Mayoral i Antigas）格拉诺勒斯市（Granollers）市长	安娜·冈萨雷斯·罗德里格斯（Ana Gonzalez Rodriguez）希洪市（Gijon）市长
	佩德罗·德尔库拉·桑切斯（Pedro del Cura Sanchez）瓦西亚马德里市（Rivas Vaciamadrid）市长	玛丽亚·康塞普西翁·布里托·努涅斯坎德拉里亚市（Candelaria）市长
	待定	
	待定	

续表

国 家	法定代表	替补成员
西班牙（10）	纳塞里亚·马林（Núria Marín） 巴塞罗那省议会 （Barcelona Provincial Council）主席	皮拉尔·迪亚斯·罗梅罗 （Pilar Díaz Romero） 巴塞罗那省议会国际关系 （International Relations of Barcelona Provincial Council）副委员、 洛布雷加特斯普卢古埃斯市 （Esplugues de Llobregat）市长
	胡安·马里·阿尔布托 （Juan Mari Aburto） 毕尔巴鄂市（Bilbao）市长	泽维尔·奥钱蒂诺 （Xabier Ochandiano） 毕尔巴鄂市议员（负责经济发展部、就业贸易部）
	乔迪·巴拉瑞特·派斯特 （Jordi Ballart i Pastor） 特拉萨市（Terrassa）市长	詹妮弗·拉米雷斯 （Jennifer Ramírez） 特拉萨国际事务市议员
瑞 典（2）	卡罗拉·贡纳森 瑞典地方和区域当局协会副会长、 萨拉市市长	
	安德尔斯·克纳普（Anders Knape） 瑞典地方和区域当局协会（Swedish Association of Local Authorities and Regions, SALAR）主席、卡尔斯塔德市（Karlstad）议会主席、 欧洲城市和地区委员会行政主席	
瑞 士（1）	萨米·卡纳恩（Sami Kanaan） 日内瓦市市长	
英 国（4）	艾莉森·艾佛森（Alison Evison） 阿伯丁郡（Aberdeenshire）议会议员、 苏格兰地方政府会议（Convention of Scottish Local Authorities, COSLA）主席	
	詹姆斯·贾米森（James Jamieson） 英国地方政府协会（Local Government Association, LGA）主席	伊兹·赛科姆（Izzi Seccombe） 英国地方政府协会副主席
	待定	
	待定	

执行局成员

国家	法定代表	替补成员
奥地利（1）	迈克尔·路德维希 维也纳市市长、奥地利市镇协会主席	
比利时（2）	维姆·德莱斯 亨克市市长、佛兰芒城市协会主席	巴尔特·托梅林生 佛兰芒城市协会国际政治委员会主席、奥斯坦德市市长
	克里斯蒂娜·普林 瓦勒库尔市市长、瓦隆市政联盟主席	
爱沙尼亚（1）	米克尔·尤赫塔米 爱沙尼亚城市协会董事会副主席	皮皮–莉斯·西曼 爱沙尼亚城市协会董事会副主席
芬兰（1）	克里斯蒂娜·哈迈莱宁 佩尔吕特–赫梅区域议会董事会副主席	丹尼尔·索佐诺夫 首都赫尔辛基市议员
法国（5）	安娜·伊达尔戈 巴黎市市长	待定
	约翰娜·罗兰 南特市市长、南特都会区主席	待定
	安德烈·维奥拉 奥德县（Aude）议会主席	待定
	待定	待定
	待定	待定
德国（2）	克里斯蒂安·霍奇 韦尔班德斯格明德舍乌奇市市长	待定
	彼得·库兹 曼海姆市市长	安德烈亚斯·沃尔特 科隆市长
希腊（1）	迪米特里奥斯·卡凡塔里斯 皮勒斯内斯特市议员、 希腊城市中央联盟秘书长	伊琳娜·卡拉拉里奥图 拉里萨市议员
意大利（1）	斯特凡诺·博纳奇尼 艾米利亚–罗马涅区主席、欧洲城市和地区委员会主席、欧洲共同体和区域理事会意大利协会主席	
拉脱维亚（1）	金茨·卡明斯基斯 拉脱维亚地方和区域政府协会主席、奥斯市议员	安地里斯·拉万 拉脱维亚地方和区域政府协会副主席、叶尔加瓦市市长

续表

国 家	法定代表	替补成员
立陶宛 （1）	明道加斯·辛克维修斯 （Mindaugas Sinkevičius） 立陶宛地方当局协会（Association of Local Authorities in Lithuania, ALAL）主席、约纳瓦市（Jonava）市长	伊迪塔·鲁德林（Edita Rudelienė） 立陶宛地方当局协会理事会成员、特拉凯市（Trakai）市长
荷 兰 （1）	范·赞能 海牙市市长、荷兰地方政府协会主席	
挪 威 （1）	冈恩·玛丽特·赫尔格森 挪威地方和区域当局协会第一副主席	比约恩·阿里德·格兰姆 挪威地方和区域当局协会主席
葡萄牙 （1）	费尔南多·梅迪纳 里斯本市市长	卡洛斯·卡斯特罗 里斯本市副市长
西班牙 （2）	待定	卡洛斯·马丁内斯·明格斯 索里亚市市长
	弗朗西斯科·哈维尔·阿亚拉·奥尔特加 富恩拉布拉达市市长	待定
瑞 典 （1）	安德尔斯·克纳普 瑞典地方和区域当局协会主席、卡尔斯塔德市议会主席、欧洲城市和地区委员会行政主席	卡罗拉·贡纳森 （Carola Gunnarsson） 瑞典地方和区域当局协会副主席、萨拉市（Sala）市长
英 国 （1）	詹姆斯·贾米森 英国地方政府协会主席	伊兹·赛科姆 英国地方政府协会副主席

*执行局候选人额外候补人：

罗马尼亚	埃米尔·德什希奇 罗马尼亚公社协会主席、登博维察县武尔卡纳–伯伊公社市主席

中东及西亚分会

分配席位：共35席，已确认35席

国　家	法定代表	国　家	替补成员
阿富汗（1）	卡迪亚·扎赫拉·艾哈迈迪（Khadija Zahra Ahmadi）尼利市（Nili）市长	土耳其	穆尔塔扎·达扬克（Murtaza Dayanc）乌尔拉市（Urla）代理市长
伊　朗（1）	皮鲁兹·哈纳奇（Pirouz Hanachi）德黑兰市市长	黎巴嫩	莫塔西姆·阿卜杜勒·卡德尔（Moetasem Abdul Kader）阿森市（Aassoun）市长
约　旦（3）	贾马尔·阿卜杜拉·阿尔瓦克（Jamal Abdallah Alwaked）艾恩阿尔巴沙阿尔贾迪达市（Ein AlBasha Aljadidah）市长	黎巴嫩	穆斯塔法·卡拉（Mustapha Qara）布托尔马兹市（Btormaz）市长
	哈桑·阿尔兹古尔（Hassan A. Alzghoul）阿杰隆市（Greater Ajloun）市长	黎巴嫩	梅达特·哈姆丹（Mehmet Aktürk）哈尔夫西亚德市（Harf Siyad）市长
	优素福·沙瓦贝（Yousef Shawarbeh）安曼市（Greater Amman）市长	土耳其	穆罕默德·阿克蒂尔克（Mehmet Aktürk）乌尔古普市（Ürgüp）市长
黎巴嫩（6）	叶海亚·阿布·克鲁姆（Yehya Abou Karroum）乔夫苏埃贾尼市联邦主席		纳比尔·法瓦兹（Nabil Fawaz）德比宁市（Tebnine）市长
	安托万·查赫图拉（Antoine Chakhtoura）德克瓦内市（Dekwané）市长		阿萨德·佐盖卜（Assaad Zogheib）扎赫勒市（Zahlé）市长
	阿里·哈利法（Ali Khalifa）萨拉芬德市（Sarafand）市长		卡西姆·卡德里（Kassem Kaderi）克法尔乔巴市（Kfar Chouba）市长

续表

国　家	法定代表	国　家	替补成员
黎巴嫩 （6）	易卜拉欣·纳赛尔 （Ibrahim Nasser） 查克扎赫勒市（Chark Zahle） 政府联盟主席		穆罕默德·优素福 （Mohamed Youssef） 巴克霍恩市（Bakhoun）市长
	哈立德·易卜拉欣·达哈比 （Khaled Ibrahim Dahabi） 米涅赫（Minieh）城市联盟主席		阿塞夫·梅斯（Atef Mais） 马克塞市（Makseh）市长
	泰西尔·阿布·辛纳 （Taysir Abu Senena） 希伯伦市市长	黎巴嫩	叶海亚·德赫尔（Yehia Daher） 阿尔布伊哈拉城市联盟 （Union of Albouihara Municipalities）主席
巴勒 斯坦 （9）	哈泽姆·亚森（Hazem Yaseen） 阿西拉沙马利亚市 （Asira Al Shamaliya）市长		
	穆萨·哈迪德（Musa Hadid） 巴勒斯坦地方当局协会 （Association of Palestinian Local Authorities, APLA）	黎巴嫩	穆罕默德·埃尔巴斯 （Mohamed El Bast） 比卡奥萨特（Bika Awsaat）城市 联盟主席
	阿里·马纳斯拉（Ali Manasrah） 巴尼奈姆市（Bani Naim）市长		齐亚德·哈利勒·哈杜尔 （Ziad Khalil Khadour） 巴尼奈姆市议员
	杰哈德·凯尔（Jehad Khair） 拜特萨霍市（Beit Sahour）市长		埃里亚斯·迪斯（Elias Deis） 拜特萨霍市议员
	萨梅赫·图拜拉 （Sameeh Tubaila） 纳布卢斯市（Nablus）市长	黎巴嫩	哈桑·格姆拉维 （Hassan Ghamrawi） 巴达维市（Baddaoui）市长
	穆萨·哈迪德（Musa Hadid） 拉马拉市（Ramallah）市长		尼古拉·哈米斯 （Nicola Khamis） 拜特贾拉市（Beit Jala）市长
	穆罕默德·扎伊卡特 （Mahmoud Rzaiqat） 塔夫市（Taffouh）市长		
	叶海亚·萨拉杰（Yahya Sarraj） 加沙市（Gaza）市长	土耳其	泽内尔·阿迪丁·贝亚兹格 （Zeynel Abidin Beyazgül） 桑努尔法市（Sanlıurfa）市长

续表

国　家	法定代表	国　家	替补成员
土耳其 （15）	尤塞尔·伊尔马兹 （Yücel Yılmaz） 巴勒克西尔市（Balıkesir）市长		艾哈迈特·佩基亚特 （Ahmet Pekyatırmacı） 塞尔丘克市（Selçuklu）市长
	泽丹·卡拉拉尔 （Zeydan Karalar） 阿达纳市（Adana）市长		奥戈尔·盖汗（Ülgür Gökhan） 恰纳卡莱市（Çanakkale）市长
	曼苏尔·亚瓦什 （Mansur Yavaş） 首都安卡拉市（Ankara）市长		凯雷姆·埃德姆（Kerem Erdem） 首都安卡拉市议员
	洛克曼·科勒 （Lokman Çağırıcı） 巴格希勒市（Bağcılar）市长		穆罕默德·斯林（Mehmet Şirin） 巴格希勒市副市长
	法特玛·沙欣（Fatma Şahin） 加济安泰普市（Gaziantep）市长		穆罕默德·萨夫兰 （Mehmet Savran） 内夫谢希尔市（Nevşehir）市长
	齐努尔·比尤格斯 （Zinnur Büyükgöz） 盖布泽市（Gebze）市长		居勒·阿欣·根凯 （Güler Şahin Gencay） 盖布泽市议会议员
	埃克莱姆·伊玛目奥卢 （Ekrem İmamoğlu） 伊斯坦布尔市（Istanbul）市长		赫塞因·阿克苏（Hüseyin Aksu） 伊斯坦布尔市议员
	穆斯塔法·图恩·索耶 （Mustafa Tunç Soyer） 伊兹密尔市（Izmir）市长		伊斯梅尔·耶蒂什金 （Ismail Yetişkin） 塞费里希萨尔市 （Seferihisar）市长
	乌尔·易卜拉欣·阿尔泰 （Uğur İbrahim Altay） 土耳其世界城市联盟主席		塔希尔·比尤卡金 （Tahir Büyükakın） 科贾埃利市（Kocaeli）市长
	瓦哈普·塞耶（Vahap Seçer） 梅尔辛市（Mersin）市长		艾哈迈特·辛（Ahmet Cin） 彭迪克市（Pendik）市长

续表

国　家	法定代表	国　家	替补成员
土耳其（15）	伊玛·德奇（Şeyma Döğücü）桑卡特佩市（Sancaktepe）市长		奥米特·沙欣（Ümit Sahin）桑卡特佩市议员
	哈坎·图腾库（Hakan Tütüncü）地中海（Mediterranean）城市联盟主席		塞马尔·巴斯（Cemal Baş）凯索伦市（Keçiören）议员
	穆罕默德·萨伊特·克利克（Mehmet Sait Kilic）		塔希尔·比尤卡肯科贾埃利市市长
	穆罕默德·库什（Mehmet Kuş）艾于比耶市（Eyyübiye）市长		
	法特玛·沙欣（Fatma Şahin）土耳其市政联盟主席（UMT）主席		塞马尔·巴斯（Cemal Baş）凯索伦市（Keçiören）议员

拉美分会

分配席位：共39席，已确认23席

国　家	法定代表	国　家	替补成员
阿根廷（4）	费尔南多·格雷（Fernando Gray）埃斯特班埃切韦里亚市（Esteban Echeverria）市长	乌拉圭	奥尔加·奥特吉（Olga Otegui）蒙得维的亚（Montevideo）市政府秘书长
	米格尔·隆吉（Miguel Lunghi）坦迪尔市（Tandil）市长		
	埃米利奥·贾图（Emilio Jatón）圣达菲市（Santa Fe）市长		
	奥马尔·佩罗蒂（Omar Perotti）圣达菲省省长	乌拉圭	莱蒂西亚·马齐尼（Leticia Mazzini）卡内洛内斯市（Canelones）副市长

续表

国　家	法定代表	国　家	替补成员
玻利 维亚 （1）	埃尔南·伊万·阿里亚斯·杜兰 （Hernán Iván Arias Durán） 拉巴斯市（La Paz）市长	阿根廷	迪奥尼西奥·斯卡平 （Dionisio Scarpin） 阿韦拉内达德圣菲市 （Avellaneda de Santa Fe）市长
巴　西 （4）	阿里·瓦纳齐（Ary Vanazzi） 圣莱奥波多市 （Sao Leopoldo）市长		
	马科斯·托尼奥（Marcos Tonho） 桑塔纳德帕尔奈巴市 （Santana de Parnaiba）市长		保罗·塞拉（Paulo Serra） 圣安德烈市（Santo André）市长
	格拉德米尔·阿洛尔迪 （Glademir Aroldi） 全国城市联合会（CNM）主席		爱德华多·冈萨雷斯 （Eduardo Gonzalvez） 全国城市联合会秘书长
	亚历山大·卡利尔 （Alexandre Kalil） 贝洛奥里藏特市（Belo Horizonte） 市长		
智　利 （3）	卡罗莱纳·莱陶 （Carolina Leitao） 佩尼亚洛伦市（Peñalolen）市长	阿根廷	弗朗西斯科·拉托 （Francisco Ratto） 圣安东尼奥·德阿雷科市 （San Antonio de Areco）市长
	费利佩·亚历山德里 （Felipe Alessandri） 圣地亚哥市市长		
	豪尔赫·夏普（Jorge Sharp） 瓦尔帕莱索市（Valparaiso）市长		格沃伊·帕雷德斯·罗哈斯 （Gervoy Paredes Rojas） 蒙特港市（Puerto Montt）市长
哥斯达 黎加 （2）	乔尼·阿拉亚（Johnny Araya） 圣何塞市（San José）市长		
	胡安·巴勃罗·巴克罗 （Juan Pablo Baquero） 哥斯达黎加全国地方政府联盟 （UNGL）主席、蒂拉伦市 （Tilarán）市长		

续表

国　家	法定代表	国　家	替补成员
多米尼加（2）	大卫·科拉多（David Collado） 圣多明各市（Santo Domingo） 市长		
	拉斐尔·伊达尔戈 （Rafael Hidalgo） 多米尼加市政联合会 （FEDOMU）主席、阿祖阿市 （Azua）市长	巴　西	爱德华多·冈萨雷斯 全国城市联合会秘书长
厄瓜多尔（3）	佩德罗·帕拉西奥斯·乌劳里 （Pedro Palacios Ullauri） 昆卡市（Cuenca）市长		
	劳尔·德尔加多（Raúl Delgado） 厄瓜多尔市政协会（AME）主席、 保特县（Paute）县长		
	巴勃罗·朱拉多·莫雷诺 （Pablo Jurado Moreno） 厄瓜多尔省自治政府联盟 （CONGOPE）主席		
洪都拉斯（1）	纳斯里·阿斯夫拉 （Nasry Asfura） 特古西加尔巴市 （Tegucigalpa）市长		
巴拿马（1）	何塞·路易斯·费布雷加 （José Luis Fábrega） 巴拿马（Panama）城市长		
乌拉圭（2）	卡罗莱纳·科斯（Carolina Cosse） 蒙得维的亚市市长		奥尔加·奥特吉（Olga Otegui） 蒙得维的亚市政府秘书长
	亚满都·奥尔西（Yamandú Orsi） 卡内洛内斯（Canelones）市市长		莱蒂西亚·马志尼 （Leticia Mazzini） 卡内洛内斯市副市长

北美分会

分配席位：共24席，已确认12席

国　家	法定代表	替补成员
加拿大（11）	待定	
	加思·弗里泽尔（Garth Frizzell） 乔治王子城（Prince George）议员、 加拿大城市联合会（FCM）主席	
	乔安妮·范德海登（Joanne Vanderheyden） 斯特拉索伊–卡拉多克市（Strathroy-Caradoc）市长、 加拿大城市联合会第二副主席	
	达伦·希尔（Darren Hill） 萨斯卡通市（Saskatoon）议员、 加拿大城市联合会第二副主席	
	斯科特·皮尔斯（Scott Pearce） 戈登市（Canton-de-Gore）市长、 加拿大城市联合会第三副主席	
	贝夫·埃斯林格（Bev Esslinger） 埃德蒙顿市（Edmonton）议员	
	萨夫·达利瓦（Sav Dhaliwal） 本那比（Burnaby）市议员	
	贝里·沃班诺维奇（Berry Vrbanovic） 基奇纳市（Kitchener）市长	
	瓦莱丽·普兰特（Valérie Plante） 蒙特利尔市（Ville de Montréal）市长	
	安娜·拜朗（Ana Bailão） 多伦多市议员	
	诺曼德·迪奥特（Normand Dyotte） 坎迪亚克市（Candiac）市长	
特立尼达和多巴哥（1）	安东尼·罗伯茨（Anthony Roberts） 特立尼达和多巴哥地方政府当局协会（Trinidad and Tobago Association of Local Government Authorities）主席	

大都市协会

分配席位：共22席，已确认22席

地 区	法定代表	替补成员
非 洲 （7）	罗伯特·比格里·曼贝 （Robert Beugré Mambé） 科特迪瓦阿比让（Abidjan）省省长	文森特·恩乔·考奥 （Vincent N'Cho Koauoh） 阿比让省副省长
	穆罕默德·拉比·贝尔凯德 （Mohamed Larbi Belcaid） 摩洛哥马拉喀什市（Marrakech）市长	穆罕默德·图法拉 （Mohamed Toufalla） 马拉喀什市副市长
	大卫·马库拉（David Makhura） 南非豪登省（Gauteng）省长	
	艾达玛·桑加雷（Adama Sangaré） 马里共和国巴马科市市长	阿西坦·迪亚洛·吉拉 （Assitan Diallo Djilla） 巴马科市副市长
	姆索利西·卡翁达（Mxolisi Kaunda） 南非德班市（Durban）市长	
	杰夫·马库博（Geoff Makhubo） 南非约翰内斯堡市市长	
	大卫·安德烈（David Andre） 津巴布韦维多利亚市市长	格瓦斯·亨利（Gervais Henrie） 维多利亚区议员
亚太分会 （2）	安萨温敬上将（Aswin Kwanmuang） 泰国曼谷市市长	
	待定	

续表

地　区	法定代表	替补成员
欧洲分会（4）	欧内斯特·马拉加尔（Ernest Maragall） 西班牙巴塞罗那大都市区国际关系与合作组织（International Relations and Cooperation of Barcelona Metropolitan Area）副主席	埃利森达·阿拉马尼 （Elisenda Alamany） 巴塞罗那市议员
	迈克尔·米勒（Michael Müller） 德国柏林市市长	弗朗克·纳格尔（Franck Nägele） 柏林市行政与基建管理局常任秘书
	加布里埃拉·菲尔拉（Gabriela Firea） 罗马尼亚布加勒斯特市（Bucarest）市长	索林·奇里塔（Sorin Chirita） 布加勒斯特市市政执行官
	何塞·路易斯·马丁内斯·阿尔梅达 （José Luis Martínez-Almeida） 西班牙马德里市市长	圣地亚哥·苏拉（Santiago Saura） 马德里国际与合作区（International and Cooperation Area of Madrid） 议员代表
欧亚分会（1）	伊尔苏尔·梅特申（Ilsur Metshin） 俄罗斯喀山市（Kazan）市长	尤金妮娅·洛德维戈娃 （Evgenia Iodvigova） 喀山市副市长
拉美分会（5）	布鲁诺·科瓦斯（Bruno Covas） 巴西圣保罗市市长	路易斯·阿尔瓦罗·萨尔莱斯·阿吉亚尔·德梅内泽斯（Luiz Alvaro Salles Aguiar de Menezes） 圣保罗国际事务部秘书
	霍拉西奥·罗德里格斯·拉雷塔 （Horacio Rodríguez Larreta） 阿根廷布宜诺斯艾利斯市市长	弗朗西斯科·雷斯尼科夫 （Francisco Resnicoff） 布宜诺斯艾利斯市国际关系部副秘书长
	克劳迪娅·希恩鲍姆 （Claudia Sheinbaum） 墨西哥墨西哥城市长	戴安娜·阿拉尔孔 （Diana Alarcón） 巴塞罗那市议员

续表

地　区	法定代表	替补成员
拉美分会（5）	埃内斯托・路易斯・穆伊松特・加西亚–普里埃托（Ernesto Luis Muyshondt García-Prieto）萨尔瓦多圣萨尔瓦多市（San Salvador）市长、圣萨尔瓦多市市长理事会和规划办公室（COAMSS）总协调员	弗朗西斯科・雷斯尼科夫（Francisco Resnicoff）圣萨尔瓦多市国际关系部副秘书长
	卡拉・伊丽莎白・鲁比拉尔・巴拉霍纳（Karla Elizabeth Rubilar Barahona）智利圣地亚哥市市长	
中东及西亚分会（2）	穆罕默德・雷扎・卡莱（Mohammad Reza Kalaei）伊朗马什哈德市（Mashhad）市长	穆罕默德雷扎・侯赛尼扎德・达文（Mohammadreza Hosseinezhad Davin）马什哈德市副市长
	待定	
北美分会（1）	瓦莱丽・普兰特（Valérie Plante）加拿大蒙特利尔市（Montréal）市长	

国际地方政府组织指定代表

◆阿拉伯城镇组织：代表资格待定

◆国际法语市长协会主席：巴黎市市长安娜・伊达尔戈

◆国际教育城市协会主席：巴塞罗那市

◆拉丁美洲首都联盟联合主席：西班牙马德里市市长何塞・路易斯・马丁内斯・阿尔梅达；乌拉圭蒙得维的亚市市长克里斯蒂安・迪・坎迪亚[①]

二、机构委员会

（一）法定事务委员会

法定事务委员会由主席团及各分会秘书长组成，每年召开数次会议，决定组织的重要事项，确保组织在法定的轨道上运行。

① https://www.uclg.org/sites/default/files/composition_governing_bodies_2019_2022.pdf。

（二）财务管理委员会

1. 司库

马德莱娜·约洛布·阿尔费罗，菲律宾伊里加市市长

贝里·沃班诺维奇，加拿大基奇纳市市长、加拿大城市联合会荣誉主席

2. 秘书长

艾米莉亚·塞兹

3. 荣誉审计

刘保春，中国广州市外办主任

玛利亚·茱莉亚·雷纳，阿根廷圣菲省政府国际关系和一体化局秘书

4. 地方和地区政府成员（21名）

（1）阿根廷

圣菲省

（2）①荷比卢经济联盟（荷兰、比利时、卢森堡）（1席位轮流制）

②荷兰城市自治协会

③比利时城镇联盟

（3）加拿大

加拿大城市联合会

（4）智利

圣地亚哥

（5）中国

中国人民对外友好协会

（6）法国

①欧洲共同体和区域理事会法国协会

②法国联合城镇组织

（7）德国

德国城镇协会

（8）日本

滨松

（9）黎巴嫩

黎巴嫩成员代表

（10）摩洛哥

拉巴特

（11）葡萄牙

里斯本

（12）俄罗斯

莫斯科地区杜马

（13）斯堪的纳维亚（半岛）（1席位轮流制）

瑞典地方当局和地区协会/芬兰地方和区域当局协会/
挪威市政中央联合会

（14）南非

德班

（15）西班牙

西班牙市政和省联合会

（16）巴塞罗那代表团

巴塞罗那市（主办城市）

（17）瑞士

日内瓦

（18）土耳其

土耳其市政当局联盟

（19）英国

地方政府协会

5. 观察员

（1）各分会和城市部门秘书长

① 世界城地组织非洲分会

② 世界城地组织亚太分会

（2）欧洲共同体和区域理事会—欧洲城市和地区委员会（CEMR）

① 世界城地组织欧亚分会

② 世界城地组织中东及西亚分会

③ 拉丁美洲城市市政联盟

④ 挪威—美国协会

⑤ 大都市协会

（三）性别平等常务委员会

性别平等常务委员会由巴黎市市长安娜·伊达尔戈任主席，并由位于巴塞罗那的世界秘书处协调各项工作。该委员会是一个国际化平台，旨在为国家和联合国的地方女性政治领导人发声，监督并提升世界范围内女性在地方的参与程度。

工作内容和活动主要关注以下方面：

1. 在全球范围内提升女性领导人的形象，致力于在国际发展论坛中提升“性别敏感”的地方治理；

2. 通过助力民间团体和女性之间的合作，提升所有女性在地方决策中的贡献。

委员会背景：

地方和区域政府具有在国际舞台上为性别平等而努力的历史。

2004—2005年，世界城地组织实施项目，为政界女性在其所在区域创造合作机会。这项工作为非洲和拉丁美洲的女性建立并重塑了合作网络。

2006年，世界城地组织支持欧洲城市和地区委员会（CEMR），撰写《地方性别平等欧洲宪章》。

2011年，在世界城地组织女性成员的要求下，世界城地组织性别平等委员会升级为常务委员会。这一改变使委员会成为组织的永久法定主体之一，显示了性别平等对于组织的战略意义。

2013年，地方从政女性国际大会通过《巴黎地方和区域政府男女平等国际议程》。[①]

三、政策委员会

世界城地组织政策委员会致力于推动并制定优先事项和工作方案，旨在

---

① https://women.uclg.org/about-standing-committee。

加强政策自主权和政治参与度，促进城市间交流合作。在世界城地组织框架内，支持成员针对全球议程重点工作的特定主题进行分享。

委员会宗旨

委员会负责为相关战略性政策提出建议。

成员向委员会提出需要广泛讨论的议题，提交报告和相关文件，以便在执行局会议期间进行讨论。

关键信息

委员会由15个代表团组成，其中至少包括一名主席团成员。

世界城地组织政策委员会在每届执行局会议上提交报告。

世界秘书处与相关成员协作，为委员会的工作提供便利。[①]

（一）城市权利与包容性地区委员会

联合主席

1. 阿曼德·贝因德，布基纳法索首都瓦加杜古市市长、布基纳法索市政当局协会主席、非洲分会主席

2. 菲利普·里奥，法国格里尼市市长

委员会成员

1. 穆罕默德·艾迪，突尼斯斯法克斯市副市长

2. 齐努尔·比尤格斯，土耳其盖布泽市市长

3. 卡罗莱纳·科塞，乌拉圭首都蒙得维的亚市市长

4. 佩德罗·德尔库拉·桑切斯，西班牙里瓦斯–巴西亚马德里德市市长

5. 斯特里德·德塞特，西班牙安格莱斯市市长、加泰罗尼亚市政协会副主席

6. 卡罗拉·贡纳森，瑞典萨拉市市长、瑞典地方和区域当局协会副会长、欧洲分会副主席

7. 安妮·克里斯特尔·林堡，加蓬利伯维尔市副市长

8. 萨尔瓦托雷·马尔泰罗，意大利兰佩杜萨市市长

9. 诺拉尼·罗斯兰，马来西亚梳邦再也市市长

① https://www.uclg.org/en/policy-councils。

10. 卡塔琳娜·瓦斯·平托，葡萄牙首都里斯本市副市长、文化委员会联合主席

11. 琳达·沃特曼，荷兰乌德勒支市联合市长

12. 莱娅·博内特，西班牙巴塞罗那市副市长（负责《2030年可持续发展议程》和数字化转型）

13. 克劳迪娅·洛佩斯，哥伦比亚波哥大市市长

2016年，在哥伦比亚首都波哥大举行的世界大会上，世界城地组织致力于将“城市权利”置于城市及地区治理的核心。日益增长的不平等引起新型贫困和排外问题，因此，在日常任务中，地方和区域政府需要承担责任。具体责任为消除排外、促进正义、为移民融入提供便利、防止歧视和城市暴力，以及保护社会权益，确保社会的繁荣和人民的福祉。

城市权利是城市和其他地区所有居民（无论现在还是将来，永久还是临时居民），“使用、享有以及建设公平、包容、可持续城市的集体权利。城市权利被界定为实现充实和体面生活必不可少的共同权利”。2016年10月，在厄瓜多尔首都基多通过的《新城市议程》第11条指出，国家和地方政府努力将城市权利作为人人对城市的愿景。

世界城地组织一贯主张将城市权利作为城市和地区层面更新社会规范的一种方式，同时注重民主、公民参与、减少不平等和贫困。通过世界城地组织“城市权利与包容性地区”政策委员会，成员应邀分享其关于城市权利及权利实施的观点和政策。

此外，政策委员会将在讨论中提出如何支持包容性住房政策，逐步实现和确保人人有房住的权利；与社区合作改造贫民窟和贫困街区，支持居民建设家园；与联合国住房问题特别报告员合作，进一步推动人人有房住的人权理念。

政策委员会还将讨论有针对性的社会政策，承认人权的不可分割性和普遍性。城市权利是地方和区域政府均应考虑的问题。如何更好地将大都市、大地区、小型城市、中型城市结合起来，如何为解决环境问题和减少风险提供新的框架。鉴于性别歧视现象，政策委员会将重点考虑妇女、女童等群体的资源、机会和特殊需要。

政策委员会还将为移民（特别是新移民和难民）提供资源，方便他们获

得权益和服务、加快其融入新国度、推动包容性政策和战略（如就业、教育、健康和住房政策）的实施。此外，政策委员会还要研究当地政府的做法，指出不妥之处，纠正关于移民问题的言论，建立公正的舆论体系，强调移民给当地带来的机会和好处。不同级别的移民管理机构之间的协调是处理移民问题的关键。

政策委员会与其他委员会建立了密切的联系。[①]

（二）“机会平等、文化和城市外交：可持续发展与和平的关键”委员会

联合主席

1. 苏阿德·本·阿布德拉希姆，突尼斯首都突尼斯市市长
2. 李明远，中国西安市市长、联合主席
3. 范·赞能，荷兰海牙市市长、荷兰地方政府协会主席、联合主席

委员会成员

1. 胡安·马里·阿尔伯托，西班牙毕尔巴鄂市市长
2. 雷南·巴雷拉，墨西哥梅里达市市长
3. 穆萨·哈迪德，巴勒斯坦拉马拉市长、巴勒斯坦地方当局协会主席
4. 克里斯蒂娜·海迈莱宁，芬兰派亚特海梅地区议会副主席、芬兰地方和区域当局协会董事会副主席
5. 许泰铤，韩国大田市市长
6. 罗海·马利克·洛，冈比亚首都班珠尔市市长
7. 瓦妮莎·波霍克斯，墨西哥城文化部部长
8. 艾森·尼古拉耶夫，俄罗斯萨哈（雅库特）共和国领导人、欧亚分会副主席
9. 路易斯·雷维拉，玻利维亚拉巴斯市市长
10. 费蒂·里亚，法国格朗德桑特市市议员
11. 何塞·曼努埃尔·里贝罗，葡萄牙瓦隆古市市长
12. 穆罕默德·萨迪基，摩洛哥首都拉巴特市市长
13. 穆斯塔法·图诺·索耶，土耳其伊兹密尔市市长

① https://www.uclg.org/en/policy-councils。

14. 安德烈·维奥拉，法国奥德县议会主席

2016年，在哥伦比亚波哥大举行的世界大会上，世界城地组织承诺促进世界文化遗产保护、创造力、多样性、国家间理解与和平。世界城地组织政策委员会围绕“机遇平等、文化和城市外交：可持续发展与和平的关键”这一主题，进行广泛交流，提出具体倡议，并就相关政策及其在地方和全球的影响进行深入讨论。

世界各地的地方政府已经表明，可以通过促进与公民合作和对话的环境来改善社会、文化和经济决策。促进被边缘化群体参与市政决策将有助于制定更具包容性的公共政策，并确保政府服务满足所有公民的需要。

世界城地组织成员坚信，强大的地方民主是国家发展与国际和平、繁荣、团结的基础。地方政府在寻求全球和平、处理国内冲突方面发挥着积极的作用。作为最接近人民的政府，地方政府不仅在建立不同群体间对话方面有着丰富的经验，也是化解冲突的第一道屏障。

城市外交有着悠久的历史。《世界城地组织章程》表明，城市间有关权力下放的合作、城市间的伙伴关系、全球地方政府外事联系和友好城市联系、基于能力建设和城市团结的互助关系等，都为建设和平与可持续发展的世界作出了贡献。我们坚信能力建设的必要性，也需要各个城市对世界城地组织的活动进行宣传和倡导。城市间合作和全球城市的团结是建设更加繁荣世界的关键。事实证明，城市之间的交流可以提高生活质量，减少人类活动对环境的影响，并促进经济活动，以实现繁荣和更加美好的未来。

保护文化遗产、理解多样性和培养创造力是自下而上建立和平与对话的关键。文化遗产、创造力和多样性是地方文化的最重要因素，正如《21世纪议程》和《世界城地组织政策宣言》中所述，“文化是可持续发展的第四支柱”。地方可持续发展依靠文化与和平，这两方面也是城市居民融合与共存的重要因素。许多城市和地区积极实行教育、文化与和平政策，特别是在以下方面：

1. 利用城市和地区在文化遗产方面的潜力，提升城市存在感、认同感和归属感；

2. 保护和促进文化多样性，作为创新、责任同当与和平解决冲突的先决条件；

3. 确保在困难时期依然为公民提供服务；

4. 促进和平，以和平取代暴力冲突；

5. 承认创造力是人类经验的重要部分，也是进步的源泉。

世界城地组织政策委员会将讨论如何保护文化的核心价值，通过能力建设促进城市外交与合作，促进团结与和平，并以此作为可持续发展的基础。①

（三）地区多层次治理与可持续财政委员会

联合主席

1. 巴勃罗·朱拉多·莫雷诺，厄瓜多尔省自治政府联盟主席、区域论坛副主席

2. 杰夫·马胡博，南非约翰内斯堡市市长

3. 努里亚·马林，西班牙洛斯皮塔莱–德略布雷加特市市长、巴塞罗那省议会主席

委员会成员

1. 马德莱娜·阿尔费罗，菲律宾伊里加市市长、司库

2. 切马尔·巴，土耳其凯塞伦市议员

3. 艾哈迈德·阿齐兹·迪亚洛，布基纳法索多里市市长

4. 谢尔盖·埃雷明，俄罗斯联邦克拉斯诺亚尔斯克市市长

5. 史蒂文·海德尔，英国奥克尼群岛议员、苏格兰地方当局公约环境与经济发言人

6. 加尔干·福里泽，加拿大乔治王子城市市长、加拿大城市联合会主席

7. 埃米利奥·贾图，阿根廷圣达菲市市长

8. 梅努卡·卡夫莱，尼泊尔农村城市联盟副主席

9. 大卫·马胡拉，南非豪登省省长

10. 贝诺特·皮莱特，法国安格斯市副市长

11. 卢埃斯·索勒，西班牙代尔特布雷市市长、加泰罗尼亚市政协会主席

12. 贝戈亚·薇拉，西班牙首都马德里市副市长

在2016年哥伦比亚波哥大大会上，世界城地组织呼吁更新管理模式，对

① https://www.uclg.org/en/policy-councils。

城市进行投资，重修居所，使其成为新时代可持续发展的主要动力。面对日益加剧的社会不平等问题，我们需要强有力的地方和区域政府，在界定和推动城市与地区的包容性和可持续发展方面发挥重要作用。通过地区多层次治理与可持续财政委员会，成员就各级政府的政策及其影响进行深入讨论，并为发展新的管理模式指明道路。

深化地方民主的根基，让居民参与城市和地区的共同发展，是我们走向可持续发展未来的关键。为此，我们需要发展伙伴关系，提升管理能力，建立有效的伙伴关系，保证问责制和透明化管理的实施。我们的管理模式也需要增强其整体性、长期性和创新性；支持各级政府参与制定国家政策，特别是国家的城市政策和区域发展战略，以实现可持续发展目标的本地化；贯彻《新城市议程》，应对其他全球挑战。

没有赋能地方和区域政府，就无法推动落实可持续发展等全球主要议程。因此，应建立以互补原则为基础的多级治理制度，创造有利的环境，将政治、行政和财政权力适当下放，为实现这一目标提供国家层面的体制框架。

进行地区性发展，刺激当地经济增长，协调人的发展和可持续发展以及调动地方和区域资产，是我们优化管理模式的必由之路。面对当前的全球形势变化，我们需要重组粮食体系，以保障粮食安全，使参与粮食生产和消费的人承担更多社会和环境责任。为此，我们提出了一系列广泛的地方倡议，旨在促进区域发展，减少环境影响，以产生良好的社会效应。

为执行国际社会通过的全球议程，我们强烈呼吁改善城市和地区获取国际和国家资金的途径，将更多资金用于地方的可持续基础设施和服务。此外，由于发展中国家城市和地区存在市场失灵、需求与资金分配长期不匹配的问题，这一呼吁更显出其必要性。

政策委员会还将讨论如何促进有效的地区和多级治理，重新思考并加强地方和公共融资体系，以协调融资，实现可持续融资。这一讨论将为地方民主和权力下放全球观察站（GOLD）提供资料，有助于为地方和区域政府建立全球议程后续行动机制，有助于建立全球议程实施情况的报告机制。世界城地组织号召建立城市可持续融资国际小组，政策委员会将通过讨论推动这一倡议的实现。[①]

（四）更安全、有韧性和可持续的城市——有能力应对危机委员会

联合主席

1. 法蒂穆图·阿卜杜勒·马利克，毛里塔尼亚努瓦克肖特区域理事会主席

2. 乔尼·阿拉亚，哥斯达黎加首都圣何塞市市长、联合主席

3. 萨米·卡纳安，瑞士日内瓦市市长、领土预防和危机管理常设工作组联合主席

委员会成员

1. 杰罗姆·奥斯伦德，法国克莱蒙特–费兰德市副市长

2. 乔迪·巴拉特，西班牙特拉萨市市长

3. 费尔南多·格雷，阿根廷埃斯特班·埃切韦里亚市市长

4. 冈恩·玛丽特·黑格尔森，挪威地方和区域当局协会第一副主席、欧洲城市和地区委员会联合主席

5. 亚历山大·卡利尔，巴西贝洛奥里藏特市市长

6. 里德万·卡米尔，印度尼西亚西爪哇省省长

7. 侯赛因·凯斯金，土耳其苏丹贝利市市长

8. 李海京，韩国首尔市政府国际合作局局长

9. 阿尔穆内达·麦洛，西班牙马德里市议员、拉丁美洲首都联盟秘书长

10. 罗布·梅兹，荷兰苏斯特市市长

11. 保拉·帕邦，厄瓜多尔皮钦查省省长

12. 普登斯·鲁比加萨，卢旺达首都基加利市市长

13. 穆罕默德·塞菲亚尼，摩洛哥舍夫沙万市市长、中型城市论坛主席

14. 弗朗西斯科·托阿哈斯，西班牙圣胡安拉斯卡贝萨斯市市长、地方经济和社会发展委员会联合主席

15. 斯拉达纳·齐夫科维奇，法国第戎市副市长

① https://www.uclg.org/en/policy-councils。

在哥伦比亚波哥大举行的世界大会上，世界城地组织承诺“领导向低碳、有韧性的城市和地区过渡”，并积极参与全球城市危机联盟的活动。面对地球生态环境恢复这一紧迫任务，世界各地的城市和地区开始减少其环境足迹、建设城市韧性和持续创新。

世界城地组织理事会围绕“更安全、有韧性和可持续的城市——有能力应对危机委员会”这一主题，在地方和全球提出倡议，并且对城市政策及其影响开展深入讨论。

通过的气候变化和城市韧性规划（仙台框架、SDG11和巴黎协定）要求所有相关方和地方政府调动可用的人力、财政和技术资源。世界人道主义峰会中曾提到，地方政府在危机发生时处于第一线，这是毋庸置疑的事实。

城市扩张的模式，生活与工作的功能失调，消费以及文化和自然资源等城市公域的破坏，导致了社会隔离、城市生态破坏、经济和人民生活环境恶化。可持续发展的城市需要一个新的城市空间和经济组织。为了了解灾害风险，加强灾害风险治理，增强抗灾能力，加强“更好地重建”，地方政府需要提供支持。城市面临的风险越来越大，但也有与以往不同的开展工作的机会。新的工作方式确保我们在面对危机时，既能及时提供人道主义援助，又能加强城市韧性。在应对城市危机的同时，地方政府需要使其应对措施与发展轨迹保持一致，并促进重要相关方和弱势群体的积极参与。

我们非常需要紧凑型和混合型城市，需要具有导向性和社会包容性的发展，需要城市工作和住房职能的相辅相成。地方和区域政府必须进一步发展可持续型生产和消费，以缓解和适应气候变化，促进可再生能源发展，促进交通系统调整。世界城地组织希望促进更包容、更安全、更有韧性和更可持续的城市发展，使城市有能力应对风险，减轻人为和自然危机对最弱势群体（包括无家可归者）的影响，保护人民的尊严和幸福。

地方政府具有独特的地位，我们可以尝试利用其地理位置和人口所固有的资源潜力。正如世界城地组织发布的《未来对城市的优势》所指出，通过建立多方利益相关者之间的伙伴关系，城市正在尝试创新技术，通过使用颠覆性的新技术，实现建设自给自足和韧性城市的目标。世界城地组织成员围绕公共空间开展学习，其实际成果进一步展现了城市及周边地区的创新和综合发展。以人为中心的发展政策要求政府的视野不仅局限于经济，还应关注

“所有公民的身心健康”这一安全和韧性城市的最终目标。

委员会内部的交流将进一步依靠地方和区域政府对现有机制的贡献，贡献包括：联合国人居署关于公共空间和更安全城市的方案；全球减少灾害风险平台；执行《马拉喀什行动规划》；致力于《气候和能源全球市长公约》；致力于气候峰会的会议筹备等，旨在进一步提升对城市气候变化的科学理解，支持执行相关全球议程；支持世界人道主义峰会和“人类议程”的发展。[①]

（五）实施《新城市议程》委员会

联合主席

1. 卡洛斯·马丁内斯·明格斯，西班牙索里亚市市长、主席团新城市议程特使

2. 伊尔苏尔·梅特申，俄罗斯喀山市市长、联合国地方当局咨询委员会主席

3. 坦比希里·恩卡迪蒙，南非波罗克瓦尼市市长、南非地方政府协会主席、联合主席

委员会成员

1. 达米亚·卡尔瓦特·瓦莱拉，西班牙加泰罗尼亚政府领土和可持续性议员、西班牙加泰罗尼亚学院主席

2. 加布里埃尔·克鲁兹，西班牙韦尔瓦市市长

3. 彼得·库兹，德国曼海姆市市长

4. 米格尔·隆吉，阿根廷坦迪尔市市长

5. 伊利亚·诺扎克基那，俄罗斯乌里扬诺夫斯克市议会主席

6. 亚历杭德拉·罗德纳斯，阿根廷圣菲省副省长

7. 穆罕默德·萨蒂耶，黎巴嫩丹尼赫城市联盟主席、中东—西亚分会副主席

8. 斯蒂芬妮·谭，菲律宾卡巴洛甘市议员

9. 贝里·沃班诺维奇，加拿大基奇纳市市长、司库

《新城市议程》是全球发展议程的基石。有能力的、包容的、韧性的、对

① https://www.uclg.org/sites/default/files/composition_governing_bodies_2019_2022.pdf。

居民充分负责的城市在实现《2030年可持续发展议程》和全球目标中至关重要。

国内和国际的城市政策改革影响着地方和区域政府在发展中扮演的角色，也为地方发展政策相关行动提供空间，因此城市政策不可或缺。联合国成员向联合国首次报告了《新城市议程》。在此之际，世界城地组织需要肩负监督议程落实情况的责任，为联合国地方当局咨询委员会和人居署提供建议。

作为地方和区域政府世界大会的主持者，世界城地组织应当做好准备，在新冠肺炎疫情背景下向国际社会发出地方声音。

四、磋商机制

世界城地组织成员在交流讨论中认识到，世界城地组织需要集中精力充分利用已有资源，进一步加强沟通与交流。2016年，世界秘书处探索出新的方法：扩大工作范围，加强世界秘书处与特别战略委员会、政治领导层和常设委员会之间的关系。经过2016年的激烈讨论，世界城地组织于2017年提出磋商机制改革。革新后的磋商机制在马德里执行局得到批准，该磋商机制与世界城地组织的日常工作高度融合，除主席团成员和现有的处理组织事务的各委员会（财务管理委员会、法定事务委员会和性别平等常务委员会）外，许多其他磋商机制也变得活跃起来，包括：主题委员会、工作组、论坛和实践社区。

2017年杭州理事会确定最终磋商机制如下：

（一）四个主题委员会

1. 文化

2. 地方经济和社会发展

3. 社会包容、民主参与以及人权

4. 城市战略规划

（二）两个常驻工作组

1. 能力与机制建设

2. 地区危机管控

（三）三个论坛

1. 中型城市

2. 外围城市

3. 地方政府协会负责人

（四）九个实践社区（其中一个正在建立中）

1. 数字城市

2. 食品安全

3. 交通

4. 住房

5. 移民

6. 社会团结经济

7. 地方财政

8. 公开与问责

9. 城市创新

★ 磋商机制简介

主题委员会：由地方政府成员组成，就特定政策领域开展工作，有专门的秘书处和来自世界各地的成员，他/她们与政策委员会密切协调，向世界理事会汇报。委员会为具体政策所涉及的领域制定背景资料，这些资料可作为管理机构形成正式政策立场的基础。委员会提出的政策会纳入执行局的战略优先事项。各委员会还可以召开成员会议，促进与其政策领域有关计划的实施，其工作成果将提交给政策委员会，之后提交给管理机构。

工作组：聚集具有特定技能和专门知识的从业者，他/她们围绕特定主题和项目，通过实施联合行动，对核心方案的实施予以支持。工作组将向世界理事会报告工作计划，计划包括活动内容与报告。工作组的地方政府成员可以由顾问作为代表，无论其是否获得政治授权。工作组的活动应由政策委员会的一名政治代表监督。

论坛：是磋商和政策制定的过程，每两年举办一次活动，关注特定的区域或主题。论坛旨在召集成员中特定区域的政治代表，也可以围绕对组织议程至关重要的特定主题召集政治代表。论坛应制定与其所代表的区域有关的政策指导，并应提高有关问题的关注度。论坛的工作由一名成员领导，并由来自不同地区的小组成员支持。与论坛有关的活动将列入向世界理事会提交的年度总体工作计划中。

实践社区：由地方政府成员组成的团体，包括技术人员和从业人员代表，应成员的倡议围绕特定主题召开会议。实践社区召集学习会议，提出研究或方案建议，并为组织内部各个机构分支作出贡献，就特定主题提供信息。实践社区与世界秘书处密切合作，为各委员会或政策委员会奠定基础。实践社区需每年向政策委员会汇报工作。[①]

（一）主题委员会

1. 文化委员会

文化委员会的主要目标是成为学习、合作和发挥文化在可持续发展中关键作用的平台。此外，它还通过在世界范围内对文化进行宣传和推动《21世纪文化议程》在地方层面的落实，促进文化成为可持续发展的第四支柱。

（1）创建时间

2005年

（2）联合主席

1）阿根廷首都布宜诺斯艾利斯市文化部长：恩里克·阿伏加德罗（Enrique Avogadro）

2）葡萄牙首都里斯本文化委员会委员：卡塔琳娜·瓦兹·平托

3）墨西哥首都墨西哥城文化部秘书：凡妮莎·布洛克兹（Vannesa Bohórquez）

（3）副主席

1）西班牙巴塞罗那市副市长：琼·苏伯里特（Joan Subirats）

2）西班牙毕尔巴鄂市市议会文化议员：冈萨洛·奥拉巴里亚（Gonzalo Olabarría）

3）哥伦比亚首都波哥大市市议会文体部秘书：尼古拉斯·蒙特罗（Nicolás Montero）

4）韩国济州道知事：元喜龙

5）巴西阿雷格里港文化秘书：卢西亚诺·阿拉巴塞（Luciano Alabarse）

---

① https://www.uclg.org/sites/default/files/onepage/eng_tor_for_uclg_policy_development_and_consultation_mechanisms.pdf。

6）意大利首都罗马市副市长（负责文化建设）：卢卡·贝加莫（Luca Bergamo）

（4）大事记

1）与世界秘书处共同创办并组织文化峰会。第四届峰会定于2021年9月在土耳其伊兹密尔市举行。

2）推出“墨西哥城21世纪文化国际奖”，旨在表彰对文化贡献脱颖而出的城市和个人，将其视为可持续城市的一个关键方面。

3）在发展和促进《文化：可持续发展的第四支柱》和《文化21世纪：行动》文件方面发挥关键作用。[①]

2. 地方经济和社会发展委员会

地方经济和社会发展委员会旨在为地方政府和协会之间的合作提出建议或倡议，并开展地方经济发展相关宣传工作，并将其作为地方和国家政府议程中公共政策的一部分。

（1）创建时间

2012年，成立地方经济发展工作组。2017年，经同意将工作组改组为委员会。

（2）联合主席

1）加拿大城市联合会

2）西班牙安达卢西亚国际团结市政基金

（3）大事记

1）积极参加关于地方经济发展的世界论坛。

2）制定关于“地方政府在地区经济发展中的作用”的政策文件。

3）参与学习活动，制定全球地方民主和加强地方治理观察站报告。[②]

3. 社会包容、民主参与及人权委员会

该委员会致力于将世界各地的地方政府齐聚一堂，促进全球进步，并就

① http://www.agenda21culture.net/。

② https://desl.uclg.org/。

社会包容、民主参与和人权发出地方的共同声音。委员会还根据具体的地方政策以及地方政府、民间团体、研究人员和联合国组织之间的合作，促进城市权利和城市人权，并通过宣言努力改变国际组织关于移民、住房和城市权利平等的看法。

（1）创建时间：2005年

（2）联合主席

1）普莱恩公社社长：帕特里克·布劳伊泽克

2）法国塞纳河圣但尼市议会主席：斯蒂芬·特鲁塞尔

3）韩国光州市市长：李庸燮

4）墨西哥首都墨西哥城政府领导：克劳迪娅·辛鲍姆

5）荷兰乌得勒支市副市长：琳达·沃特曼

6）法国格里尼市市长：菲利普·里奥

（3）大事记

1）制定《全球宪章—城市人权议程》等文件。

2）推动有关城市人权和包容性城市观察站的世界论坛。

3）加强在全球城市可持续发展议程中城市权利的宣传工作，在全球城市权利平台的参与方面发挥关键作用。①

4. 城市战略规划委员会

城市战略规划委员会旨在把城市战略规划和地方经济与社会发展的政策制定过程结合起来，也为讨论、交流、传播经验创造空间，并为实施新城市议程和实现可持续发展目标本地化开展宣传工作，其重点是发挥城市规划在实现可持续发展中的关键作用。

（1）创立时间

2007年

（2）联合主席

1）摩洛哥舍夫沙万市市长：穆罕默德·苏菲安

2）南非德班市市长：穆索利斯·坎达

① https://www.uclg-cisdp.org/。

3）阿根廷首都布宜诺斯艾利斯市战略规划议会协调部部长：豪尔赫·乔诺

（3）大事记

1）支持学习，制定可持续发展目标本地化方面的培训方案。

2）参与公共空间的行动。[①]

（二）常驻工作组

1. 能力与机制建设工作组

该工作组作为技术平台，聚集来自地方政府协会和各个地方政府的专业人员，积极开展能力建设和地方政府发展合作领域的工作。此外，工作组也致力于提高地方和区域政府及其组织的国际政策与规划的质量和有效性。能力与机制建设工作组促进了知识和信息的交流，推动了会员与组织内部的合作。

（1）创立时间

2005年成立。2017年，各方同意将该工作组从能力与机制建设小组转变为常驻工作组。

（2）领导层

主席：荷兰地方政府协会主席彼得·奈普（Peter Knip）

副主席：加拿大城市联合会执行主任塞巴斯蒂安·哈梅尔（Sebastien Hamel）

秘书长：杰西·珀斯特（Jessie Post）、斯坦·阿布玛（Stan Abma）

（3）职责

1）通过城市间的合作关系提高地方从业者的能力。

2）通过与非洲地方政府学院等机构的合作，进一步加强地方当选女性的政治权利和各方面能力。

3）参与加强地方治理合作，参与学习议程。[②]

① https://www.learning.uclg.org/。

② http://www.cib-uclg.org/about/who-we-are。

2. 地区危机管控工作组

该工作组旨在促进地方政府对于灾难管理知识的了解和专业技术的交流，完善和提升受灾城市地方政府的专业知识储备，同时也强调和发展地方政府在国际灾难的管理、恢复和应对方面的作用。

（1）创立时间

2014年成立地方政府灾难应对专责小组。2017年，各方同意将专责小组转变为地区危机管控工作组。

（2）领导层

主席：瑞士日内瓦市

副主席：土耳其城市联盟

秘书长：法国城市联合会

（3）职责

1）保持和增强组织成员应对危机的技术能力。

2）讨论该领域与决策相关的选择，讨论与联合国下属机构的合作。

3）分享有关项目发展的方法、途径、理论和知识（例如倡议模板、指导方针、标准等）。

4）讨论并充分评估发展新项目的机遇。[①]

（三）论坛

1. 中型城市论坛

中型城市是指人口在5万—100万的城市。中型城市在为周边主要农村和小型城市提供基础设施和相关服务方面，发挥着主要作用，其人口分别占世界总人口的20%和世界城市人口的1/3。中型城市为《2030年可持续发展议程》和《新城市议程》本地化作出了贡献，论坛认可这些城市作出的努力。此外，论坛还重新定义国家城市政策，支持中型城市在打造城市平衡、包容和区域性发展上所作的努力。

---

① https://www.uclg.org/en/organisation/structure/committees-working-groups/uclg-taskforce-prevention-and-territorial。

（1）创立时间

2015年，作为城市战略规划委员会下设的工作组成立。2017年，经各方一致同意，将工作组改制为中型城市论坛。

（2）领导层

主席：摩洛哥舍夫沙万市

（3）大事记

1）世界中型城市宣言—章程。

2）在西班牙索里亚中型城市工作会议上，促进国家政府间对话，并为制定中型城市联合议程和战略作出贡献。

3）每两年组织一次中型城市论坛。

4）《中型城市议程》。

• 认可中型城市对实现《2030年可持续发展议程》和《新城市议程》的贡献；

• 重新定义国家的城市政策，支持中型城市促进城市和国家发展的平衡性和包容性；

• 挖掘中型城市的潜力，全面承担城市管理和发展的责任，力争权利、财力和能力的公平分配；

• 通过加强中型城市的城市规划和土地管理，减少城市扩张和城市足迹；

• 将中型城市塑造为繁荣、创新、协调、提供服务和文化遗产的中心，提升中型城市的形象；

• 通过鼓励中型城市与其农村腹地之间更密切的合作，以及加强城市间的伙伴关系，促进国家的发展；

• 制定积极的地方经济政策，创造新机遇，克服国内外经济挑战；

• 制定社会政策，确保民众能获得医疗、教育等基本服务，解决全球发展不平衡问题；

• 减少城市的碳足迹，以应对环境恶化、气候变化和自然灾害的威胁；

• 确保所有人能参与文化活动，享有富有文化气息的生活；

• 赋予城市应有的权利。[①]

---

① https://intermediarycities.uclg.org/en/about-forum。

2. 外围城市论坛

外围城市复杂多样，不断变化。尽管世界各地的城市情况各不相同，但外围城市具有一定共性，即外围城市都是城市基础问题的核心，如：大都市治理中，中心与外围城市之间的关系，基础设施，生活环境，活动空间，区域规划，社会和地域隔离，社会融合，空间、民主、公民作用等长期规划与现实紧迫需求之间的关系等问题。论坛旨在促进外围城市之间经验和实践交流，为外围城市制定共同方案，并提升外围城市在其城区和城市领域内的社会和政治地位。

（1）创立时间

2005年，作为委员会成立。2017年，经同意由委员会改制为外围城市论坛。

（2）领导层

主席：法国楠泰尔市市长帕特里克·贾里

（3）大事记

1）外围城市论坛与社会包容委员会合作，为相关工作搭建桥梁；

2）外围城市是地区多中心化的一部分，并在工作中对城市住房、移民权利和人权方面采取坚定立场；

3）参与并支持世界外围地方政府论坛。[①]

3. 地方政府协会论坛

地方政府协会论坛应努力提高各界对地方政府协会的关注，包括发挥其在应对社会挑战方面的作用，提升其在国际组织中的地位。

（1）创立时间：2017年

（2）领导层

共同担任：加拿大城市联合会、荷兰地方政府协会和弗拉芒城市协会（Association of Flemish Cities and Municipalities，VVSG）

（3）大事记

该论坛成立伊始，就在德班世界大会期间举行第一次论坛会议。

① https://www.uclg.org/en/organisation/structure/committees-working-groups/peripheral-cities。

（四）实践社区

1. 数字城市实践社区

数字城市实践社区旨在促进信息社会包容化，减少数字鸿沟，实施数字地方议程，在政府加强地方治理过程中提高公民的生活质量。目标之一是通过知识管理和创新，提升城市的竞争优势。创建有效的合作网络，抓住分享信息技术、创新和提供知识的机会，使社区适应地方需求。

（1）创立时间

2005年成立数字和知识型城市委员会。2017年，各方同意将委员会转变为数字城市实践社区。

（2）领导层

主席：西班牙毕尔巴鄂市市长胡安·马里·阿尔布托

（3）大事记

1）采用全面交互的研究方法，关注城市增长和转型潜力，每2—3年更新一次“智慧城市学习研究”。研究的目标有：明确地区在该领域的现状和机遇；明确阻碍发展和可能助力发展的关键因素；为其他城市提供“智慧城市”的优良实践和经验；

2）与其他致力于智慧城市的国际机构进行合作，例如联合国人居署等。[①]

2. 食品安全实践社区

该实践社区旨在采取地区性的食品安全措施，建立有效的地方民主，让小生产者和小加工者都能够尊重社会环境。实现此目标的关键是提高公民对自身消费负责的责任意识。

（1）创立时间

2016年，在哥伦比亚波哥大举行的世界大会上，法国地区协会与区域论坛共同发起建立“地区治理、食品安全和营养转型”的实践社区活动。2017年正式成为实践社区。

① http://www.uclg-digitalcities.org/en/the-committee/activities/。

（2）领导层

主席：法国地区协会卢瓦尔河谷地区

（3）大事记

1）2019年务虚会，将食品民主置于组织的优先事项中。2021年务虚会，将食品安全置于组织的优先事项中。

2）改变关于营养转型和食品政策治理地区性的叙述。

3）与联合国开发计划署和联合国粮农组织对话。①

3. 交通实践社区

交通实践社区旨在为加强全球可持续交通、惠及城市中长期发展的相关规划搭建有效平台。该实践社区将全球主要议程（《新城市议程》《2030年可持续发展议程》《巴黎气候公约》）联系起来，加强关于交通领域的地方治理合作，分享最佳实践经验，在可持续交通方面发挥作用。

（1）创立时间

2017年

（2）领导层

主席：

1）法国斯特拉斯堡市长洛兰·里耶斯

2）印尼雅加达特区副省长苏丹托·苏霍德霍（Sutanto Soehodho）

（3）大事记

1）创立交通倡导者社区；

2）与国际公共运输联合会合作；

3）编写关于交通权利的地方宣言（《德班宣言》）。②

4. 社会团结经济实践社区

社会团结经济实践社区旨在通过社会经济和满足公民需求的公开参与公共政策，考察地方和区域政府的表现。该社区利用辅助电子设备监督成员开

① https://www.uclg.org/en/organisation/structure/foodsecurity。

② https://www.uclg.org/en/organisation/structure/mobility。

展的活动和取得的具体成果，以关注《2030年可持续发展议程》和《新城市议程》的落实情况。

（1）创立时间

2017年，在杭州世界理事会召开期间成立，属于社会包容、民主参与及人权委员会。

（2）领导层

主席：韩国首都首尔市市长：吴世勋

（3）大事记

参加全球社会经济论坛和地方经济发展论坛。①

5. 公开与问责实践社区

公开与问责实践社区保证本组织与公开型政府伙伴关系的对话，并支持同行学习、网络建立、意识提高和能力建设，在地方层面建成开放式管理，树立政府公信力。该实践社区关注可持续发展城市和地区的政府在透明度、参与度和问责制方面的发展和提高，致力于在会员间推广公开型政府的原则，鼓励将其纳入地方、国家和国际政治议程并加以阐述。

（1）创立时间

2017年

（2）领导层

*协调方：西班牙省市联合会（Spanish Federation of Municipalities and Provinces）

*由公开型政府伙伴关系和联合国人居署支持

（3）大事记

1）编写《U20城市透明与公开型政府白皮书》，提升地方对公开型政府的认识。

2）确保在公开型政府伙伴关系中的代表性。这项合作促进了地方政府在国家和全球公开型政府战略方面的工作和作用，并推动了地方执政能力的发展。

① https://www.uclg.org/en/organisation/structure/socialeconomy。

3）在地方和区域层面提升公开型政府的必要性。[①]

6. 城市创新实践社区

城市创新实践社区是分享城市创新思想和实践的平台，其成员包括城市和地方政府、学界、专设机构、专业协会、国际组织和媒体。该实践社区旨在确保让所有的“广州奖”候选成员组成加强共同学习的社区。

（1）创立时间

2014年

（2）领导层

主席：广州市市长温国辉

（3）大事记

1）确保“广州奖”所表彰的案例能够为本土化报告提供素材，并将“广州奖”与可持续发展目标联系在一起。该奖项的定位是为促进可持续发展目标本地化提供统一化、标准化和可复制的范例。

2）确保该奖项的所有候选成员能促进实践社区的工作和共同学习。[②]

7. 住房实践社区

住房实践社区旨在参与关于实施《城市住房宣言》和在不同情况下实现住房权利的联合讨论，并确定世界城市在获得适足住房方面面临的主要障碍，以及在执行《宣言》政策的过程中进行交流、推广和评估。

（1）创立时间

首次会议于2018年西班牙马德里世界理事会上举行。

（2）领导层

主席：西班牙巴塞罗那，社会包容、民主参与和人权委员会中的其他地方政府（如普莱恩公社和乌拉圭首都蒙得维的亚）。它们在2018年前开始关注住房问题，并采取联合行动，发挥了领导作用。蒙特利尔、柏林、纽约、马德里和斯特拉斯堡等地方领导人参与《宣言》发表。

---

① https://opengov.uclg.org/。

② https://www.uclg.org/en/organisation/structure/urban-innovation。

（3）大事记

1）加强与联合国适足住房权问题特别报告员的伙伴关系。

2）与其他相关各方的协调：巴塞罗那国际事务研究中心（2019年举办会议）、城市权利全球化平台、乌尔巴蒙德、欧洲城市组织、欧洲国家联合组织会（关注无家可归者）。

3）与地方民主与权力下放全球观察站协调，编写《重新思考住房政策报告》，并为联合国适足住房权问题特别报告员莉兰妮·法哈关于住房权实施的新年度报告作出贡献。

8. 地方财政实践社区

地方财政实践社区根据2018年5月斯特拉斯堡执行局会议制定并通过的决议，确定在财政上的新立场和决心。此外，社区还构建了财政体系，满足地方和区域政府的需求，并通过《德班宣言》，在制定有关地方财政的策略中作出了贡献。

（1）创立时间

2018年

（2）领导层

主席：法国巴黎市

（3）大事记

1）与联合国资本开发基金会制定框架，加强地方政府治理能力，尤其是无法获得财政支持的城市。

2）成立马拉加全球财政联盟，倡导解决城市财政对实现可持续发展目标带来的挑战。

9. 移民实践社区

移民实践社区旨在通过以下方式加强地中海以外地区在移民方面的工作：通过交流实践经验与政策，通过相互学习与相互影响，为世界城地组织城市权利政策委员会提供帮助，为组织在移民问题上形成共同立场。在上述措施的基础上，本社区还确立了影响全球议程（特别是《全球移民契约》）的目标。

（1）创立时间

2018年

（2）领导层

地中海城市与城市移民项目试点计划的核心城市

（3）大事记

1）策划“呼吁当地人民为了移民政策行动起来：团结一致，我们会大有作为”活动。

2）为城市权利政策委员会谏言献策，使组织在移民问题上形成共同立场。

3）与《全球移民契约》及其下属的市长论坛展开对话，发挥积极作用。

（五）其他

1. 全球城市发展基金

全球城市发展基金由大都市协会发起，是地方和区域政府的国际联盟，旨在制订城市财政的行动策略和解决方案，创造一种财政和地方经济发展的共享文化，并为财政本地化的政治和机制讨论作出贡献。

（1）创立时间

2010年，大都市协会为创始成员。2020年广州理事会上，基金正式批准成立，被纳入组织框架内。在组织的领导下，全球城市发展基金作为一种特殊机制，为完善和实施新的财政本地化战略提供支持。

（2）领导层

协调：全球城市发展基金小组

（3）大事记

与全球工作组一道，发展和推动新一轮将财政本地化纳入国际议程的宣传工作。

为利益相关者合作作出贡献。如：联合国资本开发基金会金融联盟、城市气候融资领导联盟、乌利亚智慧城市平台以及金融、社会和团结经济联盟。

2. 参与式民主国际观察站

参与式民主国际观察站的任务是成为地方政府民主质量的参考标准。观察站致力于加强市级政府的民主根基。

（1）创立时间

2001年，成立于欧盟委员会“权力下放合作城市规划”背景之下。自2006年以来，参与式民主国际观察站一直与世界城地组织其他机构合作。

（2）领导层

主席：西班牙巴塞罗那市

（3）大事记

1）一年一度的参与式民主国际观察站会议已经成为专家和政治领导人之间的会晤场合，同时也为促进城市和国际组织在民主创新领域的合作创造机会。

2）“公民参与最佳实践奖”认可地方层级参与式民主领域的创新经验。

3）参与式民主国际观察站正在巩固其作为参考标准的地位，以查找同参与式民主和公民倡议有关的信息。①

五、世界城地组织奖

（一）广州国际城市创新奖

简称“广州奖”，由广州市与世界城地组织、世界大都市协会共同发起设立，旨在交流城市创新发展的先进经验，表彰城市和地方政府推动创新发展的成功实践，倡导城市创新发展的科学理念，进而推动全球城市的全面、和谐与可持续发展。自2012年设立以来，“广州奖”已成功举办四届，影响力不断扩大，日益成为全球地方和城市层面推进落实联合国《2030年可持续发展议程》和《新城市议程》的重要平台。

“广州奖”每两年举行一次评奖活动，面向全球范围内的城市和地方政府，凡在城市创新领域内的成功实践都可参加评奖，该实践必须是正在实施或近两年内完成的项目、举措或政策，并产生了实际效果或重要影响，具有独创性和可示范推广意义。

每届“广州奖”评审团由国际专家组成并独立运作。评审团首先由技术委员会从符合参评资格的城市中遴选出15个入围城市和30个专家推荐城市，最后由评审委员会从15个入围城市中评选出5个获奖城市。

① https://www.oidp.net/en/#。

自2012年以来，历届“广州奖”均有超过50个国家和地区的150多个城市报名参评，累计参评项目已超过1000个，主要涉及基础设施和公共服务、城市规划和良好治理、伙伴关系、技术、韧性城市、社会包容和性别平等等主题领域。[①]

2021年2月3日，第五届“广州奖”初评结果发布会在广州顺利举行，15个入围城市为：澳大利亚安利、奥地利维也纳、巴西圣若泽杜斯皮尼艾斯、中国重庆、丹麦首都大区、厄瓜多尔基多、印度奥里萨邦、印度伯翰普、印度尼西亚万隆、黎巴嫩丹尼区、马达加斯加塔那那利佛、荷兰布雷达、塞内加尔圣路易斯、南非开普敦和美国洛杉矶。[②]

（二）波哥大和平奖

波哥大（哥伦比亚首都）和平奖邀请各地方与区域政府参加和平奖评选。该奖每三年评选一次，旨在表彰地方政府在预防冲突、建设和平以及冲突过后重建方面实施的成功举措，并鼓励其他地方政府效仿。此外，该奖项意在吸引国际公众注意力，关注地方政府针对和平建设和建立对话方面实施的创新型、成果显著的措施方案。

“和平奖”意在认可地方政府和平建设行动者这一角色，该角色尤为重要，但却经常被忽略。通过表彰和设置奖项“和平奖”鼓励政府提供更有效的方案，以解决冲突和问题。在冲突当中，地方政府扮演着重要角色。尽管遭遇困难，政府仍需确保为民众提供服务，并推动和平，以和平发展取代暴力冲突。获奖的地方政府将获得20000欧元奖金，旨在加强其和平项目建设，促进有类似挑战的地方政府互相交流。

暴力冲突造成的后果在地方范围内最为明显，这也是地方一级应对措施重要性的所在。地方政府作为和平、自由、民主以及繁荣的推动者和促进者，在冲突局势中扮演着关键角色，并以此为国际发展与和平建设贡献力量。因此，在预防冲突、建立沟通桥梁、冲突后对话以及促进和平环境方面，地方

① https://mp.weixin.qq.com/s/WkjwDsZaq1JrfL1I9uY4gw。

② https://mp.weixin.qq.com/s?src=11&timestamp=1617760556&ver=2993&signature=G5gZ9SGDYPhJzXQL019Q7nOvTCc89ZLwhX9xyINTmO-DgwERcRVK4YhxupcE7VZY7*gfoD-dBYMycqADZc8xlHFE7B-1BjVMFT*mueq0wXE=&new=1。

政府至关重要。

2008年，在由荷兰城市协会组织的世界城市外交会议上，通过了《海牙城市外交议程》。该议程意在突出地方政府在推动世界和平、对话以及重建方面的重要作用。《海牙城市外交议程》提出设立一项和平奖，授予符合以下条件的地方政府：致力于预防或制止其辖区范围内的冲突，或是帮助冲突地区内其他政府建设和平与正义。该奖项在政策委员会提出的“全民机会平等、文化及城市外交”的框架内举行。

奖项赞助方有：巴塞罗那大区议会、特罗姆瑟市（Tromsø）、吉普斯夸省（Gipuzkoa）、VFonds（于荷兰成立的基金会，旨在支持和平、自由，并为参与过维和行动的军人提供多方面资助）、PAX（于荷兰成立的基金会，以和平、公正、安全为价值指引，其主要活动包括与武装暴力斗争、保护民众）和荷兰地方政府协会。

“和平奖”国际关注度高，重视地方政府在确保可持续以及和平发展方面扮演的重要角色。如果地方政府针对和平建设建立对话、实施创新，并取得显著的成果，即有资格获得提名。获奖城市除获得世界范围的展示和认可外，还会获得奖金奖励，以加强其和平项目建设，促进与面临类似挑战的其他地方政府相互学习和交流。

第一届“和平奖”（2016年）授予考斯瓦根市（Kauswagan，菲律宾），获奖原因是该市在建设和平进程中采取了创新而有效的举措。该市的举措不局限于解决武装冲突的表象，而采取了社会经济手段，有效对接和平与发展。

第二届“和平奖”（2019年）授予阿尔萨勒地区（Arsal，黎巴嫩），以表彰其在创造共存、建设和平和预防冲突方面付出的巨大努力。这要归功于阿尔萨勒地区首领带领地区促进对话，推动sulha会议（sulha在阿拉伯语中意为“和平”），sulha会议立足于调解矛盾、团结人民。此外，阿尔萨勒政府24小时不间断地应对冲突爆发，防止暴力进一步升级，其应对方法包括直接调解冲突，利用有限的预算对不法行为造成的后果进行赔偿。[①]

① https://peaceprize.uclg.org/presentation-of-the-uclg-city-of-bogota-peace-prize-in-bogota/。

（三）墨西哥城21世纪文化国际奖

“墨西哥城21世纪文化国际奖”旨在表彰推动文化成为可持续发展城市关键维度的领先城市以及个人。

“墨西哥城21世纪文化国际奖”设立两个奖项：城市/地方或区域政府奖项和个人奖项。

城市/地方或区域政府奖项旨在鼓励某个城市、地方或区域政府，其所推行的文化政策需符合以下条件：对连接文化价值（文化遗产、多样性、创造性以及知识传播）与民主管理、民众参与以及可持续发展方面作出卓越贡献。该奖颁发给从初选中脱颖而出的地方或区域政府，选拔环节对所有的直接和间接会员开放。间接会员包括属于地方地区政府协会或联合会的地方地区政府，而其所属协会或联合会须是组织会员。

该奖项表彰对象为明确包含《21世纪文化议程》原则的原创政策、计划或项目。获奖项目要求实施时间至少两年，并且需出具相关记录证明其产生的实际效果和成绩。

获奖城市将获得奖杯，以及墨西哥城政府首脑和主席签署的表彰书。

获奖城市提出的项目将获得50000欧元奖金，用以推进其国际宣传工作（出版书籍、参加论坛、增加国际知名度），加强落实当地《21世纪文化议程》。

评审团可选择一个城市授奖，也可选择多个城市共同获奖（奖金共享）。评审团还会表彰多项“文化和可持续城市实施的优秀实践”。这些项目随后将由文化委员会进行国际宣传。

个人奖项表彰对象包括：对文化与可持续发展作出过卓越贡献的国际知名人士。该奖项获得者由评委会指定，评比过程不对外公开。

评审团可选择一位获奖者授奖，也可选择多位参评者共同获奖（奖金共享）。个人奖获得者将获得奖杯，以及墨西哥城政府首脑和主席签署的表彰书；同时还可获得25000欧元奖金。

第一届“墨西哥城21世纪文化国际奖”颁奖典礼于2014年11月12日成功举办，主办方为墨西哥城（墨西哥）。

2015—2016年度第二届“城市”奖项获得者：

廷巴克图（马里）、沃德勒伊多里翁（加拿大）。

2017—2018年度第三届“城市”奖项获得者：

经评委会决定，获奖城市为（按字母顺序排列）：城北市（大韩民国首尔）参赛项目——“城北艺术家共同圆桌会议：地方文化治理”、里昂市（法国）参赛项目——“可持续发展的里昂市：文化合作宪章”。每个获奖城市获得25000欧元资金。

2019—2020年度第四届“城市”奖项获得者：

2019年11月5日至2020年3月28日，组委会共收到81项参赛项目。2020年3月29日至5月14日，评委会对两类参赛项目进行评审，并于2020年5月19—20日举行最终会议。

经评委会决定，获奖项目为（按字母顺序排列）：麦德林市（哥伦比亚）参赛作品——“麦德林艺术和文化实践网络”、塞古（马里）参赛作品——“创意城市”。每项获奖作品获得25000万欧元奖金。

2020年5月29日，世界城地组织召开理事会会议期间，公布了获奖名单。国际评委会对81份参赛项目进行了评审，决定授予城市奖2名、特别奖7名、个人奖2名。西安市获得“优秀实践”奖。

颁奖典礼定于2021年5月13日在墨西哥城举行，正值墨西哥“月亮女神基金会”（the Lunar Foundation, 于1321年建立，起初是以“回顾女性在塑造文化特征方面所发挥的作用”为主题的活动）700周年纪念日。①

（四）参与式民主国际观察站（IOPD）公民参与最佳实践奖

公民参与最佳实践奖由参与式民主国际观察站颁发，以表彰地方政府在地方民主领域的创新举措。此外，本奖项通过与地方政府进行交流，以更直接的方式提高相关做法的可视性，并加强工作联络的稳定性。该奖项旨在加强地方的参与性公共政策，并在设计和实施过程中普及公共参与。

2020年，第14届“公民参与最佳实践奖”评选活动举行。与上届相比，成员的参与度有了显著提升：共有39项候选提案（2019年为28项），449人参与评审（2019年为122人），收到340条评论（2019年为179条）。在投票和评论阶段完成后（可以提供反馈并查看每个提案），专家评审团进行了评审。

参与式民主国际观察站的任务是成为有关地方政府民主质量的参考平台。

① http://www.agenda21culture.net/award。

作为国际网络，向所有有兴趣学习、交流和应用地方层级参与式民主经验的城市、组织和研究中心开放。

1. 创立时间

2001年，成立于欧盟委员会的“权力下放合作城市规划”背景之下。自2006年以来，参与式民主国际观察站一直与世界城地组织其他部门合作。

2. 领导层

主席：西班牙巴塞罗那市

3. 大事记

（1）一年一度的参与式民主国际观察站会议已经成为专家和政治领导人之间的会晤平台，同时也是促进城市和国际组织在民主创新领域合作的机会。

（2）“公民参与最佳实践奖”认可地方层面参与民主领域的创新经验。

（3）参与式民主国际观察站正在巩固其作为基准空间的地位，查找同参与式民主和公民倡议有关的信息。[①]

六、其他重要项目及工作机制

（一）务虚会（Retreat）

1. 什么是务虚会?

年度务虚会为期一周，与会者可讨论本组织重点工作，确认与合作伙伴如何协同工作，并根据领导机构制订的工作计划开展行动。

年度务虚会还为与会者提供加强与其他部门联系的机会，政界领袖和技术人员汇聚在一起，形成联系网络，研究年度工作重点。

在举办后的五年时间里，务虚会逐渐成为与会者积极参与的全球盛会，证明了其对拓展联系网络大有裨益。

2. 谁会参加此会?

务虚会将邀请城市活动的核心和灵魂人物。从业者、政界代表、区域部门的秘书、委员会和工作组成员以及主要合作伙伴。通过筛选，组成一个名额固定、具有代表性的参会小组。大部分与会者需要收到邀请才能参会。

地方和区域政府全球工作组的代表在务虚会期间共聚一堂，讨论地方和

① https://oidp.net/distinction/en/。

区域政府的工作重点并加强组织合力。

3. 不同的与会者能从这里收获什么?

参会的政界代表就组织行动议题提出建议，指出方向，启发其他与会者，并亲自参与具体工作计划的制订过程。

各委员会和部门帮助确定不同部门之间的必要协作，加强不同工作计划之间的协同作用，旨在将地域发展置于国际议程的核心位置，并为应对全球挑战提供地方视角。

来自国际社会的合作伙伴可以展示合作项目，就如何对各项议程产生积极影响集思广益，同时也能获得充分了解和接触地方政府的独特机会。

4. 第七届年度务虚会

第七届年度务虚会于2021年2月15—17日线上召开。

2021年第七届务虚会的重点内容：

（1）全球机遇之窗

秘书长介绍，学习团队分享了新开发的工具，特别是“与世界城地组织一起学习”在线课程平台。该团队强调，开发新工具能确保世界城地组织为会员提供学习方法和内容。

政策和宣传团队分享了本年度的主要目标：通过制定政策，实现组织增强宣传力度的目标。该团队认为，要深化各分会与组织工作领域之间的联系，共同制定政策重点。正在制定的《未来公约》是该团队的最终目标,《公约》中体现的重点事项将指导宣传工作。

研究团队介绍了一年来的主要工作，重点是重新定义不平等。通过制定《全球地方民主观察台报告III》，将平等、正义、治理和公平服务置于全球议程讨论的中心位置。该团队与大都市协会和伦敦政治经济学院城市研究中心合作，在前几届务虚会讨论的工作重点基础上，通过高级别政治论坛报告，分享他们对可持续发展目标本地化的关注，并介绍紧急情况治理的工作。

（2）为了人类

5个主题分组讨论会的关键要点：

1）兰佩杜萨（Lampedusa）代表强调,《兰佩杜萨宪章》是解决移民问题的重要文件。

2）能力和制度建设工作组代表认为，重新思考发展合作在解决疫情带来的挑战方面非常重要。

3）主题为“平等”的分组讨论会与会者认为，城市女权主义对加速实现可持续发展目标5的重要性。

4）“数字权”分组讨论会与会者认为，数字权利城市联盟，以及将该联盟视作数字权利“连接头”的重要性。

5）“无障碍”分组讨论会与会者介绍支持残疾人方面取得的一些成功案例，认为需要研究政策的实施情况，确保政策能惠及每个人。

（3）为了地球

会议讨论了各个区域和组织为确保生态转型而开展的工作。

在全球市长联盟会议讨论会上，重点讨论了如何就“清零竞赛”和“韧性竞赛”与第26届联合国气候变化大会、各分会、全球工作组及合作伙伴进行合作。

在可持续财政本地化讨论会上，重点讨论地方财政策略以及增强能力建设、更广泛地获取资源。

在文化与自然讨论会上，中国陕西西安市外办代表介绍了西安市在文化方面的项目。通过“七个要点”项目，西安将建立青年跨文化交流平台，促进不同国家、不同文化背景的青年之间的交流，提升城市的包容性和人们对不同文化的理解。西安还计划在高校中设立与可持续发展有关的课程，提升青年人对可持续发展目标的认知水平。

粮食安全一直是议程中出现最频繁的主题，此次会议关注粮食在加强人类与气候、健康和社会公平关系中的重要性。

（4）为了政府

会议要点：

在自愿次国家级地方评估讨论会上，重点围绕促进全球议程本地化的重点工作。从地方层面为国家政策，特别是国家报告建言献策是这一过程的重要组成部分。世界城地组织一直在六个国家推动“自愿次国家级地方评估”的发展。在2019年的经验基础上，2020年世界城地组织与全国性地方和区域政府协会直接合作，促进在其他八个国家推广“自愿次国家级地方评估”的进程。

在危机讨论会上，重点围绕如何帮助地方和区域政府应对危机，恢复城市韧性展开讨论。会上还介绍了国际团结基金在印度尼西亚、莫桑比克、黎巴嫩、加纳和马里正在进行的合作项目。

在以“连接居住权和城市权”为主题的联合国特别报告员对话讨论会上，重点围绕不断促进与社会团体、国际人居联盟和城市权利平台与联合国特别报告员的结构性对话进行研讨。本次讨论会介绍了这种对话的状态，并提出可能采取的下一步措施，确保与组织各个部门的工作同步，并在影响多边体系的同时巩固全球地位。

在地方行动港讨论会上，中国陕西西安市外办代表进行了发言，介绍地方行动港落地西安的重要意义及具体的实施项目，其中包括：亚太区域政府公务员培养项目；每年举办为期一周的全球青年领导力培训班及高级别青年对话论坛；依托丝路大学联盟，委托30—50所世界名牌大学对可持续发展目标在大学中的教育侧重点、方式等进行调研，探讨在大学教育体系（选修课等）中，加入可持续发展目标的可行性等，并对以上实践项目进行总结，形成书面报告，发出西安倡议，在联合国等有关平台发布。

5. 部分往届务虚会回顾

（1）第二届年度务虚会暨培训于2016年2月15—19日在世界秘书处所在地巴塞罗那举行。

日程包括：2月16日、17日讨论世界大会工作计划，2月17日、18日介绍2015年和2016年的工作重点及关键事项，2月18日下午召开会议，分析2016年协同机制和工作计划情况，2月19日讨论世界城地组织发展的战略和愿景规划。[①]

（2）第三届年度务虚会暨培训于2017年2月20—24日在巴塞罗那举行。

（3）第四届年度务虚会暨培训于2018年1月22—26日在巴塞罗那举行。

通过五天紧张的会议和讨论，务虚会研究了2016—2019年战略重点和2018年工作计划。

会议主题为“共同营造公平、和平与可持续发展”。会议首先介绍2018年战略和工作计划，并召开特别会议，重点讨论性别战略。各部门、各委员会也分享了工作重点和未来一年的工作计划。该项目包括全球工作组会议，并讨论继续加强其在可持续发展目标本地化进程中作用的必要性。地方和区

① https://www.uclg.org/en/node/31901。

域政府及合作伙伴会议于1月25日举行。

（4）第五届年度务虚会暨培训于2019年2月11—15日在巴塞罗那举行。

2019年务虚会的重点是共同规划、制定2020年11月在德班举行的世界大会议程，特别强调通过“系列行动”和构建“地方行动港”，建立协同机制。

本次务虚会第一部分用于处理与会各部门的工作，包括具体的研讨会。第二部分包括乌班图（UBUNTU）顾问团第一次辩论、全球工作组会议和法定事务委员会特别会议。

（二）全球工作组（Global Task Force）

1. 背景

全球工作组作为协作机制，于2013年在世界城地组织主席、伊斯坦布尔市市长卡迪尔·托普巴什倡议下建立。它汇集了主要地方政府国际网络，就国际政策进程，特别是气候变化议程、可持续发展目标和第三届联合国住房与城市可持续发展会议议程进行联合倡导。

自成立以来，全球工作组成员数量大大增加，已在20个合作伙伴（包括联合国机构、私营部门和国际组织）的支持下，汇集了20多个全球和区域网络。

2. 工作进展

自2013年以来，全球工作组利用地方政府在国际层面深远的影响力，致力于在国际政策进程中汇集并扩大全球主要地方政府的声音。

自成立以来，全球工作组：

• 力争将可持续城市化的独立目标纳入联合国《2030年可持续发展议程》之建设包容、安全、有风险抵御能力和可持续的城市及人类住区（SDG 11）；

• 呼吁对《2030年可持续发展议程》进行本地化执行和监督；

• 在亚的斯亚贝巴发展筹资会议上提出建议，确保《2030年可持续发展议程》获得充足的地方筹资；

• 展示地方政府如何自下而上地领导行动，应对气候变化带来的威胁。

3. 会员组织

（1）世界城地组织主题委员会

（2）ICLEI宜可城——地方可持续发展协会

（3）韧性城市网络

（4）阿拉伯城镇组织

（5）英联邦地方政府论坛

（6）南方共同市场城市网络

（7）地方政府促进可持续发展网络

（8）大都市协会

（9）地方峰会

（10）欧洲市政与地区议会

（11）亚太区

（12）欧亚区

（13）中西亚区

（14）北美区

（15）拉丁美洲当局和地方政府协会联合会

（16）非洲区

（17）法国城市联盟

（18）区域论坛

（19）全球城市发展基金会

（20）C40城市[①]

（三）乌班图（UBUNTU）

法国斯特拉斯堡执行局会议同意设立一个咨询系统，帮助应对全球性问题，即UBUNTU（音译为“乌班图”），UBUNTU顾问团旨在为主席团提供灵感和建议，帮助组织设立重点事项，同时解释本地化对于全球发展的重要性。新一届UBUNTU咨询专家需要面对新冠肺炎疫情后的挑战，而且挑战迄今还在加剧。新一届顾问团将强化组织策略，具体方法是：拥护并支持组织针对全球领域提出的倡议，在组织以及第一任顾问团的工作基础上进一步推进。

1. 第一届UBUNTU顾问团成员

（1）安娜·法卢，西班牙科尔多瓦国立大学建筑学教授和研究员、INVIHAB主任

① https://www.global-taskforce.org/。

（2）阿默尔·雷维，UBUNTU顾问、印度人类住区研究所创始主任

（3）戴布拉·罗伯茨，政府间气候变化专门委员会（气专委）第二工作组共同主席

（4）埃德加·皮德斯，南非开普敦大学非洲城市中心主任和南非城市政策研究主席

（5）法理达·沙希德，前联合国文化权利问题特别报告员、2014年墨西哥城21世纪文化奖得主

（6）豪尔赫·佩雷斯·贾拉米洛，麦德林圣托马斯大学建筑系主任

第一届UBUNTU顾问在巴塞罗那务虚会暨第五次培训活动的框架内举行了第一次会议，会议重点是联合拟订方案，共同制定世界大会议程。咨询顾问将充当政策“哨兵”，帮助确定以下关键问题：全球可持续发展目标相关问题，多边体系未来发展相关问题，上述问题可能未在既定方案之内。①

2. 2020年新加入UBUNTU顾问团的成员

（1）玛利亚·费尔南达·埃斯皮诺萨·加西斯，第73届联大主席

（2）芭芭拉·塞缪尔斯，全球发展融资中心执行主任

（3）竹下一郎，教授、全球环境战略研究所所长

第二届顾问团的目标是帮助落实“后疫情时代”的工作准则。作为政策引导，顾问团致力于明确与全球可持续发展目标和未来多边体系的相关问题。以上问题可能未在既定方案之内。顾问担任主席团中间人的角色，就多领域相关问题提出建议，并就国际发展议程的各个层面提供非正式或正式支持，努力确保在推进全球工作的同时，考虑区域特殊性和细微的差异性。②

（四）泛欧洲城镇和地区国际行动联盟（PLATFORMA）

泛欧洲城镇和地区国际行动联盟是全欧洲范围内的城市和地区联盟，该组织还包括欧洲国家间、欧盟间以及全球间的协会，在城市和区域间发展合作中发挥积极作用。

该联盟是欧洲地方和区域政府国际行动的权威知识中心，旨在促进欧洲

---

① https://www.uclg.org/en/media/news/uclg-ubuntu-advisory-board-kicked-framework-uclg-retreat。

② https://www.uclg.org/en/node/31713。

地方和区域政府对欧盟发展合作政策和国际框架的贡献。

★ 愿景

世界上没有任何人或者任何地方掉队，公民对自己所在的城镇和地区执行的政策拥有自主权、自信和信任。

★ 任务

1. 制定欧盟发展政策和国际议程

与合作伙伴一道，捍卫城镇和地区在欧盟发展政策和国际论坛中的作用。

2. 提高认识

促进世界各地城市和区域之间的国际合作，并与其他国际组织一道，促进能力建设。

3. 搭建论坛平台，助力集体智慧

促进城镇和地区及其协会之间的知识交流，互鉴互学和创新试验。

★ 工作方向

围绕"加强地方治理合作"推进以下五个方面

1.《2030年可持续发展议程》及其17个可持续发展目标

2. 提高国际合作意识

3. 东部邻里

4. 南部邻里

5. 国家协会①

（五）地方民主和权力下放全球观察站（GOLD）

★ 宗旨

—— 在全世界分享关于地方民主和权力下放的信息，并评估工作进展和遇到的困难。

—— 提高世界城地组织成员的国际形象，并为国际性的讨论发表观点。

—— 促进地方当局与国家政府、国际机构、学术界、私营企业和其他相关方之间的对话和伙伴关系。

★ GOLD报告

① https://platforma-dev.eu/who-we-are/。

报告每三年出版一次，具有至关重要的作用。世界城地组织一直致力于为地方和区域政府、地方民主和国家权力下放提供信息参考，而GOLD报告已成为世界城地组织一系列行动的重要部分。自2008年第一期报告发布以来，GOLD报告已成为分析世界各地方和区域政府的国际基准。2008年，第一期报告概述了全球范围内地方民主和治理的状况。2011年，第二期报告对世界各地的地方融资进行了最全面的审查。2014年，第三期报告主要内容是应对地方基础服务的准入问题。2016年，第四期报告主要内容是关于已达成一致的全球共识文件，如《2030年可持续发展议程》、巴黎气候协定和《新城市议程》等，报告研究了地方和区域政府在落实和支持不断涌现的新共识时所发挥的作用。2019年，最新报告——第五期报告审查了全球议程，特别是《2030年可持续发展议程》在地方和区域的落实程度。

第六期报告在2020年的丹吉尔务虚会上启动，它主要侧重研究多层面的不平等现象，探寻在地方和区域层面如何通过治理解决有关问题。

GOLD报告的范围前所未有，它涵盖了世界所有主要地区（亚太、非洲、欧洲、北美、拉丁美洲、欧亚以及中东和西亚）的地方政府，并特别关注大都市地区。报告还采用独特方法，由主要区域的专家起草，他们与当地选出的代表和有实际经验的地方政府从业人员密切协商，共同撰写。

★ 其他研究重点：联合倡议、报告等

根据世界城地组织的总体战略，GOLD致力于对可持续发展目标、《2030年可持续发展议程》和其他主要全球议程的执行情况开展监测和报告。在每年一次的联合国可持续发展高级别政治论坛（纽约）上，GOLD提交过四份报告，名为“实现可持续发展目标的本土化”。举措包括：支持地方和区域政府的努力，促使可持续发展目标本地化，特别监测和报告政府所取得的成就和面临的挑战。

GOLD在地方和区域当局感兴趣的其他领域进一步开展研究，如地方治理、紧急情况应对、住房问题、基础服务、人口流动、地方财政、地方民主和权力下放以及参与性预算。

★ 全球地方融资观察站

GOLD还为地方融资全球观察站的工作作出贡献，该组织由世界城地组织主持工作，与经合组织合作主办。其宗旨如下：

根据101个国家不同地方融资的数据研究，分享关于地方和区域政府融资和结构的信息；这些国家的人口占世界总人口的82%，国内生产总值占世界的87.5%。

向地方和区域政府提供充足的融资财政手段和发展能力。

提高城市和世界城地组织成员的国际形象，并在有关融资发展、支持更公平的国家收入分配的全球辩论中，表达地方的观点。

促进地方与国家、国际机构和学术界之间的对话和伙伴关系。

本组织完成的重要报告:《世界各国的地方政府结构和融资》，以及其他有关地方财政、101个国家地方政府状况简介、地方政府在城市实施的融资手段、数字图书馆等问题的出版物。[①]

（六）地方行动港（Local4Action Hub）

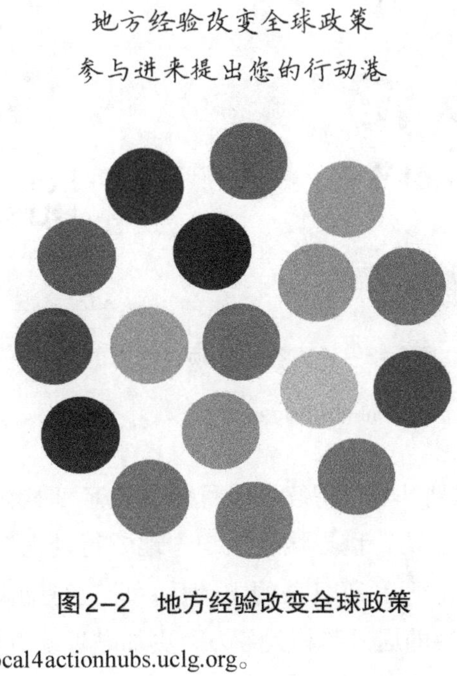

图2–2 地方经验改变全球政策

图片来源：www.local4actionhubs.uclg.org。

① https://www.gold.uclg.org/。

可持续发展对话是所有成员的共同诉求。作为对话的一部分，地方行动港要求地方和区域政府在推动《2030年可持续发展议程》的过程中，更加突出其实践和方法。

因此，成员和国际组织开始寻找方法，支持、介绍、扩大以地方为主体的本地化项目，将项目更好地融入世界城地组织的本地化框架，并特别重视知识产品、学习和给予支持。

从2020年年初起，在得到世界各地成员的积极响应后，世界城地组织世界秘书处形成了更加统一的"地方行动港"倡议。

地方行动港的概念由世界城地组织提出，致力于在世界城地组织的活动中创造联络和会谈的空间，以赋能可持续发展目标本地化。

图2–3　地方行动港项目标志的演变

图片来源：www.local4actionhubs.uclg.org。

◎ 为什么？认识到基于可持续发展目标的实施和本地化而做的努力

根据成员的自身经历，世界城地组织"地方行动港"能够了解地方所面临的挑战、所具有的意愿和所具备的主动性，即：行动港围绕城市展开，关注所有促进可持续发展的居民和相关各方，更加贴近地方生活。

首次向成员和合作方介绍"地方行动港"的概念是在2020年丹吉尔务虚会上。成员们的想法和讨论在世界城地组织2020年执行局会议总结中呈现。

行动港包含三项核心概念，也会在世界城地组织的框架下培育与本地化相关的议程。这就需要地方和区域政府支持核心概念，在地方和区域政府实践的基础上，建立强有力的、国际化的叙述方式。实际上，行动港将带来集体学习和新的知识，行动港也会联合世界城地组织平台的传播能力，加强其代表和支持的力度。

另外，作为国际组织，行动港应确保自身给予的支持和政策建议建立在真实的地方行动上，致力于发出更有力的声音，增加经验，更好地展示地方和区域政府在实现全球发展目标过程中的角色。

◎“地方行动港”的三项核心原则

◆ 地方—全球连接

将全球政策和地方行动结合的提议

◆ 加速

加速全球议程的本地化进程

◆ 同步

确保行动之间具有联系，且行动与合作其他各方相关，提升影响力。

◎ 什么是“地方行动港”？

世界城地组织是一个提供支持的国际化平台。“地方行动港”倡议将为地方和区域政府有关可持续发展的倡议、方法、政策提供曝光度和世界城地组织的标签。行动港也为增强这些倡议、方法、政策在世界城地组织整体行动和政策的影响力提供便利。

可持续发展位于全球对话的前沿位置。对所有成员而言，将地方方法与可持续发展结合是战略机遇。

“地方行动港”是世界城地组织的新倡议，致力于将国际战略与可持续发展目标本地化紧密结合，与成员自身的实践和倡议结合。行动港将为认识、展示、扩大地方政策提供平台，在行动和合作各方之间建立联系，加强成员在实现《2030年可持续发展议程》中的影响力。

因此，为了实现城市层面的宣传，建立特定的交流策略和工具。交流策略的目的，是地方和区域政府能在世界城地组织的框架下创建行动港。

◎ 行动港的重要特征

◆ 地方驱动

该倡议必须由某一地方或区域政府，或地方区域政府联盟主导推进。

◆ 世界城地组织标识

该倡议应与世界城地组织的内涵一致：不论采用线下还是线上的参与方式，行动港的发展都应该明晰其价值和可视性，最终需要有一套成型的、可视的材料。

◆ 选题

行动港的题目应是《德班宣言》中工作重点的一部分，或与全球议程（特别是《2030年可持续发展议程》）的工作重点保持一致。题目也应为可持续发展带来创造性的方法。

◆ 时间

行动港成果必须有时间框架（1—3年），并预先在合作各方间达成一致。

◆ 可实践、可衡量的结果

要有能够加速可持续发展目标本地化的实践性成果。在之前的参与阶段，参与者和相关各方已经制定标准，加入监督程序，以衡量加速和同步的影响。

◆ 交流

为扩大行动港及其活动影响力而采取的交流策略，必须有利于全球议程和整体规划，并用一系列活动和文件实现行动港的目标和影响力。

◎ 如何推进？

“地方行动港”将把世界城地组织成员与线上线下联络的空间结合起来，将合作可视化，创造新的联系。

世界城地组织提出的“地方行动港”将成为一个“行动平台”，在网上发布信息，并与世界城地组织政策委员会和协商机制建立联系。活动将在全球政策建议和推广中展示出来。这些活动会进一步在如“威尼斯解决方案”国际论坛等年度大会上展出介绍。

◎ 下一步行动

1. 呼吁收集建议

执行局会议后，该倡议将传递给所有成员。

2. 世界秘书处监督行动港的进程和发展。秘书处将为行动港这个国际平台提供便利，助力其通过发布文献、活动、合作项目等统筹多方经验。这些行动都会得到磋商机制和顾问团的支持。

3. 线上平台

平台的目标是为行动提供信息，平台将得到世界秘书处建立的交互平台的帮助。

（七）七个要点（7 Keys）

“七个要点”是一个参与性研讨会，旨在使参与者能够学习、讨论，并就将城市与城镇的文化与可持续发展联系起来的特定活动达成共识。

该研讨会借鉴了联合国《2030年可持续发展议程》，其中包括17个可持续发展目标（SDG）和169个指标。可持续发展目标将于2015—2030年实施，2020—2030年被称为“行动十年”。这十年也必须是本地化的十年。显然，除非明确考虑文化层面的发展，否则本地化难以实现，也不会真正发挥作用。

世界城地组织成员和合作伙伴对世界城地组织文化委员会活动的兴趣与日俱增，这促使世界城地组织寻找扩大运营和影响的方式。文化委员会协助组织了两年一次的国际奖项——“墨西哥城21世纪文化国际奖”和世界城地组织全球文化峰会。推行支持文化政策制订和实施的计划（10个领先城市、24个试点城市和4个文化21实验室），并参加国际宣传活动，与其他国家一起倡导联合国2030年可持续发展议程和可持续发展目标中的文化内容。但同样重要的是，文化委员会拥有关于“可持续城市文化”良好实践的OBS，其中包括210多个示例，所有示例均通过包括可持续发展目标在内的多个标准进行全面介绍。

建立新的研讨会模式：“七个要点”。该计划根据世界城地组织在此主题上的“现有成果”，并且主要基于2018年文件《可持续发展目标中的文化：地方行动指南》和OBS的良好实践。该计划将由世界城地组织文化委员会和世界城地组织地区分会以及主要合作伙伴提出。

新的世界城地组织计划：“七个要点”研讨会

◎ 倡议目标

新倡议的广泛目标是从文化角度促进可持续发展目标的本地化和实施进程。

◎ 设计方式

◆ 成为共同创造的活动

◆ 提供一种简单的方法来提高地方对可持续发展目标的认识

◆ 联接可持续发展的各个方面

◆ 赋予当地文化参与者权利

◆ 明确考虑疫情过后局部和全局方案

◆ 为本地化工作提供全球视野

◎ 疫情过后的文化和当地社区

新冠肺炎疫情严重影响了当地社区，尤其是文化部门。社会联系、生活方式和共存方式发生了变化，导致当地文化生态系统发生了深刻变化。世界城地组织文化委员会于2020年6月8日发布的报告《文化、城市与疫情》总结了此次危机的初期影响，并指出在地方层面，文化对于地方和全球可持续发展相关的未来挑战。

因此，新冠肺炎疫情也是危中有机：以更可持续和以人为本的方式重建地区。必须加强社会凝聚力和共存，促进环境变迁与地区的新关系，加强公民在地方层面治理中的作用，并重新考虑经济模式。通过将文化与可持续发展目标和地方挑战联系起来，“七个要点”研讨会旨在动员和重新思考文化作为地区重建和可持续转变的引擎作用，并在后疫情时代的背景下，为地方社区注入新的活力。

◎ 研讨会目的

研讨会旨在促进与会人员围绕可持续发展目标、当地面临的具体问题、文化资产、活动和政策进行反思和讨论。此次研讨会的结果是确定并同意采取“七个要点”或具体行动，以便通过文化政策制定来实现可持续发展目标的本地化。这是该方案最重要的具体目标。

“七个要点”区域认定

每个城市/地区都会有自己的特定“七个要点”

◎ 参会者其他更广阔的目标

◆ 提高从政人员和技术人员对“文化作为可持续发展的第四支柱”这一概念的认识。

◆ 帮助市政当局实施和交流其在本地实现可持续发展目标方面的努力。

◎ 与会人员

来自文化部门、国际关系办公室、负责《2030年可持续发展议程》的相关部门，以及代表地方或地区政府不同领域的20名参与者。民间团体的参与也很重要，因为民间团体的加入有助于在可信度和创造性方面促进“七个要点”要素的确定和实施。

组织研讨会的城市、地方或地区政府将任命“当地的负责人”，以确保充分准备和协调。

◎ 所需时间

在主办城市进行为期一周的深入工作，其中包括一整天的研讨会（约六个小时的实效性工作）

◎ 资源

◆ 可容纳多达20人的房间，U型会议桌

◆ 连接到投影仪和互联网的计算机

◆“七个要点”项目材料包（主持人指南和参与者指南/宣传册）

◎ 费用

主办城市与世界城地组织之间将签署协议

◎ 该协议包括

◆ 由世界城地组织文化委员会领导和协调：设计、培训专家、材料包印刷以及在世界城地组织沟通渠道中分析和宣传成果/结果。

◆ 世界城地组织区域秘书处的参与：宣传研讨会，计划和管理其所在区域的研讨会。

◆“七个要点”项目材料包，用于培训参会人员和专家的专业技能。

◎ 研讨会议程

1. 介绍参会者及研讨会。

2. 简短介绍可持续发展目标，并简要讨论3—5个城市面临的主要挑战和项目，以及它们与可持续发展目标的关系。

3. 文化制图：城市中文化主要要素（广义上）的列表。有助于或可能有助于实现可持续发展目标的当前文化政策、计划清单。

4. 找出差距：利用世界城地组织良好实践的“OBS”数据库，对可持续发展目标进行分析，确定可持续发展目标的其他关键方面。

5. 七个要点：详细列出与会者承诺大力支持的七项与文化有关的行动，以促进可持续发展目标的本地化。

6. 当地“七个要点”的确定以及全体与会人员合影。

◎ 预期成果

各城市将能够认同“七个要点”，并将予以实施。这些城市将在全球范围内被确定为地方文化政策与可持续发展目标本地化和实施之间的领导者。

与会者有望对可持续发展目标达成共识，比如，如何从不同角度对各项目标进行本地化，以及一份可行的可持续发展目标本地化行动清单。

世界城地组织各分区、文化委员会和世界城地组织学习小组将在可持续发展目标本地化的区域和全球计划中结合“七个要点”，并通过世界城地组织的沟通和倡议渠道公布其结果。

专家、顾问和培训者有望通过“七个要点”研讨会的方法进行初步培训和认证，并开启全球新的业务领域。

世界城地组织将加强合作伙伴之间的联络，通过文化实现可持续发展目标的本地化，进而从中受益。

第三章　关键人物及城市

截至2020年1月

一、2019—2022届主席团、副主席个人及所在城市

（一）主席（自2021年11月起担任荣誉主席）

★ 穆罕默德·邦德拉（Mohamed Boudra）

曾任UCLG主席、摩洛哥阿尔荷塞马市（Al Hoceima）市长、摩洛哥市长协会主席

◎ 学习经历

• 1991年，摩洛哥拉巴特伊本·西那大学医疗中心，学习电放射学

• 1985年，摩洛哥拉巴特医学院，医学博士学位

◎ 工作经历

• 2019—2022届，UCLG主席

• 2003—2020年，阿尔荷塞马市市长

- 2016年至今，摩洛哥市长协会主席
- 2015—2021年、2003—2009年，阿尔荷塞马市议会主席
- 2011—2016年，摩洛哥众议院议员
- 2010—2012年、2017—2019年，欧洲—地中海地区代表大会联合主席
- 2009—2015年，塔扎—阿尔荷塞马—陶纳特大区区域议会主席
- 自1997年起，阿尔荷塞马市议员
- UCLG地中海委员会政治理事会主席
- 欧洲—地中海伙伴关系地方和区域当局常务委员会副主席
- UCLG非洲分会执行委员会副主席
- 地方政府国际培训中心科学委员会成员

阿尔荷塞马市（Al Hoceima）

国　家	摩洛哥
省　份	阿尔荷塞马省
建城时间	1925年
市　长	穆罕默德·邦德拉
人　口	约40万人（2017年）
特　点	旅游景点、海滩众多，吸引大量法国、德国游客
文化教育	国立应用科学学院、西班牙梅尔乔尔青年学院、阿卜杜勒马莱克·埃萨特大学
机　场	谢里夫艾迪里斯机场
时　区	UTC+0
友好城市	法国尼斯、西班牙阿尔梅里亚、波黑图兹拉、西班牙阿尔穆涅卡尔、荷兰海牙、比利时斯哈尔贝克

（二）联合主席

★ 李明远（Li Mingyuan）

UCLG联合主席、中国西安市市长

研究生学历，工学博士，教授，中共党员。

历任西安邮电学院电信工程系副主任，陕西省信息产业厅副厅长、党组成员，陕西省人民政府副秘书长、办公厅党组成员，陕西省人民政府参事室（省文史研究馆）主任、党组成员，陕西省委科学技术工作委员会书记、省科学技术厅厅长，陕西省渭南市委副书记、市长、市政府党组书记，陕西省渭南市委书记，西安市委副书记、市政府党组书记、副市长、代市长。2019年2月，在西安市第十六届人民代表大会第四次会议上当选为西安市人民政府市长。2022年3月，在西安市第十七届人民代表大会第一次会议上再次当选为西安市人民政府市长。

西安市（Xi'an）

国　家	中华人民共和国
省　份	陕西省
市　长	李明远
面　积	10108平方公里（含西咸新区）
人　口	1295.29万人（西安市第七次全国人口普查结果）
GDP	10020.39亿元（2020年）
机　场	西安咸阳国际机场
友好城市	日本奈良、日本京都、英国爱丁堡、法国波城、美国堪萨斯、伊朗伊斯法罕、德国多特蒙德、巴基斯坦拉合尔、日本船桥、韩国庆州、罗马尼亚雅西、乌克兰第聂伯罗彼德罗夫斯克、土耳其科尼亚、尼泊尔加德满都、巴西巴西利亚、加拿大魁北克、阿根廷科尔多瓦、意大利庞贝、希腊卡拉马塔、厄瓜多尔昆卡、荷兰格罗宁根、黑山科托尔、乌兹别克斯坦撒马尔罕、土库曼斯坦马雷、美国蒙哥马利郡、澳大利亚霍巴特、亚美尼亚久姆里、韩国晋州、塞尔维亚克拉古耶瓦茨、德国奥尔登堡、瑞典于默奥、吉尔吉斯斯坦奥什、摩洛哥非斯、尼泊尔布特瓦尔、比利时布鲁塞尔、西班牙瓦伦西亚、韩国安东

★ 乌尔·易普拉辛·阿尔泰（Uğur İbrahim Altay）

UCLG联合主席、土耳其科尼亚市市长

◎学习经历

• 1997年，塞尔柱克大学工程建筑学院土木工程系

◎工作经历

• 2019—2022届、2016—2019届，UCLG联合主席
• 2018年5月至今，科尼亚市市长
• 2009—2014年，塞尔柱克市市长
• 世界历史城市联盟主席
• 土耳其世界城市联盟主席
• 伊斯兰首都和城市组织董事会成员
• 安纳托利亚文明自治城市联盟主席

科尼亚市（Konya）

所属国家	土耳其
省　份	科尼亚省
市　长	乌尔·易普拉辛·阿尔泰
面　积	38873平方公里
人　口	约130万人（2019年）
海　拔	1200米
文化教育	塞尔柱克大学、内可梅蒂·埃尔巴肯大学、安纳托利亚之鹰战术训练中心
友好城市	罗马尼亚伯尔拉德、阿塞拜疆甘贾、伊朗霍伊、巴基斯坦木尔坦、伊朗尼沙布尔、苏丹加达里夫、伊朗库姆、也门萨那、美国洛杉矶、阿塞拜疆舍基、孟加拉国锡尔赫特、北马其顿泰托沃、中国西安、波黑萨拉热窝

★ 乔尼·阿拉亚·蒙格（Johnny Araya Monge）

UCLG联合主席、哥斯达黎加圣何塞市市长

◎ 学习经历

- 1992年，参加哈佛国际发展研究所“拉美和加勒比地区市长”项目
- 1980年，毕业于哥斯达黎加大学农学院

◎ 工作经历

- 2010—2013届、2019—2022届，UCLG联合主席
- 1998—2001年、2002—2013年、2016—2020年，圣何塞市市长
- 1996—2012年期间，先后任伊比利亚和拉丁美洲首都城市联盟副主席、执行委员会副主席和联合主席
- 1991—1998年，圣何塞市办公厅主任
- 1982年，圣何塞市市议员
- 世界城市联盟主席
- 拉丁美洲城市市镇联盟联合主席

圣何塞市（San José）

国　家	哥斯达黎加
省　份	圣何塞省
建城时间	1739年（1823年成为省会）
市　长	乔尼·阿拉亚·蒙格
面　积	4966平方公里
人　口	约163万人（2021年）
海　拔	1172米
文化教育	圣托马斯大学、哥斯达黎加大学
机　场	胡安·圣玛丽亚国际机场
时　区	UTC–6
友好城市	中国北京、中国台北、墨西哥瓜达拉哈拉、墨西哥墨西哥城、墨西哥埃卡提佩、印尼查雅普拉、以色列克法沙巴、玻利维亚拉巴斯、美国迈阿密-戴德郡、美国得克萨斯州麦卡伦、美国圣何塞市、日本冈山、巴西里约热内卢、巴西戈亚尼亚、希腊雅典、阿根廷布宜诺斯艾利斯、委内瑞拉加拉加斯、委内瑞拉马拉凯、智利圣地亚哥、西班牙马德里、秘鲁钦博特、秘鲁万卡约、秘鲁胡利亚卡、秘鲁利马、尼加拉瓜马那瓜、萨尔瓦多阿瓦查潘省、危地马拉危地马拉城、危地马拉克萨尔特南戈、乌拉圭蒙得维的亚、洪都拉斯圣佩德罗苏拉、意大利巴里

★ 坦比希里·恩卡迪蒙（Thembisile Nkadimeng）

曾任UCLG联合主席、南非波罗克瓦尼市市长、南非地方政府协会主席

现任南非合作治理和传统事务部副部长

◎ 学习经历

- 南非北方大学（现为林波波大学），文学学士学位
- 南非斯泰伦博斯大学，哲学学士学位
- 南非金山大学商学院，完成高级管理项目学习

◎ 工作经历

- 2019—2022届，UCLG联合主席（2021年南非合作治理和传统事务部副部长）
- 2019—2021年，南非地方政府协会主席
- 2014年7月至2021年，波罗克瓦尼市市长
- 2009—2013年，英美铂金公司企业事务部经理
- 2006—2009年，南非农业部人力资源与行政服务主管
- 2002—2006年，南非总理办公室传播与营销主管
- 1999—2002年，南非公共工程部通讯事务副主管
- 1997—1999年，南非安全、安保和联络部助理部长

波罗克瓦尼市（Polokwane）

国　家	南　非
省　份	林波波省
建城时间	1886年
市　长	坦比希里·恩卡迪蒙
面　积	106.84平方公里
人　口	22.7万人（2011年）
海　拔	1310米
市鸟及市花	北方皇家信天翁和西伯利亚蓝钟花
文化教育	茨瓦尼科技大学、南非大学、林波波大学
机　场	波罗克瓦尼国际机场、彼得斯堡民用机场
友好城市	意大利雷焦艾米利亚、津巴布韦布拉瓦约
时　区	UTC+2

★ 范·赞能（Jan van Zanen）

UCLG联合主席、荷兰海牙市市长、荷兰地方政府协会主席

◎ 学习经历

- 阿姆斯特丹自由大学，法学专业本硕毕业
- 康奈尔大学法学院，法学硕士

◎ 工作经历

- 2020年7月至今，海牙市市长
- 2019—2022届，UCLG联合主席
- 2015年至今，荷兰地方政府协会主席
- 2014年1月至2020年7月，乌得勒支市（Utrecht）市长
- 2005年7月至2014年1月，阿姆斯特尔芬市市长
- 1990—2002年，荷兰乌特勒支市议员，负责财政及经济事务

海牙市（Hague）

国　家	荷　兰
省　份	南荷兰省
市　长	范·赞能
别　名	居民之城、宫廷之城
面　积	98.2平方公里
人　口	54.6万人（2020年）
海　拔	1米
城市球队	海牙足球俱乐部
国际组织	国际法院、国际刑事法院、常设仲裁法院、无代表国家和民族组织
机　场	阿姆斯特丹史基浦机场
友好城市	波兰华沙、尼加拉瓜惠加尔帕、印尼巨港、以色列拿撒勒
时　区	UTC+1

★ 安娜·伊达尔戈（Anne Hidalgo）

UCLG联合主席、欧洲城市和地区委员会执行主席、法国巴黎市市长

◎ 学习经历

- 让·穆兰里昂第三大学，社会学硕士学位
- 巴黎西部南特拉德芳斯大学，社会和工联主义高级研究硕士

◎ 工作经历

- 2019—2022届，UCLG联合主席
- 2014年3月至今，巴黎市市长（第一任女市长）
- 2001—2014年，巴黎市副市长
- 2004年3月，法国地区委员会成员
- 2001年至今，巴黎市议员
- 2000—2002年，司法部技术顾问
- 1998—2000年，女性权利和职业培训部技术顾问
- 1997—1998年，就业和稳定部技术顾问
- 1996—1997年，人力资源部办事员
- 1995—1996年，日内瓦国际劳工办公室
- 1993—1995年，法国劳工部专业培训代表
- 1984—1993年，巴黎第15大区的劳动督察员

巴黎市（Paris）

国　家	法　国
省　份	巴黎省
市　长	安娜·伊达尔戈
面　积	105.4平方公里
人　口	218万人（2021年）
海　拔	28—131米
经济主要来源	服务业（高附加值）、制造业等
文化教育	目前有17所大学，是欧洲大学生最集中的区域
机　场	夏尔·戴高乐国际机场、奥利机场
友好城市	意大利首都罗马市（1956年，唯一）
友好交流城市	中国北京、中国上海、中国西安、日本京都、日本东京、俄罗斯莫斯科、俄罗斯圣彼德堡、埃及开罗、加拿大魁北克、美国华盛顿哥伦比亚特区、美国芝加哥、美国旧金山、美国纽约、约旦安曼、也门萨那、德国柏林、韩国首尔、黎巴嫩贝鲁特、印尼雅加达、智利圣地牙哥、格鲁吉亚第比利斯、沙特阿拉伯利雅得、捷克布拉格、葡萄牙里斯本、保加利亚索非亚、澳大利亚悉尼、亚美尼亚埃里温、墨西哥墨西哥城、波兰华沙、西班牙马德里、希腊雅典、英国伦敦、瑞士日内瓦、阿尔及利亚阿尔及尔、加拿大蒙特利尔、巴西圣保罗、罗马尼亚布加勒斯特、阿根廷布宜诺斯艾利斯、摩洛哥卡萨布兰卡、丹麦哥本哈根、越南河内、巴西愉港、摩洛哥拉巴特、俄罗斯圣彼得堡、智利圣地亚哥、伊朗德黑兰、突尼斯突尼斯城、泰国乌汶府
时　区	UTC+1

（三）司库

★ 贝里·沃班诺维奇（Berry Vrbanovic）

UCLG司库、加拿大基奇纳市市长、加拿大城市联合会名誉主席

◎ 学习经历

• 2006年，麦吉尔大学，非营利组织负责人治理基础课程项目
• 1999年，班夫中心，地方政府领导力项目
• 1988—1989年，加拿大韦尔福瑞德–劳瑞大学，工商管理专业
• 1985—1988年，加拿大韦尔福瑞德–劳瑞大学，政治学学士学位

◎ 工作经历

• 2019—2022届、2016—2019届，UCLG司库
• 2014年12月至今，基奇纳市市长
• 2011—2012年，加拿大城市联合会主席
• 2010—2014年，城市规划及战略倡议委员会主席
• 2002—2010年，财政与公司服务委员会主席
• 2000—2013年，加拿大城市联合会犯罪预防常委会主席（2003—2005年）、国际关系常委会主席（2005—2007年）、安大略省核心委员会主席（2006—2007年）、副主席（2007—2008年）、第三副主席（2008—2009年）、第二副主席（2009—2010年）、第一副主席（2010—2011年）
• 1994—2014年，基奇纳市议员

基奇纳市（Kitchener）

国　家	加拿大
省　份	安大略省
建城时间	1833年设村镇 1853年改设村 1912年改设市
市　长	贝里·沃班诺维奇
面　积	136.89平方公里
人　口	23.3万人（2016年）
经济主要来源	制造业
大　学	滑铁卢大学基奇纳健康科学校区、麦克马斯特大学医学院、伊曼纽尔神学院
时　区	UTC–5

★ 马德莱娜·阿尔费罗·加兹曼（Madelaine Yorobe Alfelor）

UCLG司库、菲律宾伊里加市前任市长

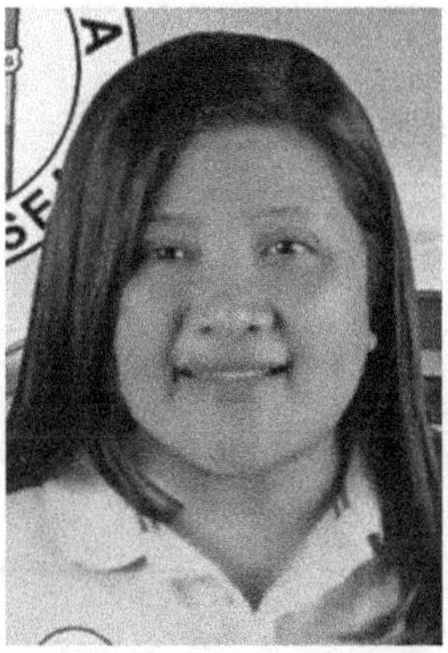

◎ 学习经历

- 菲律宾大学，人文艺术专业
- 菲律宾远东大学，生物科学专业
- 菲律宾东北大学，法律专业
- 雅典耀马尼拉大学，社会创业专业
- 宾夕法尼亚大学沃顿商学院，创业及成长专业，硕士学位

◎ 工作经历

- 2019—2022届，UCLG司库
- 2020—2022届，UCLG亚太区联合主席
- 2004—2022年，菲律宾伊里加市市长
- 菲律宾城市联盟—市长协会区域代表
- 菲律宾比科尔岛地区城市市长联盟主席
- 菲律宾有机农业城市联盟执行副主席

伊里加市（Iriga）

国　家	菲律宾
省　份	南甘马磷省
建城时间	1968年
市　长	马德莱娜·阿尔费罗·加兹曼
面　积	137.35平方公里
人　口	12万人（2015年）
经济主要来源	渔业、制造业
大　学	菲律宾东北大学、圣安东尼大学、菲律宾拉康索列学院
时　区	UTC+8

（四）联合国地方当局咨询委员会主席

★ 伊尔苏尔 · 梅特申（Ilsur Metshin）

联合国地方当局咨询委员会主席、俄罗斯喀山市（Kazan）市长

◎ 学习经历

• 1999年，喀山国立大学，法律硕士学位
• 1992年，喀山国立大学，法律学士学位

◎ 工作经历

• 2019—2022届，联合国地方当局咨询委员会主席
• 2019年，国家自愿审查可持续发展目标政府委员会成员
• 2016年至今，欧洲理事会地方和区域当局大会有关问题委员会副主席
• 2015年，俄罗斯城市联合会副主席
• 2015年9月至今，喀山红宝石足球俱乐部主席
• 2010—2016届，UCLG联合主席
• 2007—2010届，UCLG副主席
• 2007年，联合国地方当局咨询委员会成员
• 2006年至今，UCLG欧亚分会主席
• 2005年11月至今，喀山市市长
• 2000—2004年，俄罗斯鞑靼斯坦共和国议会议员
• 1998—2005年，下卡姆斯克日市市长、市议会主席
• 1997—1998年，喀山市鞑靼斯坦首都特区行政副局长

• 1995—1997年，喀山市苏维埃茨基区行政首长办公室秘书长
• 1993—1995年，喀山市苏维埃茨基区行政部住房私有化处处长

喀山市（Kazan）

国　家	俄罗斯
联邦主体	鞑靼斯坦共和国
建城时间	约1005年
市　长	伊尔苏尔・梅特申
面　积	425.3平方公里
人　口	125万人（2018年）
海　拔	60米
经济主要来源	机械制造业、化工业、石化业、轻工业和食品工业、金融业
大　学	喀山国立大学等44所高等教育院校
机　场	喀山国际机场
国际关系	白俄罗斯大使馆在喀山设有分支机构；伊朗、土耳其总领事馆位于喀山
友好省城	埃及盖卢比尤省、埃及米努夫省、土耳其安塔利亚、土耳其安卡拉、哈萨克斯坦努尔苏丹、德国不伦瑞克、美国得克萨斯州大学城、乌克兰顿涅茨克、土耳其埃斯基谢希尔、中国杭州、中国广州、中国深圳、土耳其伊斯坦布尔、伊朗大不里士、津巴布韦哈拉雷
时　区	UTC+3

（五）UCLG联合国特使

★ 艾达·科劳（Ada Colau）

UCLG联合国特使、西班牙巴塞罗那市市长、大都市协会联合主席

◎ 学习经历

• 圣安娜学院和费伯尔学院
• 巴塞罗那大学哲学专业

◎ 工作经历

• 2021—2023届，大都市协会联合主席
• 2019—2022届，UCLG联合国特使
• 2016—2019届，UCLG联合主席
• 2015年6月至今，巴塞罗那市市长
• 2014年6月，创立巴塞罗那社区市民平台，并于2015年5月参加该市议会选举，在41个议员席位中获得11个席位
• 2009年，为受到抵押贷款影响的人创建平台，并于2009—2014年担任该平台发言人

◎ 所获奖项

• 2013年巴塞罗那人权电影节——人权奖
• 2013年欧洲市民奖
• 2013年联合女性奖

巴塞罗那市（Barcelona）

国　家	西班牙
省　份	巴塞罗那省
市　长	艾达·科劳
面　积	101.9平方公里
人　口	162万人（2009年）
海　拔	12米
经济主要来源	工业、服务业
大　学	巴塞罗那大学、加泰罗尼亚理工大学、庞培·法布拉大学、巴塞罗那自治大学、拉曼·劳尔大学
机　场	巴塞罗那机场
友好城市	美国波士顿、美国旧金山、巴勒斯坦加沙、比利时安特卫普、爱尔兰都柏林、法国蒙彼利埃、德国科隆、巴西里约热内卢、巴西圣保罗、波黑萨拉热窝、以色列特拉维夫、日本神户、中国上海、希腊雅典、韩国釜山、古巴哈瓦那、土耳其伊斯坦布尔、墨西哥蒙特雷、乌拉圭蒙得维的亚、俄罗斯圣彼得堡、突尼斯突尼斯、智利瓦尔帕莱索
友好交流城市	约旦安曼、中国广州、中国宁波、伊朗伊斯法罕、日本京都、意大利兰佩杜萨镇、希腊莱斯博斯岛、莫桑比克马普托、美国纽约市、法国巴黎、阿根廷罗萨里奥、阿尔及利亚赛伊达、韩国首尔、摩洛哥得土安、意大利都灵
时　区	UTC+1

（六）UCLG地方发展特使

★ 费尔南多·梅迪纳（Fernando Medina）

UCLG地方发展特使、葡萄牙里斯本市市长

◎ 学习经历

- 里斯本大学，经济社会学硕士学位
- 波尔图大学，经济学学士学位

◎ 工作经历

- 2015年至今，里斯本市市长、里斯本大都市区域主席
- 2019—2022届，UCLG地方发展特使
- 2013—2015年，里斯本市副市长
- 2011—2013年，葡萄牙议会议员、财政预算委员会成员、欧洲议会社会党团副主席
- 2009—2011年，国务秘书（负责产业和发展）
- 2005—2009年，国务秘书（负责就业和职业培训）
- 从2003年起，葡萄牙投资机构首席执行官顾问
- 2000—2002年，葡萄牙前总理安东尼奥·古特雷斯顾问
- 1995—1996年，波尔图学术联合会主席

里斯本市（Lisbon）

国　家	葡萄牙
大　区	里斯本大区
市　长	费尔南多·梅迪纳
面　积	100.05 平方公里
人　口	51万人（2017年）
海　拔	2米
经济主要来源	服务业、工业
大　学	里斯本大学、新里斯本大学、里斯本工商管理大学
机　场	里斯本机场
友好城市	希腊雅典、几内亚比绍比绍、巴西巴西利亚、巴西里约热内卢、巴西圣保罗、巴西库里蒂巴、阿根廷布宜诺斯艾利斯、匈牙利布达佩斯、美国泽西、美国迈阿密、安哥拉罗安达、中国北京、中国澳门、中国青岛、马来西亚马六甲、莫桑比克马普托、加拿大蒙特利尔、塞浦路斯尼科西亚、法国巴黎、摩洛哥拉巴特、克罗地亚萨格勒布、阿尔及利亚阿尔及尔、巴拉圭亚松森、泰国曼谷、巴勒斯坦伯利恒、波兰格但斯克、葡萄牙吉马良斯、乌克兰基辅、西班牙马德里、菲律宾马尼拉、乌拉圭蒙得维的亚、俄罗斯莫斯科、保加利亚索非亚、加拿大多伦多、突尼斯突尼斯
时　区	UTC+0

（七）UCLG主席团《新城市议程》使者

★ 卡洛斯·马丁内斯·明格斯（Carlos Martínez Mínguez）

UCLG主席团《新城市议程》使者、欧洲城市和地区委员会副主席、西班牙索里亚市市长

◎ 学习经历

- 巴利亚多利德大学

◎ 工作经历

- 2007年6月16日至今，索里亚市市长
- 2003—2007年，西班牙政党索里亚市发言人
- 2002—2009年、2012—2013年，西班牙政党索里亚省政府秘书长
- 1999年6月至2003年5月，西班牙卡斯蒂利亚–莱昂自治区检察官（代表索里亚市）
- 1999—2007年，索里亚市议员

索里亚市（Soria）

国　家	西班牙
大　区	卡斯蒂利亚–莱昂自治区
市　长	卡洛斯·马丁内斯·明格斯
面　积	271.77平方公里
人　口	4万人（2019年）
海　拔	1065米
著名产业	农业食品产业（地中海饮食被联合国教科文组织列为世界非物质文化遗产）
时区	UTC+1

（八）副主席

★ 巴勃罗·朱拉多·莫雷诺（Pablo Jurado Moreno）

UCLG副主席、UCLG区域论坛主席、厄瓜多尔省自治政府联盟主席、厄瓜多尔因巴布拉省省长

◎ 学习经历

• 厄瓜多尔中央大学，信息科学工学学士学位

◎ 工作经历

• 2019年至今，厄瓜多尔全国省政府委员会主席
• 2014年5月至今，因巴布拉省省长
• 2005年至2009年7月，伊拉瓦拉市市长
• 2002—2005年，伊拉瓦拉市副市长
• 1996—2000年、2003—2004年，伊拉瓦拉市议员
• 曾任伊拉瓦拉市关系部部长、因巴布拉省议会秘书及顾问

因巴布拉省（Imbabura）

国　家	厄瓜多尔
省　会	伊瓦拉
省　长	巴勃罗·朱拉多·莫雷诺
面　积	4611平方公里
人　口	40万人（2010年）
时　区	UTC–5 / UTC–6

★ 阿肖克・库玛・拜安居（Ashok Kumar Byanju）

UCLG副主席、UCLG亚太区主席、尼泊尔杜利凯尔市市长、尼泊尔城市协会主席

学历：本科

语言技能：尼泊尔语、英语、印地语

杜利凯尔市（Dhulikhel）

国　家	尼泊尔
省　份	巴格马蒂省
市　长	阿什克・库玛・拜安居
面　积	54.62平方公里
人　口	3.4万人（2017年）
主要经济来源	旅游业
大　学	加德满都大学

★ 阿曼德·贝因德（Armand Béouindé）

UCLG副主席、布基纳法索瓦加杜古市市长

◎ 工作经历

- 2016年6月至今，瓦加杜古市市长
- 国际法语市长协会董事会成员
- 阿尔法印务公司商务总监
- Graphi服务公司商务总监
- Graphi Imprim公司总经理
- 布基纳法索可持续发展协会副主席
- 阿斯法耶南加足球俱乐部前任主席
- 青年协会主席

瓦加杜古市（Ouagadougouv）

国　家	布基纳法索
省　份	卡焦戈省
市　长	阿曼德·贝因德
面　积	520平方公里
人　口	245万人（2019年）
海　拔	305米
经济主要来源	食品加工和纺织业
大　学	瓦加杜古大学
机　场	瓦加杜古国际机场
友好城市	加拿大魁北克、法国里昂、法国格勒诺布尔、意大利都灵、意大利圣米尼亚托、比利时勒兹昂埃诺、科威特科威特城、中国郑州、中国台北、法国波尔多、法国格勒诺布尔、加纳库马西
时　区	UTC

★ 艾森·尼古拉耶夫（Aysen Nikolaev）

UCLG副主席、UCLG欧亚分会副主席、俄罗斯萨哈共和国行政长官

◎ 学习经历

- 1994年，莫斯科国立大学，物理专业
- 1994年，俄罗斯联邦政府管辖下的国民经济学院，财政及管理专业

◎ 工作经历

- 2018年5月至今，俄罗斯萨哈共和国行政长官
- 2019年8月至2020年1月，俄罗斯联邦议会主席团成员
- 2018年11月至今，阿尔罗萨公司指导委员会第一副主席、战略规划委员会成员
- 2012—2017年，雅库茨克市市长
- 2011年，雅库茨克政府第一副主席
- 2007—2011年，萨哈共和国政府办公室主任
- 2004年，萨哈共和国财政部长
- 1997—2004年，萨哈共和国议会议员

萨哈（雅库特）共和国（Republic of Sakha）

国　家	俄罗斯
联邦管区	远东联邦管区
首　府	雅库茨克
首　脑	艾森・尼古拉耶夫
建　立	1922年
面　积	308万平方公里
人　口	100万人（2010年）
经济主要来源	工业、农业、交通运输业
大　学	有15所共和国的国立大学和俄罗斯大学的分校
机　场	共有23个机场
时　区	UTC+9 / UTC+10 / UTC+11

★ 卡罗拉・贡纳森（Carola Gunnarsson）

UCLG副主席、瑞典萨拉市市长、瑞典地方和区域当局协会副会长

◎ 工作经历

- 2003—2018年，萨拉市候补主席
- 1987年至今，西岸家庭音响协会主席
- 欧洲城市和地区委员会发言人
- 瑞典地方和区域当局协会第一副会长
- 全国农民协会成员、西岸家庭协会项目负责人、瑞典手工业协会理事会成员

萨拉市（Sala）

国　家	瑞　典
省　份	西曼兰省
市　长	卡罗拉・贡纳森
建　立	1971年
面　积	1211平方公里
人　口	2.3万人（2019年）
时　区	UTC+1

★ 穆罕默德·萨蒂耶（Mohamed Saadie）

UCLG副主席、UCLG中东&西亚分会主席、黎巴嫩丹尼赫城市联盟主席

◎ 学习经历

• 硕士学历，专业涉及地方发展、财务管理、法律及保险

◎ 工作经历

• 联合国地方当局咨询委员会成员
• 多所大学和机构的讲师
• 多个国际组织的积极成员
• 积极参与在文化发展、女性赋权、青年参与性民主、民间社会和可持续发展目标等议题

◎ 获奖经历

• 国家荣誉骑士勋章
• 黎巴嫩一级透明度奖

★ 卡罗莱纳·科塞（Carolina Cosse）

UCLG副主席、乌拉圭首都蒙得维的亚市市长、大都市协会联合主席

◎ 学习经历

- 2009年，乌拉圭共和国大学，数学工程硕士学位
- 1991年，乌拉圭共和国大学，电气工程学士学位

◎ 工作经历

- 2021—2023届，大都市协会联合主席
- 2020年11月至今，蒙得维的亚市市长
- 2020年2—11月，乌拉圭参议员
- 2015—2019年，乌拉圭工业、能源和矿业部长（2019年，总统竞选候选人）
- 2010—2015年，乌拉圭ANTEL（国企）董事长
- 2008—2010年，蒙得维的亚信息技术处处长

蒙得维的亚市（Montevideo）

国　家	乌拉圭
省　份	蒙得维的亚省
市　长	卡罗莱纳·科塞
建　立	1724年
面　积	530平方公里
人　口	131万人（2011年）
海　拔	43米
大　学	乌拉圭共和国大学等
机　场	卡拉斯科国际机场
友好城市	智利阿里卡、巴拉圭亚松森、西班牙巴塞罗那、阿根廷柏利梭、尼加拉瓜布卢菲尔兹、阿根廷布宜诺斯艾利斯、巴西巴西利亚、西班牙加的斯、哥伦比亚卡利、玻利维亚科恰班巴、阿根廷科尔多瓦、玻利维亚科罗伊科、委内瑞拉库马纳、巴西库里奇巴、西撒哈拉阿尤恩、厄瓜多尔埃斯梅拉达斯、阿根廷胡尔林汉、古巴哈瓦那、玻利维亚拉巴斯、阿根廷拉普拉塔、阿根廷马德普拉塔、意大利马尔西科诺沃、西班牙马德里、西班牙梅利利亚、墨西哥墨西哥城、加拿大密西沙加、美国蒙得维的亚、法国巴黎、海地太子港、中国青岛、中国深圳、中国天津、中国芜湖、加拿大魁北克、巴西里约热内卢、阿根廷罗萨里奥、俄罗斯圣彼得堡、玻利维亚圣克鲁斯、巴西圣保罗、哥斯达黎加塔拉曼卡、秘鲁坦博德莫拉区、意大利蒂托、哥伦比亚图马科、韩国蔚山、波兰弗罗茨瓦夫、西班牙休达、葡萄牙里斯本
时　区	UTC–3

★ 加斯·弗里泽尔（Garth Frizzell）

UCLG副主席、加拿大乔治王子城议员、UCLG北美分会副主席

◎ 学习经历

- 2000—2003年，北英属哥伦比亚大学，国际学研究硕士
- 1989—1994年，维多利亚大学，计算机科学和亚洲研究双学位

◎ 工作经历

- 2008年至今，加拿大乔治王子城议员
- 2008年至今，分别任加拿大城市联合会董事会成员、副主席、主席
- 2017年至今，新喀里多尼亚学院教师
- 2013—2015年，在北英属哥伦比亚大学先后任职研究伙伴关系和创新部主管、商务专员和教师
- 2007—2008年，乔治王子城商会主席
- 曾任乔治王子城财务及审计委员会、乔治王子城残疾人士就业协会、移民和多元文化服务协会、创新资源中心主席

乔治王子城（Prince George）

国　家	加拿大
省　份	不列颠哥伦比亚省
市　长	林·霍尔
建　立	1915年
面　积	319平方公里（2019年）
人　口	7.4万人（2016年）
海　拔	575米
大　学	新喀里多尼亚学院、英属哥伦比亚理工学院、北英属哥伦比亚大学
机　场	乔治王子城机场
时　区	UTC–8 / UTC–7

★ 温国辉（Wen Guohui）

UCLG副主席、大都市协会主席、中国广州市市长（2016年2月至2021年12月）

1984年7月参加工作，1984年6月加入中国共产党，华南理工大学管理工程系工业管理工程专业毕业，工学硕士。广州市委副书记、市长、市政府党组书记。

◎ 学习经历

• 2010年10月至2011年1月，在外交学院参加英语强化班学习，2011年7月参加赴美国哈佛大学国际培训项目
• 2003年7—9月，在清华大学、哈佛大学肯尼迪学院参加公共管理高级培训班学习
• 1999年12月至2000年12月，赴美国加州大学洛杉矶分校学习
• 1987年8月至1990年7月，华南理工大学管理工程系工业管理工程专业硕士研究生学习
• 1980年9月至1984年7月，湛江水产学院轮机系渔船动力装置专业学习

◎ 工作经历

• 2016年2月至2021年12月，广州市委副书记、广州市市长
• 2016年1—2月，广东省人民政府副省长，广州市委副书记

- 2015年6月至2016年1月，广东省人民政府副省长
- 2014年2月至2015年6月，汕尾市委书记，市人大常委会主任、党组书记
- 2013年6月至2014年2月，汕尾市委书记，市人大常委会党组书记、市人大常委会主任人选
- 2012年2月至2013年6月，广东省人民政府国有资产监督管理委员会主任、党委书记
- 2009年9月至2012年2月，广东省人民政府国有资产监督管理委员会主任、党委副书记
- 2007年9月至2009年9月，广东省经贸委副主任、党组副书记，省信息产业厅厅长、党组书记
- 2001年3月至2007年9月，广东省经贸委副主任、党组成员
- 2000年6月至2001年3月，广东省经贸委产业政策处处长
- 1996年10月至2000年6月，广东省经委企业处副处长
- 1990年7月至1996年10月，广东省经委企管处科员、副科长、科长
- 1984年7月至1987年8月，广州文冲船厂轮机一车间、厂办工作

◎ 组织任职经历

- 2021—2023届，大都市协会主席

二、秘书长和各分会秘书长

★ 艾米莉亚·赛兹（Emilia Saiz）

UCLG世界秘书长

◎ 学习经历

- 阿姆斯特丹大学

◎ 工作经历

- 2017年12月至今，UCLG秘书长
- 2014—2017年，UCLG副秘书长
- 1997年5月至2004年3月，国际地方当局联盟项目主管，积极参与国际地方和区域政府运动，就制度能力建设、女性参与地方决策及加强地方治理合作、在建立地方和区域政府全球工作小组方面扮演了重要角色

★ 博娜蒂娅·伊拉瓦蒂·坦德拉德薇（Bernadia Irawati Tjandradewi）
UCLG亚太区秘书长

◎ 学习经历

- 日本东京大学，城市工程博士学位
- 日本名古屋大学，大气物理学硕士学位
- 新加坡国立大学，公共政策硕士学位

◎ 工作经历

- UCLG区域分会第一位女性秘书长，在城市发展和相关领域拥有长达15年的工作经验，负责分会日常活动，执行区域大会、区域理事会和执行局的决策，在主席团领导下，管理秘书处活动、项目和财政事务，向执行局汇报
- 2015年，联合国人居署性别问题咨询小组成员，关注城市战略规划、气候变化、灾难管理、水管理、女性赋权和地方治理等领域
- 亚太城市间合作网络成员
- 日本国际合作机构成员

★ 让·皮埃尔·艺龙·木巴斯（Jean-Pierre Elong Mbassi）

UCLG非洲分会秘书长

◎ 工作经历

- 2007年至今，UCLG非洲分会秘书长
- 2016年4月前，城市联盟临时管理委员会主席
- 世界城市科学发展联盟联合主席
- 中非地方政府论坛副秘书长
- 1998年至今，非洲城市峰会幕后策划管理人
- 1996—1999年，世界城市和地方当局协调协会第一秘书长
- 1992—2006年，城市发展关系组织秘书长
- 1981—1991年，世界银行喀麦隆城市项目主管
- 1973—1980年，法国巴黎合作发展机构研究员及项目主管
- 在城市规划、土地使用规划、城市服务、地方经济发展、地方政府治理、住房和旧房危房改造领域有40多年的工作经验

★ 奥克塔维·德拉·瓦加（Octavi de la Varga）
UCLG大都市协会前任秘书长

◎ 学习经历

- 1997—1998年，西班牙德乌斯托大学，国际人道主义援助专业
- 1995—1997年，西班牙巴塞罗那大学，国际关系学位
- 1993—1995年，西班牙巴塞罗那自治大学，欧洲问题研究硕士学位
- 1988—1993年，西班牙国立远程教育大学，法律学士学位

◎ 工作经历

- 2017年7月至2022年，大都市协会秘书长
- 2016年2月至2017年6月，大都市协会董事会成员
- 2008年6月至2016年1月，巴塞罗那省议会欧洲和国际战略办公室主任、发展合作办公室主任、欧洲合作办公室主任
- 2004年5月至2008年5月，欧盟援助拉丁美洲加强城市治理合作项目协调办公室执行主任

★ 拉西赫 · 萨吉托夫（Rasikh Sagitov）
UCLG欧亚分会秘书长

◎ 工作经历

- 2003年至今，世界遗产城市联盟欧亚区区域协调员
- 2004年至今，UCLG欧亚分会秘书长

★ 弗雷德里克·瓦利尔（Frédéric Vallier）

UCLG欧洲分会秘书长、欧洲城市和地区委员会秘书长

◎ 学习经历

- 法国巴黎政治大学，公共管理硕士学位
- 法国国立昂热大学，英美文明学士学位

◎ 工作经历

- 2010年至今，欧洲城市和地区委员会秘书长
- 2014年至今，欧洲国际运动组织副主席
- 2012年，欧洲国际运动组织董事会成员
- 2004—2010年，法国南特市市长办公室副主任、国际及欧洲事务顾问、欧洲服务部门主管
- 2003—2008年，法国洛林市跨境合作部门主管、发展及国际关系顾问
- 1995—2001年，法国弗雷讷（Fresnes）市副市长
- 1988—1993年，培训师，培训地方和区域政府当选官员

★ 穆罕默德 · 杜曼（Mehmet Duman）

UCLG中东及西亚分会秘书长

◎ 学习经历

- 1991—1999年，加兹大学社会科学研究所政治社会科学硕士项目
- 1990—1991年，联合国教科文组织（巴黎）国际教育规划和管理研究所
- 1988—1989年，加兹大学教育学院外语系英语教育专业
- 1977—1980年，加兹教育学院外语系英语专业

◎ 工作经历

- 2011年至今，世界地方政府和民主学院执行委员会主席
- 2010年至今，UCLG中东及西亚分会秘书长
- 2010年至今，伊斯坦布尔市市长顾问
- 2002年至今，全球地方和城市外交研究所执行委员会成员
- 2009—2010年，土耳其总理办公室保护未成年人免受淫秽出版物侵害委员会秘书长
- 2008—2010年，土耳其总理办公室社会和文化事务代主席
- 2007—2013年，地方当局协会副主席
- 2003—2010年，土耳其总理高级顾问
- 1994—1997年，伊斯坦布尔外事关系部门主任
- 1992—1994年，土耳其国家教育部外事关系部门主任

★ 卡罗尔·萨博（Carole Saab）

UCLG北美分会秘书长

◎ 学习经历

• 卡尔顿大学

◎ 工作经历

• 2020年6月至今，UCLG北美分会秘书长、加拿大城市联合会首席执行官
• 2010年5月至2020年6月，分别任加拿大城市联合会政府和媒体关系主管、政策和政府关系高级主管、政策和公共事务执行主任
• 是城市和社区的坚定拥护者，积极推动地方和区域政府领导层建设一个更加可持续、繁荣和包容的社会，擅长与利益相关者和地方政府建立长期伙伴关系
• 荣获加拿大2020年“40岁以下全国40强”及“地方政府有影响力女性奖”

★ 安东尼娅·萨巴特斯（Antònia Sabartés）
UCLG区域论坛协调员

◎ 学习经历

- 1976—1982年，巴塞罗那自治大学

◎ 工作经历

- 2016年至今，UCLG区域论坛协调员
- 2014—2015年，巴塞罗那市社会民主团体国际关系协调员
- 2009—2014年，比利牛斯—地中海欧洲区秘书长
- 2009—2011年，加泰罗尼亚政府工作人员
- 1987—2009年，巴塞罗那市国际关系主管
- 1986—1987年，世界城市联合会，负责与西班牙和拉丁美洲城市的关系

三、其他关键人物

★ 阿罗玛·里维（Aromar Revi）

UCLG Ubuntu顾问

◎ 学习经历

- 1999—2002年，印度德里大学，工商管理学硕士
- 1996—1999年，印度德里大学，法律专业
- 1979—1984年，印度理工学院，土木工程专业

◎ 工作经历

- 2008年至今，印度人类居住地研究所创始人及主任
- 1990—2008年，塔鲁领先优势顾问研究公司创始人

◎ 相关成就

- 发表92份文章、论文、书籍
- 14个组织（联合国人居署、政府间气候变化专门委员会、UCLG等）成员
- 4份荣誉（1987年联合国环境规划署区域和技术合作奖、1999年Ashoka奖、2006年纽约新学院大学印度－中国研究所奖、2008年纽约新学院大学福特基金会奖）
- 在MOOC主讲“可持续城市”课程

★ 芭芭拉·塞缪尔（Barbara Samuels）

UCLG Ubuntu顾问

◎ 学习经历

• 1981—1985年，麻省理工学院，博士学位
• 1979—1981年，麻省理工学院，工商管理硕士学位
• 1972—1976年，莎拉劳伦斯学院，政治科学与文学学士学位

◎ 工作经历

• 2010年至今，全球发展融资交换所创始人及执行董事
• 1996年至今，BC Samuels联合有限责任公司总裁
• 1994—1996年，穆迪投资者服务公司总经理
• 1982—1994年，美国大通曼哈顿银行信用分析员、第二副主席、国家评估部门主任及副主席

★ 玛利亚·费尔南达·埃斯皮诺萨·加西斯（María Fernanda Espinosa Garcés）

UCLG Ubuntu顾问

◎ 学习经历

• 罗格斯大学，博士学位
• 社会科学和亚马逊研究硕士学位
• 拉丁美洲社会科学院，人类学和政治学硕士学位
• 厄瓜多尔天主教大学，应用语言学专业证书

◎ 工作经历

• 2018年9月至2019年9月，联合国大会主席
• 2017年5月至2018年7月，外交部部长
• 2014年10月至2017年5月、2008—2009年，厄瓜多尔常驻联合国代表
• 2012年11月至2014年9月，国防部部长
• 2009年10月至2012年11月，文化遗产统筹部部长
• 2007年12月至2008年2月，制宪会议主席特别顾问
• 2007年1月至2007年12月，厄瓜多尔外交、商务和一体化部部长

★ 法里达·沙希德（Farida Shaheed）

UCLG Ubuntu顾问

◎ 工作经历

- Shirkat Gah妇女资源中心执行董事
- 2009—2012年，联合国特别报告员（文化权）
- 巴基斯坦妇女行动论坛创始人
- “生活在穆斯林法律下的妇女”网络成员
- 通过性别和女性主义视角，在农村发展、劳动力、文化、宗教和国家等问题上有独到见解，特别致力于通过关注边缘化社区的政策和项目来促进和保护文化权利，还是国际、区域和国家层面谈判的专家

◎ 获奖经历

- 2014年11月，获得世界城地组织“墨西哥城21世纪文化国际奖”，认可她在文化、宗教、性别和国家方面做出的努力
- 巴基斯坦总理奖

★ 安娜·法鲁（Ana Falú）

UCLG Ubuntu顾问

◎ 学习经历

• 荷兰代尔夫特理工大学，公益住房专业
• 1976年，国立图库曼大学，建筑专业

◎ 工作经历

• 2012年，联合国人居署性别事务咨询小组性别专家
• 2009—2019年，住房及栖息地研究所（INVIHAB）主管
• 1985年至今，阿根廷科尔多瓦国立大学研究员、教授
• 2002—2009年，联合国妇女发展基金巴西及南锥体国家区域主管（2004—2009年）、安第斯区域主管（2002—2004年）
• 拉丁美洲妇女和住房网络创始人及阿根廷南锥体国家交流和服务中心创始人

◎ 获奖经历

• 2013年，女权主义事业奖

★ 豪尔赫·佩雷斯（Jorge Pérez）

UCLG Ubuntu顾问

◎ 学习经历

• 1982—1987年，麦德林市玻利瓦尔天主教大学，建筑与城市主义专业

◎ 工作经历

• 2019年8月，洛克菲勒基金会意大利贝拉焦中心常驻研究员
• 2017年，剑桥大学国王学院客座研究员
• 2012—2015年，麦德林市规划主管
• 2004—2008年，阿布拉拉河谷大都市区规划副主任
• 1993—2001年，玻利瓦尔天主教大学建筑学院院长
• 哥伦比亚安蒂奥基亚省省长顾问（城市规划及人居）

★ 埃德加·彼得斯（Edgar Pieterse）

UCLG Ubuntu顾问

◎ 学习经历

- 2001—2005年，伦敦政治经济学院，城市规划及地理学博士学位
- 1994—1995年，荷兰社会科学研究院，发展研究硕士学位

◎ 工作经历

- 2007年至今，开普敦大学非洲城市中心主管
- 2004—2007年，南非西开普省政府省长特别顾问
- 南非城市政策研究组织主席

★ 安东尼奥·古特雷斯（Antonio Guterres）
联合国秘书长

◎ 学习经历

• 1971年，毕业于葡萄牙里斯本高级技术学院，获工学学士学位

◎ 工作经历

• 2017年1月至今，联合国第九任秘书长
• 2016年，参选联合国秘书长，12月12日，在第71届联合国大会全体会议上宣誓就职
• 2005年6月至2015年12月，联合国难民事务署高级专员
• 2000年初，担任欧洲委员会主席，主导通过了“里斯本议程”，共同主持了第一次欧洲联盟—非洲首脑会议
• 1995年10月至2002年4月，葡萄牙总理
• 1994年3月，当选葡萄牙社会党总书记
• 1992—1999年，葡萄牙社会党国际副主席，共同主持非洲委员会和发展委员会的工作
• 1991—2002年，葡萄牙国务委员会委员
• 1981—1983年，欧洲委员会议会议员，在此期间，当选为人口、移民和难民委员会主席
• 1976年，葡萄牙议会议员，任职17年。在此期间，他先后担任议会经

济、财政和规划委员会主席，议会领土管理、市政与环境委员会主席。他还在议会中担任本党团领袖。

- 曾创办葡萄牙难民理事会和葡萄牙消费者协会，并于20世纪70年代初担任在里斯本贫困社区开展社会发展项目的大学社会行动中心主席
- 马德里俱乐部成员，该组织是世界各国前民选总统和总理组成的领导者联盟

★ 麦姆娜·莫哈末·谢里夫（Maimunah Mohd Sharif）
联合国人居署执行主任

◎ 学习经历

- 马来西亚科技大学，规划学理学硕士学位
- 英国威尔士大学，城市规划学荣誉理学学士学位

◎ 工作经历

- 2018年1月至今，联合国人居署执行主任
- 2019年1月至2020年1月，联合国内罗毕办事处代总干事
- 2017年7—12月，马来西亚槟榔岛市长
- 2011年至2017年7月，马来西亚威省市议会议员

◎ 获奖及荣誉

- 2018年马来西亚记录名册——第一位被任命为人居署执行主任的亚洲女性
- 2016年全球人类住区杰出贡献奖
- 马来西亚规划师协会——2014年度规划师

★ 卡拉·雷（Carla Rey）

欧洲城市和地区委员会意大利协会（AICCRE）秘书长

◎ 学习经历

• 威尼斯卡福斯卡里大学，企业经济学

◎ 工作经历

• 2015年5月至今，AICCRE秘书长
• 2010年，当选威尼斯市副市长，负责贸易和生产活动、消费者保护和城市质量、渔业、玻璃工业和手工艺，以及与欧洲地方政府协会的关系
• 2007—2010年，意大利商业联合会青年创业者项目全国主席
• 1996—2010年，数个私营企业行政主管

★ 弗尔达斯·奥西杜姆（Firdaous Oussidhoum）

UCLG秘书长特别顾问

◎ 学习经历

- 里昂第三大学，建筑哲学硕士学位

◎ 工作经历

- 2019年2月至今，UCLG秘书长特别顾问
- 2015年10月至今，UCLG中型城市论坛协调员
- 2015年9月至今，联合国教科文组织中型城市与世界城市化主席
- 2011年10月至今，得土安国立建筑学院教授
- 2011年11月至2015年8月，非洲建筑师联盟国际对外关系干事
- 2008—2014年，国际建筑师联盟董事会成员
- 建筑师、城市规划师和哲学家

★ 迈克尔·穆勒（Michael Müller）

大都市协会联合主席、德国柏林市市长

◎ 工作经历

- 2014年11月至今，柏林市市长
- 2021—2023届，大都市协会联合主席
- 2018—2019年，柏林工业大学董事会成员
- 2017年11月至2018年10月，联邦参议院主席
- 2016—2020年、2012—2014年，柏林社会民主党党主席
- 2011—2014年，柏林市副市长及参议员
- 2004—2012年，柏林社会民主党小组负责人
- 2001—2011年，柏林众议院社会民主党负责人
- 1996年，柏林市众议院议员
- 柏林自由大学董事会成员
- 德国国家历史博物馆董事会成员
- 和平发展基金会董事会副主席
- 都柏林美国学院名誉理事
- 德意志博物馆董事会成员
- 基督教–犹太教合作理事会董事会成员

★ 克里斯蒂安·迪·坎迪亚（Christian di Candia）

全国市长代表大会主席

◎ 学习经历

• 乌拉圭共和国大学政治学专业毕业
• 2012年及2013年，参加“住房发展”和“性别与经济”工作组

◎ 工作经历

• 2020年5月14日至今，全国市长代表大会主席
• 2019年4月至2020年11月，蒙得维的亚市市长
• 2015—2019年，蒙得维的亚市政府助理秘书长
• 2011年，城市规划、住房、工程和服务委员会主管
• 2009年，委员会协调专员（副主管）
• 2007年，蒙得维的亚理事会成员、众议院主席政治秘书、项目协调专员

★ 特莉·丽斯玛哈莉妮（Tri Rismaharini）

印度尼西亚社会事务部部长

◎ 学习经历

- 2015年，印度尼西亚公立理工大学，博士学位
- 印度尼西亚公立理工大学，城市发展管理硕士学位
- 印度尼西亚公立理工大学，建筑学学士学位

◎ 工作经历

- 2020年11月至今，印度尼西亚社会事务部部长
- 2016—2019届，世界城地组织亚太区主席
- 2010—2020年，泗水市市长
- 拥有20多年泗水市市政府工作经历，先后担任泗水市项目控制处处长、景观及清洁处处长

◎ 获奖经历

- 2016年3月，伊斯兰教育科学与文化组织授予2016年理想母亲奖
- 2012年东盟环境可持续城市奖
- 《财富》世界最伟大50位领袖之一
- 印度尼西亚《福布斯》2013年十佳最激励人心女性榜单
- 国际智库“城市市长基金会”选为顶尖市长之一

第四章　部分重要分会

一、亚太分会

（一）章程

《亚太分会章程》

前言

作为亚洲及太平洋地区地方政府的代表，为农村和城市社区、大中小城镇、大都会和地区的人口服务，我们于2004年4月14日相聚在亚太地区东亚和东北亚分区的中国台湾台北市：

回顾

•《世界人权宣言》，尤其是出现在第21条中的原则，人民的意志是政府权威的基础；

•地方政府国际联盟（IULA）自1913年和世界联合城镇组织（UTO）自1957年以来在发展市政国际关系和加强全球范围内地方政府治理能力方面所做的大量工作；

•UTO于1957年通过的《联合城镇宪章》；

•《IULA世界范围地方自治政府宣言》，由IULA于1985年通过，1993年修订，并于1994年由UTO批准；

•1996年在伊斯坦布尔通过的《城市和地方当局世界大会最终宣言》；

•《新千年城市和其他人类聚居地人居议程与宣言》《联合国21世纪议程》和《可持续发展全球峰会政治宣言》，以及《联合国千年宣言》和千年发展目标；

考虑因素

• 不断变化的经济、科技、人口数量、环境和社会力量正在改变世界；

• 国家的传统角色被上述趋势深刻影响着，无论现在还是未来，国家都无法集中地管理和控制复杂的城镇一体化；

• 由于人口增长和城市化的不断发展，农村和城市的地方政府面临的任务更加复杂，但也更加重要；

• 世界形势不断变化，与以往相比，民主的关键价值和政府在人民中的合法性有所增加；

• 地方政府是所有民主社会的主要基础之一，是最接近人民的政府级别；

认识

• 地方政府是可持续发展、良政、城市化和促进公民权利的推动力量之一，扮演着至关重要的角色；

• 地方政府在促进民权（民主权利和政治权利，社会权利和经济权利）方面扮演的重要角色得到联合国的认可和支持，并被纳入相关条款；

• 地方政府在应对人类挑战时有发挥积极作用的责任；努力解决贫困、无知、狭隘、歧视、排斥、危险、环境恶化等问题的责任；

• 地方政府是维护人民之间和平和团结的关键力量；

• 地方社区可以凭借民主方法和途径的多样化实现这些目标；

• 地方民主不仅是一种正式的价值，也必须不断加以更新和修改，以确保无论男性女性都能实现平等参与；

强调

• 通过更有效、更民主的公共政策来赋能地方政府，从而赋能整个国家和地方社区；

• 市政国际合作与加强地方治理合作、伙伴关系、结对、地方政府国际交流、友好城市关系，以及通过能力建设项目和国际市政团结项目进行的互助活动，都是对建设和平、可持续发展的世界所做的重大贡献；

• 地方政府在国家、地区和世界层面越是团结，就越能够强有力地表达自己所服务的社区的意愿；

致力于

• 地方民主和自治，即在政府部门互联精神下遵守“加强地方治理”和“权力自主”原则；

• 在“加强地方治理”和“权力自主”原则下的以市民为中心、参与性的地方治理；

• 公共服务的高道德标准、效率、有效性和透明度；

• 与国际社会和政府其他部门、民间团体和其他重要机构的伙伴关系；

• 注意：一些地方政府机构正朝着这一目标迈进。

特此颁布并制定世界城地组织—亚洲及太平洋分区的章程如下：

名称、总部和法律地位

第1条

根据现有章程设立一个协会，其所在地应当设在印度尼西亚或执行局确定的地方。该协会的名字应为世界城地组织—亚洲及太平洋分区（World Organization of United Cities and Local Governments–Asian and Pacific Section, ASPAC），简称为亚太区（UCLG ASPAC）。其合法地址位于印度尼西亚雅加达，杰兰阳光酒店1号，米特拉普拉亚楼2层，或其他由世界城地组织亚太区执行局决定的位置。

亚太区由世界城地组织成员组成，其区域范围从东经60°至东经180°，北纬45°至南纬55°或在商定的地理区域内。

亚太区应是一个非营利性国际组织，不隶属于任何政党或宗教。

目标

为亚太区域商定的地理区域内的城地组织提供制度支持，以实现其宗旨和目标。

第2条　宗旨

为民主的地方自治政府发声并倡导，通过地方政府之间以及国际社会更广泛的合作推动其理念、宗旨和利益的实现。

第3条　目标

a. 在整个地区范围内促进强大、高效的地方自治民主政府的发展；

b. 促进成员之间的团结与合作；

c. 确保地方政府在国际社会政治领域的有效代表性，尤其是在联合国及其分支机构中的代表性；

d. 成为世界范围内关于地方政府的关键信息来源；

e. 成为世界范围内学习、交流和能力建设的源泉，支持建立和加强自有和自治的地方政府及其协会；

f. 在良政、可持续性和社会包容的原则下推动经济、社会、文化、就业和环境发展并服务人民；

g. 推动种族和性别平等，打击任何形式的违反国际法和/或与该分区的理念和政策的歧视行为；

h. 成为强有力的民主组织，体现民主与地方治理的多样性；

i. 推进地方政府与其协会之间的地方自治合作与国际交流；

j. 促进结好和伙伴关系，使之成为各国人民之间相互学习和建立友谊的方式；

k. 在组织的宗旨、理念和目标框架内制定政策、方案和倡议，这意味着在亚太区的内部规则下寻求实施这些政策、方案和倡议的适当手段。

第4条　任务

为实现这些目标，亚太区应承担可能确定的适当和可取的任务和事业，以实现其宗旨和目标，其中包括：积极参与游说和宣传工作，促进地方政府在国际舞台上的作用和地位，从而影响国际政策制定。

a. 在国际社会制定和推动与地方政府的关键利益相关和其他对地方政府重要的政策和立场；

b. 与联合国及其机构和其他有关国际组织积极合作；

c. 制订基于自治和国际合作原则的举措和行动计划，尤其是通过地方政府和地方政府协会之间的地方自治合作开发项目，并为这些项目寻求资金和创造融资工具；

d. 建立国际性的交流和伙伴关系的平台，以加强地方政府及其协会的能力；

e. 支持强有力的地方政府成员网络，并为满足其需要而开发服务和全球产品；

f. 成为当地自治政府、地方当局、国际团结和技术交流信息的主要来源；

g. 在其成员之间通过出版物、研讨会和新信息技术等方式，宣传关于地方政府的情况和发展的信息；

h. 组织大会、其他事项和活动，发展会员，以加强政治影响力和财政独立性。

第5条　遵守国际法原则和联合国决定

为实现上述宗旨、目标、任务，解决会员问题，以及执行本章程的其他决议，亚太区将根据国际法原则和联合国的相关决定行事，并按照其指导，承认各国的合法存在及其他相关事务。

会员资格

第6条　会员类别

亚太区由以下类别的会员组成：

a. 地方政府会员；

b. 国际组织会员；

c. 准会员；

d. 荣誉会员。

第7条　地方政府会员

地方政府会员接受：

a. 全国性的地方政府协会，其中应包括一类或多类地方和区域政府中至少三分之一的人口，或至少一个国家人口的四分之一；

b. 由一个国家的两个或两个以上国家协会和（或）其他成员创立的国家部门；

c. 地方政府协会，其成员应包括一个或多个地方政府中至少三分之一的人口，或至少其地区、省、州地理区域人口的四分之一；

d. 地方政府的跨地方协会成员应包括至少超过其协会所涵盖地区内代表地方政府类别的一半人口；

e. 独立城市和地方政府。

第8条　国际组织会员

国际组织会员资格面向国际地方政府组织，这些组织代表特定类别的地方政府，和（或）组织的目的涉及的具体部门或专题问题。

第9条　准会员

准会员资格面向那些虽然本身非地方政府组织，但强烈关注或参与地方政府事务的：

a. 组织；

b. 机构；

c. 政府各部委和国家及其他各级政府机构；

d. 涉及和关注地方政府事务的其他机构；

e. 对地方政府事务感兴趣且未在任何已提及类别的会员中从业的个人；

f. 支持或有贡献的成员，如私营企业、基金会和其他对当地政府感兴趣的组织。

第10条　荣誉会员

荣誉会员资格面向为地方政府协会或地方政府事业作出突出贡献的个人或机构。荣誉会员应由执行局提名并经区域理事会批准。

会员的权利与责任

第11条

会员可参与亚太区的各种活动与项目，在获得与地方政府事务和与亚太区活动决定有关的信息、数据和文件方面享有同等权利。

第12条

会员保证支持、推动和遵守世界城地组织以及亚太区的宗旨、理念和目标。

第13条　会员费

地方政府会员、国际组织会员和准会员应缴纳年度会费。区域理事会应根据执行局的建议，决定各自的会员费金额。地方政府会员的会费应考虑以下因素：

a. 会员代表的居民数量；

b. 国家经济发展状况。

会员费计算公式应包括在《议事规则》中。

如果地方政府是其国家协会的成员，并且其国家协会是世界城地组织的正式成员，则该地方政府会员即亚太区的会员，只需支付亚太分区的会费。

如果他们希望同时成为世界城地组织和亚太分区的正式会员，则需要支付全部会员费。

通过支付亚太区会费成为会员后，亚太区的会员资格最多保持两年。之后他们必须成为世界城地组织的正式会员，才能在亚太区拥有表决权。

第14条

会员费的缴纳应遵守《议事规则》。新会员缴纳第一笔会员费后，其会员资格即时生效。

第15条

按照《议事规则》的规定，会员可以随时退出组织，但需提前至少六个月向秘书处提交有关书面申请，同时该会员愿意缴纳所欠会费，包括按比例承担的部分。

入会

第16条

地方政府、国际组织和准会员资格的申请应由执行局决定，执行局的任务是确保申请者符合相关的会员资格要求。会员申请者必须保证支持、推动和遵守世界城地组织和亚太分区的宗旨、理念和目标。

第17条

会员委员会应由执行局任命，就可能出现的特殊问题进行审议并提出建议，负责监督会员发展和服务，特别是会员招募和会员活动以及向会员提供服务。

开除

第18条

在下列情况下，会员可能会被开除或被中止其会员资格：

a. 违背本章程规定的责任和原则；

b. 未经执行局同意，拖欠会员费一年以上；

c. 不再符合本章程规定的会员条件。

第19条

开除会员或中止会员资格的决定将参照执行局的建议，经过与世界理事会的商讨，并且经过出席世界理事会三分之二会员的投票表决。

第20条

被开除的会员应至少提前两个月得到世界理事会会议的相关书面通知。该会员应当向世界理事会提交书面汇报，有权出席世界理事会处理开除问题的会议，并在会上发言。

第21条

同样的程序适用于会员资格拟被中止的会员。在下一次世界理事会做出取消制裁或开除会员资格的决定之前，该会员的会员资格中止。

管理结构

第22条

亚太区的管理工作由以下机构/人员执行：

a. 区域大会；

b. 区域理事会；

c. 执行局；

d. 主席团（由主席和联合主席组成）；

e. 秘书长。

区域大会

第23条　职能

区域大会是亚太区的最高权力机构，负责制定组织的总体政策、确定政策方向以及监督组织的运行。区域大会的主要职责包括：

a. 引导组织总方针的方向；

b. 接收区域理事会提交的活动报告和财务报告；

c. 按照《选举程序规则》，从当地地方政府成员中选举区域理事会成员；

d. 处理区域理事会提上议程的各项问题；

e. 通过本章程的修正案；

f. 决定亚太区的解散和清算事宜。

第24条　构成

区域大会由世界城地组织全体会员正式指定的代表构成。

第25条　会议

区域大会通常每两年在召开区域代表大会时召开一次，分会的会员和非会员都将受邀参加。在《议事规则》规定的情况下，区域大会可在例行会议之间召开特别会议。

关于例行会议和特别会议的通知，必须至少提前一个月发送至与会会员，通知上须载明具体议程事项。

区域理事会可邀请非亚太区会员的个人和机构以观察员的身份出席全体大会。

亚太区主席负责主持会议（若主席缺席，由联合主席或会议同意的其他人士代为主持），引导会议讨论，邀请与会人员发言。秘书长将担任会议记录员，在会议纪要中记录通过的各项决议。

第26条　投票

各会员组织应指派一名代表出席区域大会，也可指定一名替补人员代为参加。后者只有在原代表缺席时才能在会议上参与投票。

所有会员都有资格参加会议，并有权公开表达自己的意见和提案。如果请求发言的人数过多，主席可调整发言时长。主席也可授予参会会员回应的权利。

会员续费至会议召开当年的地方政府会员应享有区域大会的投票权，此规则同样适用于国际组织会员。准会员和荣誉会员在亚太区区域大会上没有投票权。

第27条

区域大会所有投票成员享有平等表决权。

第28条

除本章程规定的特殊情形外，区域大会的决策均采用简单多数制进行表决。

区域理事会

第29条　角色

区域理事会是亚太区的主要决策机构。区域理事会决定亚太区的各项政策，并确保区域大会决定的总方针得到落实。

第30条

区域理事会依照本章程开展活动，执行区域大会通过的各项决议。

第31条

区域理事会的主要职责包括：

a. 选举亚太区的主席和七名联合主席；

b. 按照《选举程序规则》，从分区理事会成员中任命执行局成员；

c. 批准执行局提交的年度预算和年度决算；

d. 决定会员资格的申请结果、中止和取消；

e. 决定会员费；

f. 指派委员会研究与亚太区有关的具体问题与事项，或处理其认为适当的问题或事项，并委派任务；此职能可委托给执行局负责。

第32条　构成

区域理事会由以下成员组成：

a. 主席和七名联合主席（包括东道主联合主席和创始主席）；

b. 45名由区域大会任命的政府成员，任期为两届区域大会例行会议之间的闭会期，区域大会在各地区代表两类地方政府会员的代表中选出两名进行任命。

c. 秘书长（依据职权无投票权）；

d. 国际地方政府组织和准会员的指定代表（均无投票权），执行局对a类进行年度审查时，可从地方政府成员中抽取。在执行局看来，此举朝着民主选举的结构迈进。

区域理事会的成员无偿履行其职责。

第33条

区域理事会的代表必须拥有当地政府的政治授权。该政治授权是指由地方政府的当选成员或其代表选举产生的机构。

第34条 替补成员

区域理事会的每位成员都可指定一名常任替补成员。后者只有在原代表缺席时才能参会。该替补成员可以是也可以不是当地政府的民选成员。

第35条 会议

区域理事会会议至少每年举行一次，由主席或者应至少三分之一成员的要求召开。

关于例行会议和特别会议的通知，必须至少提前一个月告知区域理事会成员，通知上须载明具体议程事项。

会议将由亚太区主席主持，若主席缺席，由联合主席或会议同意的其他人士代为主持，引导会议讨论，邀请与会人员发言。秘书长将担任会议记录员，在会议纪要中记录通过的各项决议。

区域理事会所有会员都有资格参加会议，并有权公开表达自己的意见和提案。如果请求发言的人数过多，主席可调整发言时长。主席也可授予参会会员回应的权利。

第36条 投票

区域理事会所有成员均有一张表决票。

第37条

除本章程规定的特殊情形外，区域理事会的决策均采用简单多数制进行表决。如遇票数相同，会议主席应投决定票。

执行局

第38条　角色

执行局负责发起提案，执行区域理事会制定的决策以及完成区域理事会委派的其他事务。它还负责亚太区的行政管理与财务管理，以及区域理事会会议和全体大会的准备工作。

第39条

执行局的主要职责包括：

a. 批准年度预算、账目和报表，并提交给区域理事会；

b. 任命委员会成员；

c. 任命财务管理委员会成员；

d. 任命其他委员会成员，以研究区域委员会委派的有关亚太区的具体问题与事项；

e. 为组织外聘独立审计师；

f. 经授权签订财产获得、转让与抵押协议，以及利益产生与转移协议（需公示登记）；签订其他协议，如亚太区充当担保人或作为共同债务人承担连带责任，同意对第三方负责或为第三方的任何债务提供担保；

g. 根据需要设立和任命常务委员会成员。

第40条

对于亟待解决、无法延到下一届区域理事会会议解决的问题，执行局有资格在现存的政策准则下，于闭会期间制定决策。

第41条

执行局应行使不属于区域大会和区域理事会的其余所有权力。根据本章程条款，主席或秘书长应担任组织的法定代表人。

第42条　构成

在不违反第32条规定的情况下，执行局应包括以下成员：

a. 主席和七位联合主席（包括东道主联合主席和创始主席）；

b. 区域理事会从其成员中选出15名代表，任期为两届全体大会例行会议之间的闭会期，两类地方政府会员间所占比例与区域理事会相同；

c. 秘书长（依据职权无投票权）；

d. 国际组织会员的指定代表（无投票权）；

出于不同目的，执行局可指定至多三位无投票权的成员，其中可包括区域大会下一届主办方的代表。

执行局的成员无偿履行其职责。

第43条

执行局代表必须拥有地方政府的政治授权。

第44条　替补成员

执行局的每位成员都可指定一名常任替补成员。后者只有在原代表缺席时才能在会议上参与投票。该替补成员必须拥有地方政府的政治授权。

第45条　会议

执行局会议至少每年举行两次，应主席或者应至少三分之一成员的要求召开。

关于例行会议和特别会议的通知，必须至少提前一个月告知执行局成员，通知上须载明具体议程事项。

会议将由亚太区主席主持，若主席缺席，由联合主席或会议同意的其他人士代为主持。主持人引导会议讨论，邀请与会人员发言。秘书长将担任会议记录员，在会议纪要中记录通过的各项决议。

执行局所有会员都有资格参加会议，并有权公开表达自己的意见和提案。如果请求发言的人数过多，主席可调整发言时长。主席也可授予参会会员回应的权利。

第46条　投票

执行局所有有投票权的成员均有一张表决票。

第47条

除本章程规定的特殊情形外，执行局的决策均采用简单多数制进行表决。如遇票数相同的情况，会议主席应投决定票。

主席团

第48条

主席团由主席和四位联合主席组成，由区域理事会从不同区域的地方政府会员中选出，任期为两届全体大会例行会议之间的闭会期，可连任。上述职位的人员中，至少一位来自地方政府会员，至少一位来自地方政府协会。

代表包括四个次区域的成员、准会员和国际会员，包括联合主席（东道主、前任主席、创始主席）。

主席应按分区轮换选举产生，任期两年。

主席候选人必须是该次区域内地方政府的现任代表。如果该区域无提名，可由亚太区区域理事会酌情任命一名曾长期作为代表的非现任代表。

第49条

主席和联合主席的候选人由以下机构、人员推举：

a. 执行局；

b. 来自不同国家和不同次区域（至少两个）的至少两名地方政府会员。

第50条　主席

主席是亚太区的主要代表，负责主持区域大会、区域理事会会议和执行局会议。主席应确保执行局会议闭会期间亚太区政策的延续性。

主席无偿履行其职责。

第51条　联合主席

联合主席协助主席履行其职责，并在必要时承担主席的角色。联合主席无偿履行其职责。

第52条

主席团成员拥有地方政府的当选授权或当地政府的授权，就执行局而言，这是推动民主选举的进步。

第53条

主席、联合主席有权卸任。

财政情况

第54条

亚太区应通过收取会员费获得资金，通过举办活动、赞助金和其他来源获得收入。

第55条

其经营和财政年度与日历年度一致，账目结算日期应为每年的12月31日。

第56条　联合主席（财务）

联合主席（财务）负责监督亚太区的财政战略、账目核算以及财务管理。联合主席（财务）每年应向执行局递交：

a. 上一个财政年度的账目，此账目需经独立审计师审核，审计师由执行局外聘且经由区域理事会进行最后批准；

b. 下一个财政年度的预算；

c. 其他重大财务报表。

第57条　财务管理委员会

财务管理委员会成员由执行局任命，由联合主席（财务）领导，成员包括：缴纳最高会员费的六个会员的代表，另从其余会员中选出六位代表，选举时应考虑到地方政府会员的地域多样性和代表性。

财务管理委员会成员无偿履行其职责。

第58条

财务管理委员会的职责是，就财务事项向联合主席（财务）和执行局提出建议。该委员会提供有关预算编制和执行的咨询，向执行局提出内部审计机制方面的建议。

秘书长

第59条

秘书长是亚太区的执行官。秘书长负责指导亚太区的日常活动，执行区域大会、区域理事会和执行局会议通过的决策。在主席团的带领和执行局的监管下，秘书长管理秘书处各项事宜以及亚太区的活动、项目和资金。若非处理主席安排的其他事务，秘书长应每天出席秘书处领导和监督工作。

第60条

秘书长的任命和辞退由执行局决定。秘书长对执行局以及主席负责。

第61条

秘书长负责在执行局规定的政策范围内聘用秘书处的人员。

第62条

秘书长在日常活动中具有一般权限，可以以执行局的名义代表亚太区。

第63条

在其他事项上，主席和秘书长共同担任亚太区的法律代表。

选举

第64条

作为本章程的附件,《选举程序规则》具有规范世界理事会和执行局选举工作的作用。

第65条

执行局通过相关修订决议后，区域理事会经投票表决（获得不少于三分之二的多数票），可修订《选举程序规则》。区域理事会召开会议就《选举程序规则》的修正提案进行投票时，所有会员应在会议召开前至少两个月收到相关书面通知。

债务

第66条

作为法人实体，组织仅以其全部资产为限对债务负责；会员无须单独对组织的债务负责。

基本议事规则

第67条

《基本议事规则》由执行局批准通过，规定有关亚太区内部运营和监管的细节，经区域理事会核准。

第68条

根据第1条，本章程任何未尽事宜均受印度尼西亚法律的约束。

世界城地组织亚太区章程修正、合并、解散和清算

第69条

有关亚太区章程修正、合并、解散或清算的提案须由执行局或者来自不同国家的六位及以上地方政府会员提出。

第70条

亚太区的会员应在区域大会会议召开前至少两个月收到关于提案的书面通知，会议将就以上提案展开讨论。

第71条

只有三分之二的地方政府会员出席会议且获得三分之二有效票数的支持，方可通过关于亚太区章程修正、合并、解散或清算的决议。

第72条

如果出席第一次会议的地方政府会员数量不足三分之二，则在随后的会议上，无论地方政府会员出席数量多少，区域大会均有权制定约束性决策。鉴于区域大会频繁举行，会员可以根据主席团的意见，以通信方式表决。

第73条

一旦面临解散的情况，区域大会应作出必要且充分的安排，包括任命清算人、分配剩余资产等。

官方语言

第74条

亚太区官方语言是英语。考虑到组织会员以及可用资源的增加，区域理事会可就官方语言和工作语言制定后续政策。

附件1

在《世界城地组织章程》中，与亚太区有关的章节如下：

地区分会

第25条

地区分会应制定各自的章程，设立各自的领导机构，作为独立的法人开展工作。在不违反本章程的情况下，他们有权制定各自的政策，管理内部事务。

第26条

地区分会是城地组织运营结构的组成部分。他们不排斥城地组织的直属会员，而是通过在其辖区内为城地组织提供制度上的支持，来帮助城地组织履行使命、实现目标。

第27条

地区分会协调各自辖区内会员的关系，为他们提供帮助。地区分会及其会员携手共进，为城地组织领导机构制定的政策以及举办的活动提供支持。在本章程的框架内，他们在城地组织里承担着政策制定、规划和管理的任务，同时也负责协调选举程序。

第28条

世界城地组织理事会在考虑地区的现状、经与因地区分会的设立而受到影响的当地政府会员充分协商后，方可正式批准成立地区分会。

第29条

世界城地组织与各地区分会应签署书面协议，在协议中明确任务划分和双方职责并达成一致意见。签署协议是建立地区分会的前提条件。鉴于地区分会所处的环境、分会会员和地区的特点各有不同，协议应考虑到各地区分会的多样性和具体需求。

第30条

除协议包含的特殊条款（如有）外，世界城地组织无须负责地区分会的债务。同理，地区分会也无须负责世界城地组织的债务。

第31条

获得会员城市的授权后，世界城地组织应在世界范围内协调会员之间的多边活动。

（二）选举程序规则

选举程序规则

第一部分　总则

规则1

1.1 区域理事会和执行局的选举应在地理边界内规定的分区或商定区域进行选举。

1.2 每个分区的地方政府成员有权按照规则2的规定选出各自的分区理事会代表人员。

1.3 分区理事会在每个分区的代表有权按照规则2的规定选出各自执行局代表人员。

规则2

2.1 各分区、区域理事会及执行局代表人数如下表所示：

分区	理事会	执行局
东亚及东北亚	22	7
南亚及西南亚	16	5
东南亚	16	6

续表

分区	理事会	执行局
太平洋	6	2
总计	60	20

2.2 上述席位分配基于各自的人口总数及其他商定因素。

规则 3

3.1 在每个规定的分区内，理事会及执行局的席位由两类地方政府的代表分配，即：

a. 地方政府协会；

b. 各城市和地方政府。

需要考虑分区内各类地方政府成员所代表的居民人数。

3.2 分区理事会和执行局整体席位的划分应保证两类地方政府成员得到充分的代表。

第二部分　成员类型和成员席位划分

规则 4

4.1 为了计算两类地方政府成员之间的席位分配，应计算每类成员所代表的总人数。亚太区应视为一个整体，每个分区分别进行计算。

4.2 各分区内所有类型的成员都有权获得：

a. 10% 的席位，该分区所代表的人口占亚太地区总人口的 10%；

b. 30% 的席位，该分区所代表的人口占亚太地区总人口的 10% 以上，但不超过 30%；

c. 席位份额与其所占的人口比例成正比，前提是该分区所代表的人口占亚太地区总人口的 30% 以上。

4.3 在进行上述计算时，应符合：

a. 应考虑地方政府协会所代表的实际人口（与全国总人口相比，并且排除不属于该协会的任何个人）；

b. 计算各地方政府成员所代表的总人数，即使这意味着同一人口计算不止一次；

c. 应使用与这些计算有关的最佳可用统计数据和证据。为此，每位成员将根据要求提供有关当前成员资格（包括人口）的信息。

规则5

5.1 各类地方政府成员有权获得区域理事会和执行局至少30%的席位，即使实际百分比较低（根据上文规则4规定的人口计算）。

5.2 如果在每个规定的分区内归属于一种类型的地方政府成员的席位总数小于上述规则5.1要求的最低30%，则应确定实现所需最低要求的方法。这些方法包括将其他分区代表分配给代表不足的地方从而达到30%的要求。

第三部分　区域理事会选举程序

规则6

6.1 每个分区内都应进行选举，以确保分区的总代表人数（包括每种类型的地方政府的成员）实现地域平衡。来自分区不同国家的成员可以提出共同建议。

6.2 如果分区的成员之间就选举程序的执行方式（包括分区内任何拟议的地域或国家席位）达成高度一致，应予以执行。任何此类共识提案应确保两类地方政府成员中人数较少的一方有权享有不低于该分区中根据规则4.2计算的席位份额。

6.3 如果没有达成一致意见的提议，则分区内必须确保每一类地方政府成员有权享有根据本规则计算的相关席位数，并确保地域平衡。

6.4 在每个分区内，每种类型的成员应选出其区域理事会中的代表。

6.5 所有选举均应按照规范公平进行。此外，必须给予候选人公平的提名机会，并应给予所有有投票权的成员正式的书面通知。

6.6 每个分区内的成员和组织选举的成员应确保候选人具备所需的政治授权，并应当适当考虑性别平衡。

第四部分　执行局选举程序

规则7

7.1 每个分区的执行局成员由该分区内当选为区域理事会成员的人员担任。

7.2 每个分区内执行局成员的选举应在区域理事会选举之后尽快进行。

7.3 规则6的规定（可做必要的变更）适用于执行局成员的选举。根据规则6.2达成一致意见的提议可与区域理事会和执行局的选举一并处理。

附件2

执行局议案

世界城地组织亚太区执行局于2008年10月22日在悉尼举行的会议上决定，2010—2012年，主席为东南亚分区的候选人；2012—2014年为南亚和西南亚分区的候选人；2014—2016年为太平洋地区的候选人；2016—2018年为东亚和东北亚分区的候选人。如果该分区没有候选人，则选举机构有权从另一个分区的候选人中选择。

（三）2020—2022年主席团成员

主席：

阿肖克·库玛·拜安居（Ashok Kumar Byanju）：尼泊尔城市协会主席、杜利凯尔市市长，代表南亚西南亚次区域。

联合主席：

1. 中国郑州市领导，代表东亚东北亚次区域；

2. 马德莱娜·阿尔费罗·加兹曼（Madelaine Alfflor）：菲律宾伊里加市市长，代表东南亚次区域；

3. 斯图尔特·克洛斯比（Stuart Crosby）：新西兰地方政府协会主席、丰盛湾议会议员，代表太平洋次区域；

4. 兰吉特·查万（Ranjit S. Chavan）：全印度地方自治政府协会主席，代表准会员和国际组织会员；

5. 张雅洁：中国广东省政协副主席，代表地方政府妇女委员会；

6. 阿涅斯·巴斯威丹（Anies Baswedan）：印尼雅加达省省长（亚太区秘书处所在地），常设联合主席；

7. 瑞斯·玛哈尼（Tri Rismaharini）：前任主席；

8. 陈昊苏：创始主席、中国人民对外友好协会原会长。

（四）理事会成员

1. 东亚及东北亚次区域（合计31位）

朝鲜城市联合会

韩国大邱市

韩国大田市

韩国釜山市

韩国高阳市

韩国光州市

韩国济州自治省

韩国群山市

韩国庆尚北道

韩国市道知事协议会（Governors Association of Korea, GAOK）

韩国首尔市

日本滨松市

中国人民对外友好协会

中国长春市

中国重庆市

中国长沙市

中国大连市

中国福州市

中国广州市

中国哈尔滨市

中国海口市

中国杭州市

中国济南市

中国南宁市

中国上海市

中国台北市

中国台中市

中国武汉市

中国西安市

中国新北市

中国义乌市

2. 南亚及西南亚次区域（合计5位）

巴基斯坦俾路支斯坦地方议会协会（Local Councils Association of Balochistan, LCAB）

巴基斯坦地方政府发展协会（Association for Development of Local Governance, ADLG）

巴基斯坦旁遮普地方议会协会（Local Councils Association of the Punjab, LCAP）

尼泊尔丹库塔市

尼泊尔柯提普市

3. 东南亚次区域（合计9位）

菲律宾城市联盟（League of Cities of the Philippines, LCP）

菲律宾马卡蒂市

柬埔寨国家地方议会联盟（National League of Local Council, NLC）

柬埔寨首都和省议会协会（National Association of Capital and Provincial Councils, NACPC）

印度尼西亚巴东市

印度尼西亚城市协会（Association of Indonesia Municipalities, APEKSI）

印度尼西亚查亚普拉市

印度尼西亚泗水市

印度尼西亚占碑市

4. 太平洋次区域（合计1位）

基里巴斯地方政府协会（Kiribati Local Government Association, KLGA）

（五）执行局成员及城市介绍

1. 东亚东北亚次区域（共12位）

韩国大邱市

韩国大田市

韩国釜山市

韩国市道知事协议会（Governors Association of Korea, GAOK）

日本滨松市

中国人民对外友好协会

中国长沙市

中国福州市

中国杭州市

中国台北市

中国台中市

中国西安市

（1）韩国釜山市：

釜山（Busan），全名釜山广域市，位于韩国东南端，是韩国第一大港口和第二大城市，也是世界上最繁忙的港口之一，历史上一直是东亚大陆和海洋文化交流的纽带和桥梁。

釜山，东南濒朝鲜海峡，与日本对马岛相望；西临洛东江；西北山地耸峙；南有群岛屏障，半岛南部门户。全市总面积769.82平方千米。

早在15世纪早期，釜山就被朝鲜李氏王朝指定为商贸港口。1876年，釜山港即成为朝鲜半岛第一大港口。1963年1月1日，釜山升为广域市。根据釜山市官网数据，釜山市人口3533万。

釜山工业仅次于首尔，涵盖纺织、机械、化工、食品、木材、水产品加工等各领域，其中机械工业尤为发达，造船、轮胎生产居韩国首位。韩国唯一的证券交易所——韩国交易所（KRX）设在釜山。釜山镇海经济自由区的建立进一步巩固了釜山地区贸易中心和金融中心的地位。

2019年12月26日，位列2019年全球城市500强榜单第76名。

（2）韩国大田市：

大田（Daejeon），又称大田广域市，韩国第六大城市。位于韩国中西部，面积539.85平方千米，2017年人口约151.2万。大田原属于韩国忠清南道，1989年成为广域市。大田有59所高级教育机构，学生人数超过11万，另有众多的科学技术研究院。

2019年12月26日，位列2019年全球城市500强榜单第325名。

（3）韩国大邱市：

大邱（Taegu），是首尔、釜山、仁川之外的韩国第四大城市。位于韩国东南部，面积883.52平方千米。2019年人口246.8万，人口密度2793人/平方千米。

城市以东城路与中央路为中心形成，市政府位于中区东仁洞1街，辖区内共分为7个区和1个郡。大邱东邻韩国著名海湾城市浦项，南邻韩国重要港口釜山。

2019年12月26日，位列2019年全球城市500强榜单第240名。

（4）日本滨松市：

滨松市（Ayumi），位于日本静冈县西部。静冈县内以静冈市和滨松市为中心，构成了日本三大都市圈之外的“静冈滨松都市圈”。2005年7月1日，周边11个市町村并入原滨松市，形成现在的滨松市。人口82万，是静冈县内最大的城市，也是日本第16大城市，面积为日本全国市町村行政区域中第二位。2007年4月1日成为政令指定都市。境内有鳗鱼产地滨名湖。

铃木汽车、本田汽车与以摩托车和乐器生产而出名的雅马哈等厂商都在此地设有工厂。此外，北野武导演的知名电影作品《菊次郎的夏天》选取滨松作为外景地之一。

（5）中国台北市：

台北市，通称北市，中国台湾省省会，地处台湾岛北部的台北盆地，被新北市环绕，西界淡水河及其支流新店溪，东至南港附近，南至木栅以南丘陵区，北包大屯山东南麓。

台北市是台湾省的政治、经济、文化、旅游、工业、商业与传播中心。全市下辖12个区，总面积271.8平方千米，2017年常住人口275万，人口密度居台湾省第一位。2017年台北市地区生产总值5412.65亿元人民币，位列中国第36位，人均GDP为19.682万元人民币，位列台湾省第一位。

台北市被全球最权威的世界城市研究机构之一GaWC评为世界一线城市。以台北为中心与周边市镇连接，形成台北都会区，是台湾省人口最多的都会区。作为台北都会区的发展核心，台湾省规模最大的公司、企业、银行、商店总部均设在这里。

（6）中国台中市：

台中市，别名中市，是中国台湾省中部的经济、交通、文化中心。始建于清朝，公元1886年（清光绪十二年）曾一度为台湾府的府治。

全市下辖29个区，总面积约2215平方千米，截至2009年3月，人口262.8万人（2018年），为台湾省人口排名第四的城市，也是“台中都会区”的核心都市。2016年GaWC公布的世界级城市名单中，台中市被列为Gamma-等级之城市。

2017年，台中市地区GDP为3774.95亿元人民币，人均GDP为13.981万元人民币。

（7）中国人民对外友好协会：

中国人民对外友好协会（简称“全国对外友协”）是中华人民共和国从事民间外交事业的全国性人民团体，以增进人民友谊、推动国际合作、维护世界和平、促进共同发展为宗旨，秉持人类命运共同体理念，充分发挥“民间外交引领作用，公共外交骨干作用，中外地方政府交流桥梁作用”，代表中国人民广交深交世界朋友，服务中国和平发展与国家统一大业，致力于促进人类友谊、合作、和平、发展事业。全国对外友协的各项活动得到中国政府的支持和社会各界的赞助，已设立46个中外地区、国别友好协会，与世界上157个国家的413个民间团体和组织机构建立了友好合作关系。

（8）中国长沙市：

长沙是湖南省省会，国务院批复确定的中国长江中游地区重要的中心城市；全国“两型社会”综合配套改革试验区、中国重要的粮食生产基地，长江中游城市群和长江经济带重要的节点城市，也是综合交通枢纽、国家物流枢纽，京广高铁、沪昆高铁、渝厦高铁在此交汇。截至2020年，全市下辖6个区、1个县、代管2个县级市，总面积11819平方千米，建成区面积567.32平方千米，常住人口约1004万。

长沙是中国（大陆）国际形象最佳城市之一，世界东亚文化之都、世界“媒体艺术之都”，打造了“电视湘军”“出版湘军”“动漫湘军”等文化品牌。长沙有高等学校51所，独立科研机构97家，两院院士73名，国家工程技术研究中心14家，国家重点工程实验室15个；有杂交水稻育种、“天河”超级计算机、国内首台3D烧结打印机等科研成果。

（9）中国杭州市：

杭州是浙江省省会、副省级市、杭州都市圈核心城市，国务院批复确定的长江三角洲中心城市之一。截至2019年，全市下辖10个区、2个县、代管1个县级市，总面积16853.57平方千米，建成区面积648.46平方千米。截至2021年年底，常住人口约1220万。

2016年G20峰会、2018年世界短池游泳锦标赛、2022年亚运会举办地。2020年中国百强城市排行榜位列第5位。2019年6月，未来网络试验设施开通运行。11月29日，杭州直飞开罗航线正式开通。12月,《长江三角洲区域一体化发展规划纲要》将杭州定位为特大城市。

（10）中国福州市：

福州是福建省省会，国务院批复确定的中国海峡西岸经济区中心城市之一、滨江滨海生态园林城市。截至2020年年底，全市下辖6个区、6个县、代管1个县级市，总面积11968平方千米，建成区面积416平方千米，常住人口842万。

福州地处中国华东地区、福建东部、闽江下游及沿海地区，是中国东南沿海重要都市、首批对外开放的沿海开放城市、海洋经济发展示范区，海上丝绸之路门户以及中国（福建）自由贸易试验区组成部分；是近代中国最早开放的五个通商口岸之一。

2021年，福州市地区生产总值11324.48亿元人民币。

（11）中国西安市：

西安是陕西省省会、副省级市、特大城市、关中平原城市群核心城市，国务院批复确定的中国西部地区重要的中心城市，国家重要科研、教育、工业基地。截至2020年，全市下辖11个区、2个县，总面积10752平方千米，建成区面积700.69平方千米，常住人口约1295万。

2018年2月，国家发展和改革委员会、住房和城乡建设部发布《关中平原城市群发展规划》支持西安建设国家中心城市、国际性综合交通枢纽、建成具有历史文化特色的国际化大都市。

2. 南亚西南亚次区域（共2位）

巴基斯坦旁遮普地方议会协会（Local Council Association of the Punjab，LCAP）

尼泊尔丹库塔市

（1）巴基斯坦旁遮普地方议会协会（Local Council Association of the Punjab）：

旁遮普地方议会协会（LCAP）是非营利组织，自2007年成立以来，一直致力于促进地方政府的发展和能力建设。旁遮普地方议会协会致力于在旁遮普省的7个地区推行资助项目，以提高公共服务，建立社会责任体系。

（2）尼泊尔丹库塔市：

丹库塔位于尼泊尔东部，由戈西专区负责管辖，海拔高度1170米，每年平均降水量987毫米，主要经济活动为农业，2011年人口2.6万。

3. 东南亚次区域（共5位）

印尼占碑市

柬埔寨全国地方议会联盟（National League of Local Council，NLC）

印尼巴东市

印尼查亚普拉市

印尼城市协会（Association of Indonesia Municipalities，APEKSI）

（1）印尼占碑市：

占碑（Jambi），是印度尼西亚占碑省首府，苏门答腊岛第六大城市，印尼的石油和橡胶重要产地，有沿河港口。

（2）柬埔寨全国地方议会联盟（National League of Local Council）：

全国地方议会联盟（NLC）是柬埔寨的地方政府协会。

协会愿景：保护会员的利益、寻求会员的支持；在基层促进有效、可持续、透明、负责和民主的参与；与有关部委、机构、国家和国际组织建立伙伴关系，为加强柬埔寨的法治和民主作出贡献。

（3）印尼巴东市：

巴东（Padang），是印度尼西亚西苏门答腊省省会及最大城市，文教、商业中心，也是苏门答腊岛第三大城市、苏门答腊岛印度洋岸最大港口。2018年人口93.9万，面积695平方千米。

（4）印尼查亚普拉市：

查亚普拉（Jayapura），曾名“霍兰迪亚”，是印度尼西亚巴布亚省省会，座落在新几内亚岛太平洋岸，东临巴布亚新几内亚，陆地面积935.92平方千米，2014年人口31.6万。

（5）印尼城市协会（APEKSI）：

2000年5月25日，印尼全国市长会议在雅加达成立“市长工作委员会”，并就建立“城市协会”提出建议，该协会最终被命名为印尼城市协会（Asosiasi Pemerintah Kota Seluruh，APEKSI）或印尼市政协会（AIM）。印尼城市协会旨在帮助其成员加快实施区域自治，并营造有利于区域政府之间合作的氛围。

4. 太平洋次区域（共1位）

基里巴斯地方政府协会（Kiritati Local Government Association）

基里巴斯地方政府协会：

2012年3月，基里巴斯地方政府协会由其成员（代表基里巴斯理事会的23位市长）在全体会员大会上做出成立决定。基里巴斯地方政府协会是政府认可的非政府组织，负责向理事会提供支持并协助基里巴斯治国理政。

（六）委员会

1. 东南亚常务委员会

（1）东南亚次区域：48名成员

◎ 委员会介绍

为了促进东南亚次区域城市和地方政府之间形成更强有力的伙伴关系，亚太区设立东南亚常务委员会，负责执行相关事宜。

2015年4月，委员会相聚于菲律宾马尼拉，讨论合作的新结构，并提出监测和评估活动的模板。2015年9月，委员会会议与东盟市长论坛在印度尼西亚望加锡联合举行，会上提出2016年工作计划，并确定国家指导理事会的组成。

为了继续向东盟倡议（这也是亚太区的目标），东南亚常务委员会与望加锡市、印度尼西亚民政部和外交部以及联合国开发计划署合作，于2015年成功举办东盟市长论坛，编写《关于南南合作可资学习的最佳实践》，以便深入了解地方政府发展的动态，此书已在望加锡市出版发行。

◎ 委员会工作报告

东南亚常务委员会的主要活动是东盟市长论坛（AMF），该论坛涵盖各种项目，包括东盟成员国城市和地方政府之间最佳做法交流会。

第五届东盟市长论坛于2019年8月26—28日在泰国曼谷举行，以“推动地方行动促进可持续和包容性增长”为主题，支持东盟轮值主席国泰国推进可持续发展的伙伴关系。来自东盟国家的180多名省长、市长和地方政府代表出席论坛。

《2019年年度报告》已编写完成并提交至东盟秘书处，作为《东盟宪章》的附件2。该文件概述了东盟市长论坛自2018年8月23日获得东盟认可以来的所有活动。

亚太区与越南国家和地方政府协调主办第六届东盟市长论坛，并与越南各城市进行初步讨论，选择合适的主办城市，适时举行框架或网络共享会议。

2. 南亚及西南亚常务委员会

南亚及西南亚次区域：54 名成员

◎ 委员会介绍

南亚及西南亚常务委员会旨在加强该次区域成员和伙伴之间的合作，负责确保有效执行亚太区在南亚和西南亚的活动。委员会的工作将通过新德里办事处和2016年第一季度设立的伊斯兰堡办事处进行协调。

◎ 委员会工作报告

2020年3月6日，继南亚市长论坛之后，南亚及西南亚常务委员会会议在印度果阿举行。来自印度、斯里兰卡、尼泊尔和孟加拉国的亚太区50多名代表出席会议。参会的还有来自不丹的地方政府代表。亚太区秘书长、时任联合主席阿肖克·库玛·拜安居和常委会其他成员也出席会议。

3. 亚太区文化委员会

领导城市：济州市

◎ 委员会介绍

亚太区文化委员会成立于2015年，其目标是推动文化成为亚太地区可持续发展的第四大支柱。它旨在影响政策制定、促进文化政策和示范性做法的知识共享，并在本区域建立一个活跃的文化合作网。文化委员会的工作主要集中在五个方面：文化与环境；文化、城市规划与公共空间；文化治理；文化与经济；遗产、多样化与创造性。此外，文化委员会还在韩国济州市开展有关文化旅游发展的培训计划。

◎ 委员会工作报告

第二届世界城地组织青年文化论坛于2019年9月19—26日在韩国济州市举行。论坛包括关于济州神话和古代宫殿历史的专题讲座，以提高参与者对济州文化资源的理解，包括历史和遗产。该论坛的主题是“玩得尽兴”，通过文化和艺术实现现代休闲。来自济州、世界城地组织文化主导城市（巴塞罗那、毕尔巴鄂、里尔梅特罗波尔和墨西哥城）和亚太区文化试点城市（梭罗市和威斯利省）的37名青年艺术家参加论坛。世界城地组织青年文化论坛由济州市政府、济州国际培训中心和世界城地组织文化委员会联合举办。

2019年12月17日，济州市在苏拉卡尔塔的查亚维查亚公园启动一个公共空间联合艺术项目，其创作灵感来自汉拿山。这个项目被命名为“Halla-San”，旨在为孩子和其父母创造一个新鲜有趣、富有创意和艺术气息的空间。年轻的艺术家、建筑师和城市设计师从项目设计到装置携手合作。参与式公共空间设计建设项目于2019年12月竣工。该项目由济州市政府、济州国际培训中心实施，亚太区提供协助。

由于新冠肺炎疫情的爆发，济州市在2020年没有举行线下活动。济州市于11月尝试举行了第五届青年文化交流活动。

自2020年7月起，作为世界城地组织文化试点城市委员会成员之一，马卡蒂市将举办后续活动。2017年，马卡蒂市成功举办21世纪文化实验室研讨会，根据21世纪文化行动的承诺，相关人员对该城市进行评估。

4. 21世纪海上合作委员会

（1）主席：

全国对外友协相关领导、福州市

（2）委员会介绍

“21世纪海上合作委员会”（以下简称“委员会”）为积极响应中国“一带一路”倡议，加强与亚太区国家和地区在海上合作领域的交流，推动21世纪海上丝绸之路核心区建设延伸到亚太区域乃至全球，由中国人民对外友好协会与福州市人民政府在世界城地组织亚太区框架内共同发起的专业委员会，委员会经中国推进“一带一路”建设工作领导小组办公室批准，于2017年4

月在菲律宾卡巴洛甘市举办的亚太区执行局会议上获得通过后成立，由世界城地组织会员、愿意接受委员会章程的其他城市或组织组成的非营利性国际组织。委员会会址及秘书处永久设于中国福建省福州市。

委员会的宗旨是：搭建平台；集聚资源；推动合作；咨政建言。

委员会设荣誉主席两名，由世界城地组织主席和世界城地组织亚太区主席担任；主席两名，由中国人民对外友好协会会长（或副会长）和福州市人民政府市长担任；联合主席四名，联合主席原则上由两名亚太区会员代表、一名其他地区会员代表、一名福州市国际友好城市市长担任。

2018年5月，委员会召开第一次全体会员大会，一致通过了《21世纪海上合作委员会章程》，确定了委员会主席、秘书长的任职人选，表决通过了联合主席人选名单，宣布了创始会员名单，聘请了首批12名顾问，发布了《福州宣言》。至此，委员会的组织架构基本搭建完成。自成立至今，已有5大洲27个国家的62个城市和组织加入委员会。

（3）工作报告

★ 2019年8月26—30日，福州“海洋生态环境保护与管理”专题研讨会

来自特立尼达和多巴哥、斯里兰卡、巴基斯坦等国的10多名地方政府官员，以及来自中国高等院校的20多名专家学者参加。研讨活动期间，通过授课、实地考察提高了参与者对海洋生物多样性和海洋生态保护的认知，增强了对可持续发展理念的认识，促进了海洋环境保护方面的合作。活动期间，来自斯里兰卡城市的代表，包括查亚普拉、卡尔皮蒂耶和贝鲁沃勒的城市代表都提交了加入委员会的申请表，并被21世纪海上合作委员会正式接纳为新的会员城市。

★ 2019年9月5日，马卡蒂亚太区理事会暨委员会第五次专业会议

共有100多名代表出席会议。会上，福州市代表介绍了委员会年度工作进展，分享了全市防汛、防台风和海洋微塑料垃圾治理方面的实践和经验，并同与会者就相关问题展开讨论。

★ 2020年8月20日，亚太理事会会员大会暨委员会第六次专业会议（线上）

21世纪海上合作委员会秘书处代表介绍了该委员会2020年的活动计划。来自福州市有关部门的代表分享了当地社区抗击新冠肺炎疫情的做法，以及新冠肺炎疫情后促进消费的措施。

★ 2020年8月31日至9月2日，福州“海洋生态环境保护与防灾减灾”线上专题研讨会

21世纪初，世界各国在从海洋获取大量资源的同时，也出现了过度捕捞、资源枯竭、海洋污染等各种海洋环境问题。与此同时，海洋灾害也威胁着沿海国家和地区的社会经济发展。在这种情况下，保护海洋生态、防灾减灾已成为全球共识。认识到通过合作改善海洋生态环境、降低灾害风险的必要性，针对新冠肺炎疫情和旅行限制的现状，世界大都市协会和21世纪海上合作委员会通过视频连线联合举办“海洋生态环境保护与防灾减灾”线上专题研讨会。研讨会围绕海洋生态保护、海洋农业可持续发展、保护和合理开发海洋资源、发展海洋产业、防范和减少海洋灾害风险等主题展开讨论。

★ 2021年9月，亚太区第八届会员大会（郑州）暨委员会第七次专业会议（福州）

21世纪海上合作委员会秘书处代表介绍委员会年度活动情况及其2021年工作计划。

★ 21世纪海上合作委员会第二次全体大会暨“海洋经济与城市发展——智能海洋建设”论坛

21世纪海上合作委员会第二次全体大会由中国人民对外友好协会和福州市人民政府在福州共同主办。由于意识到海洋在世界上的战略作用日益突出，海洋经济的区域竞争正在形成新气象，委员会在第二次全体大会期间举办“海洋经济与城市发展——智慧海洋建设”论坛，旨在充分发掘海洋资源，建设智慧海洋，优化海洋产业结构，加强海洋生态保护，发展现代海洋服务业，弘扬海洋文化，有效提高海洋经济可持续发展能力创造空间。

★ 2021年8月，福州“海洋生态保护”研讨会

保护海洋环境和发展海洋事业已成为世界各国的共识。委员会根据2019年和2020年两次研讨会的成果，继续举办海洋生态保护和相关问题研讨会。

5. 地方政府妇女常务委员会

（1）主席：张雅洁

（2）委员会介绍

为增加世界城地组织理事会女性代表人数，秘书处积极支持并作出许多

努力。

世界城地组织同意支持亚太区的计划，增强在地方政府中妇女成员的力量。作为联合国人居署性别问题顾问小组的成员，亚太区秘书长积极参与了代表亚太区的顾问小组工作。常务委员会成员第一次会议在印尼雅加达市与亚太城市论坛一同举行。

（3）工作报告

2019年12月2日至6日，第三届国际城市创新领导力研讨班在广州举行。亚太区妇女委员会主席陈怡霓女士主持活动。陈怡霓主席向与会者介绍了广州市妇女儿童医疗中心有关情况，呼吁城市管理者重视妇幼保健系统工程的建设，以实际行动维护妇女儿童健康和性别平等。广州市妇女儿童医疗中心的代表介绍了他们的远程医疗计划，包括联合当地其他医院，为患者提供在线咨询。印尼占碑市表示他们对远程医疗方案深感兴趣，有意加入该网络。

2020年3月，亚太区与全印度地方自治体协会合作，在印度果阿举办了第二届女性领导力研讨会。这项为期一天的活动是2020年南亚城市峰会的一部分，旨在强调妇女在地方治理和地方政府中的代表能力，以及妇女在地方决策中的参与程度。最重要的是，这一活动旨在提出策略和方法，以消除妇女参与决策过程中常见的障碍，并使参与者有资格制定地方预算，融合性别视角，通过一系列行动计划，切实改善妇女在地方治理中的代表能力。

来自中央和地方政府、地方政府协会、大学、非政府组织、女性企业家和妇女特殊利益团体的200多名代表出席会议。2020年第二届女性领导力研讨会通过宣言行动文件，宣言行动文件的重点是：在区域和全球层面促进性别平等；制定关于妇女参与公职的法令和规定——平权行动，为妇女预留50%公职职位；分享、复制和推广最佳做法；倡导妇女主导发展的优势；在国家和地方层面实施性别相应性预算编制和规划；为妇女就业机会平等创造包容性环境；通过尊重和报酬，鼓励形成认可妇女从事护理工作价值的政策；进行文化和行为变革——消除根深蒂固的父权社会行为模式；在公立学校为男孩和女孩提供关于性别平等的教育；为促进性别赋权行动提供资金和机会。

随着亚太区各城市和地方政府应对后疫情短期和中长期复苏，部分政策决策发生调整，委员会工作重点将放在扩大这些趋势的影响力上，包括性别平等观点和妇女赋权价值观。2020年6月26日，亚太区与联合国开发署合作，举办网络分享会第12次会议，讨论新常态过渡时期性别包容和有效计划。来自13个国家、51个城市的123位代表参会。

为贯彻广州市和广州市妇女儿童医疗中心在第三届国际城市创新领导力研讨班上所表达的意向，进一步宣传妇女健康的重要性，作为性别平等和妇女赋权方面进展的指标之一，亚太区正计划设计并实施第一个远程医疗方案。在此方案实施过程中，广州市妇女儿童医疗中心将与其他国家的当地医院联系，并就新冠肺炎有关症状以及涉及妇女和儿童健康的其他问题向病人提供在线咨询。占碑市和雅加达市都表示有意加入这项合作。目前该方案一直延续至2021年。

作为地方政府妇女常务委员会活动的一部分，亚太区还计划举办一场关于妇女赋权参与预算编制和规划的培训学习班。这一活动暂定于2020年的第四季度在马来西亚吉隆坡市举行。2019年9月，亚太区、联合国人居署和槟城妇女发展委员会（PWDC）签署了谅解备忘录。而培训学习班就是为了落实备忘录中提议的首次培训，目的是在各级政府层面，促进性别平等的主流化和赋权妇女参与规划和预算编制。该活动将与世界城地组织实现性别平等的战略目标挂钩。

6.“一带一路”地方合作委员会

世界城地组织亚太区“一带一路”地方合作委员会由杭州市人民政府与中国人民对外友好协会在世界城地组织亚太区框架内共同发起成立，于2017年4月经世界城地组织亚太区执行局会议通过，并于同年5月14日在北京举办的首届“一带一路”国际合作高峰论坛上宣布成立。

委员会的工作以世界城地组织为依托，以形式多样、内容务实的交流合作项目和活动为载体，致力于将“一带一路”倡议融入到各国地方政府和机构的交流与合作中，在经济发展、文化教育、城乡治理等众多领域构建各国会员经验分享、资源共享、互利共赢的合作平台。

本委员会由以下几类会员组成：世界城地组织各大分区会员，特别是“一带一路”沿线地方政府或相关机构，以及其他有意愿加入本会的地方政府和相关机构。其中，在委员会首次会员大会召开前加入的会员为创始会员。

（七）主要会员组织

1. 全印度地方自治体协会（AIILSG）

（1）协会概况

全印度地方自治体协会成立于1926年，是全印度重要的自治研究和培训协会。

近一百年来，该协会为城市治理、教育、研究和能力建设的理论和实践发展作出了贡献。在工作中，全印度地方自治体协会注重与各种利益攸关方——基层组织、非政府组织、城市当地团体、国家政府、国际机构、联合国组织、研究机构和大学等合作。

在国际组织中，该协会一直与世界银行、欧盟、世界城地组织亚太区、国际地方环境理事会，联合国儿童基金会、联合国开发计划署、人居署、教科文组织，英国国际开发署、美国国际开发援助署、德国健康信息中心、城市网等密切合作，执行各种发展方案，以加强城市发展和管理。协会还与印度住房和城市事务部、中央政府、国家城市事务研究所、各州政府、发展管理局、研究和培训机构、国家和国际机构密切合作。

（2）主席介绍

兰吉特·沙拉丹德拉·查万出生于1947年9月。毕业于印度巴罗达萨拉吉劳国王大学，获工学学位。毕业后，他在美国休斯敦消防队接受了专业培训。从美国回到印度后，兰吉特·查万在全印度地方自治体协会担任工程师顾问。1976年，他以副司长的身份正式成为协会一员，随后担任总司长一职。2015年，他被选为协会主席并连任至今。除担任全印度地方自治体协会主席外，他还是瓦多达拉市属学校的董事长，瓦多达拉市市政公司常务委员会主席，曾两次担任瓦多达拉市市长。此外，他也曾是世界城地组织亚太区的联合主席。

（3）其他职衔

公共卫生工程师联盟，副主席（加尔各答）

城市间合作网络，执行委员会成员（日本横滨）

全印市长理事会，主席（新德里）

地方可持续发展协会执行委员会，成员（日本）

2. 韩国市道知事协议会（Governors Association of Korea，GAOK）

（1）协会概况

韩国市道知事协议会成立于1999年，旨在全国17个广域市和道通过共同推进地方分权并完善地方自治制度，在激活地方政府活力的同时，实现全民共同富裕。

（2）设立目的

协议会的设立目的是通过增进韩国地方市、道政府之间的交流合作，就地方自治团体的共同问题进行协商，并为地方自治团体的国际化项目提供支持，为促进地方社会的协调发展和地方自治的成长作出贡献。

（3）主要功能

地方政府合作、推动地方分权、政策研究、地方政府国际化支援。

（4）目标与策略

目标：成为先进的地方分权国家

策略：提高市道知事的合作共生领导能力；强化并培养地方政府的国际化力量；传达并共享地方政府成功案例；建立市道政府共同意见反映系统；研究并开发先进地方分权政策。

（5）历任会长

高　建，第1任会长（1999.01—2002.06），首尔特别市长

李明博，第2任会长（2002.07—2006.06），首尔特别市长

金振烒，第3任会长（2006.07—2008.10），江原道知事

许南植，第4任会长（2008.10—2011.08），釜山广域市长

金振烒，第5任会长（2011.08—2012.10），全罗南道知事

金宽容，第6任会长（2012.10—2013.10），庆尚北道知事

朴孟雨，第7任会长（2013.10—2014.03），蔚山广域市长

李始钟，第8任会长（2014.03—2015.10），忠清北道知事

刘正福，第9任会长（2015.10—2016.09），仁川广域市长

崔文洵，第10任会长（2016.09.05—2017.07.26），江原道知事

金宽容，第11任会长（2017.07—2018.06），庆尚北道知事

朴元淳，第12任会长（2018.08.14—2019.07.23），首尔特别市长

权泳臻，第13任会长（2019.07.24—2020.08.05），大邱广域市长

（6）现任会长介绍

宋河珍，韩国市道知事协会会长，全罗北道知事

全成焕，韩国市道知事协会事务总长

（八）2021—2025年战略计划宣言

《2021—2025年战略计划宣言》

简　介

《2015—2020年战略计划宣言》（以下简称“一五”宣言）是世界城地组织亚太区制定的第一个宣言，此后亚太区在此宣言指导下开展具体工作。当前，亚太区在实施“一五”宣言方面已取得进展，但亚太区的工作未完待续，地方政府依然在全球、国家和地方不断变化的态势中努力满足公民的需求。《2021—2025年战略计划宣言》的制定具有前瞻性，旨在进一步践行亚太区宗旨。该宣言仍将延续并推进先前战略计划，特别是2030年可持续发展议程的本地化、巴黎协定、城市新议程及仙台减少灾害风险框架。宣言继续倡导提供平等和基本服务，强调有效的民主地方政府和善治的重要性。此外，由于新冠肺炎疫情对社会经济和文化带来了持久的影响，宣言还包括促进城市和地方政府从新冠肺炎疫情中恢复。

促进有效的民主自治和善治

★ 说明

在世界城地组织亚太区的范围内，有效的权力下放——包括政治、行政和财政权力下放三个层面——是我们在地方政府结构内推动善治的核心。我们认为，不同层次的权力下放，以及当前亚太地区权力下放有利环境的不同表现，是成员们分享和丰富其关于机构改革措施的机遇和挑战等知识的良好机会。

权力下放是国家治理机构不同层次之间重新配置权力关系的一项改革措施。为了促进可持续的智慧城市和地方政府，这项体制改革将为地方政府创造空间，并要求地方政府采取行动，以了解和满足当地人民的需求和偏好，

随后通过权力下放协商，将资源从中央政府倾斜分配给地方政府。

★ 战略和目标

1.1 提高地方政府和地方政府协会的意识和能力，以建立有利于有效下放的环境并协商权力和资源的重新分配。

1.2 协助实施国家和跨国家组织在地方进行有效的权力下放。

1.3 提供能力建设，以加强地方政府在创造和处理公民参与空间、建立共识、透明度、反应能力和地方发展决策问责制方面的能力。

1.4 在地方规划和管理中加强性别平等和赋予妇女权力并使之成为主流。

1.5 通过增进对市长选拔的行政程序的了解，增加亚太区地方政府和城市中市长、议员以及女性官员的活动，并提高其知名度。

提供平等和充分的基本服务，以提高生活质量和城市弹性

★ 说明

赋能城市和城市中心区域，提升市民生活水平，是世界城地组织亚太区的核心使命和愿景。我们认为，加强基本服务的提供和实施是促进人类社区可持续发展的基础。提供包括社会安全网络和民生方案在内的基本服务是韧性城市的重要组成部分，因为这些服务减少了社区的脆弱性，特别是对于那些易受内部和外部冲击带来危机的边缘化社区，尤其是像地震、洪水、海啸和山体滑坡等自然灾害频发的地区。同样，将复原力和可持续性纳入城市规划有助于保护城市的公共和私人资产，并吸引更多投资到地方经济发展中。

在亚太区，预计到2030年城市居民人数将超过28亿，到2050年将接近35亿人。在城市化程度不断提高、环境治理不当、自然灾害频发、气候急剧变化、不平等问题严重等重大发展挑战带来的威胁下，以及基础设施投资持续短缺的背景下，该地区的城市领导人将必须应对诸如垃圾处理、水和卫生设施、道路和交通、公共空间和城市安全等问题。这对弱势和边缘化社区尤其重要，他们中的许多人在人权、民生和安全方面完全依赖上述服务。

★ 战略和目标

2.1 加强政策框架，改善基本服务，并随着城市基础设施和人口的扩大，保持这些服务的标准和范围。

2.2 增强银行可贴现性和资助现有计划和项目的能力，扩大基本服务和现有活动。

2.3 通过更新和采用灵活的技术和法规，加强服务适应性管理以及推广降低风险的金融工具，在城市公共基本服务提供体系中增强灾难和气候变化恢复能力。

将全球/地区议程和国家承诺落实到有效的地方实践中

★ 说明

亚太区不断提倡地方和地区政府在落实全球议程、设计和制定国际政策以及报告全球目标的进展和成就方面发挥更大的作用。

如果不将许多全球议程纳入当地的发展规划、政策和行动，并将其本地化，就无法实现这些议程。在多层次的治理结构中，城市和地方政府以及行动者直接负责实现可持续发展目标的65%。

本土解决方案扎根于当地文化、社会、环境和经济现实，由于经验和方法每天得到检验，依靠这些经验和方法，可在推进全球议程方面发挥很大作用。

★ 战略和目标

3.1 与地方社区合作，使地方政府和地方政府协会（包括高层管理人员和官员）了解该议程，践行全球或地区议程和国家承诺。

3.2 通过支持试点计划、技术能力发展以及建立最佳实践数据库和交流，使地方政府和地方政府协会在各种全球或地区议程以及国家承诺的运作中发挥作用。

3.3 根据开放、包容、合作、共赢的发展理念和共同发展的前景，发展和提供可持续的海洋服务，推动经济一体化和增长，新建和加强城际和区域合作和社区。这包括处理破坏海洋环境和过度开发海洋资源的驱动因素的政策和做法，以及培养区域特定的连通性、沟通方法和创新模式，同时利用国际社会对可持续发展目标14（水下生物）的关注，以行动十年（2020—2030）和海洋科学促进可持续发展十年（2021—2030）为契机，保护海洋生物。

3.4 通过与其他全球、区域、国家和地方议程的协作、合作和一体化，以及利用这些协作、合作和一体化，培养协同作用和能力。这包括东盟和区域全面经济伙伴关系等多边合作，包括城市间合作和姐妹城市计划等双边合作、“一带一路”倡议等，以及可持续发展目标城市和智慧城市愿望等倡议。

在国家、区域和全球各级汇集、提升和倡导话语权及重要议题

★ 说明

地方政府作为与人民关系最密切的政府部门，是实现国家承诺和全球议程本地化的主要力量。由于其对当地文化、社会、环境和经济更了解，地方政府对地方敏感问题及挑战的反馈可以保护这些地方资产。如果地方政府有话语权，在全球会议上发表意见，有利于实现更为有效和负责任的国际治理。

在倡导框架内，亚太区致力于通过培训和伙伴关系提高地方政府的能力、加强关系网。向地方政府机构提供知识和政策反馈，促进地区一级方案和项目实施，以及监测和记录当地和区域经验，以支持基于证据的评估。在所有这些过程中，亚太区为地方和区域不同层面的治理贡献了力量。

亚太区代表了亚太地区地方政府的统一声音。当我们在更广泛的国际社会范围内促进各国政府间的区域合作时，声明的两项任务与本项目有关：

a. 确保地方政府在联合国和其他国际组织中的有效政治代表性；

b. 成为世界范围内地方政府学习、交流和能力建设的关键信息来源，以支持民主的地方政府及其协会。在2021—2025年这段时期，我们将继续致力于聚集、提升、倡导、代表和捍卫地方政府及其协会的话语权。

★ 战略和目标

4.1 提高地方政府及其协会在相关平台上的话语权。

使地方政府和城市在疫情后具有恢复力和韧性

★ 说明

作为与公民关系最密切的政府，来自世界各地的地方政府一直站在抗击新冠肺炎的最前沿。响应当前需求，利用我们的成员与合作伙伴的经验，亚太区通过分享最佳实践和汇编处理新冠肺炎的实践经验和指导方针，弥合了在实际处理新挑战方面的知识和能力差距，加入了地方政府的一线工作。

亚太区通过一系列以地方政府应对疫情和恢复工作为中心的网络研讨会，进一步推动了当地的介绍、宣传和能力建设活动。亚太区还为城市间的人道主义援助提供了便利，通过这些援助，将个人防护设备捐赠给有需要的地方。

新冠肺炎疫情对全世界人民的生产生活产生了深刻影响，在成功实施医

疗措施和有效控制病毒之后，预计很长一段时间内人们还会感受到该疾病的后期影响。在防控这种新型疾病的传播时，世界各地政府都面临着这样一个事实：尽管科学家们几十年来一直警告潜在的毁灭性新兴病原体，但大多数国家对这种规模的公共卫生危机毫无防范能力。在预测疫情的恢复过程中，没有一个政府能够在未来数年内摆脱疫情对地方、国家和全球社会、经济和环境产生的巨大影响。

★ 战略和目标

5.1 将亚太区建立为知识中心，分享应对大规模公共卫生危机的经验。知识中心作为一个平台，在成员中收集和传递实用知识、智能技术、科技和社会创新，并处理公共卫生危机。

5.2 恢复和重建包容、安全、可持续和有韧性的城市和人类住区，同时考虑到在处理这一流行病的过程中吸取的经验教训，为战胜新冠肺炎提供方略。

5.3 加强和改善地方政府未来在应对现有和潜在传染病暴发方面的准备，为此建立一个包括地方政府、医疗体系和社区各自行动计划在内的全面应对机制。

5.4 促进并在可能的情况下向地方政府提供技术援助，使其能够获得技术支持，包括通过可持续旅游业和文化遗产等当地资产，促进地方政府努力恢复、动员和振兴后疫情时代当地经济的发展。

5.5 在公共卫生危机和后疫情时代，保护和增强妇女、青年和儿童以及边缘化社区的权益，包括动员亚太区地方政府妇女委员会展开行动。

加强秘书处的表现和服务，努力实现2021—2025宣言愿景

★ 说明

世界城地组织亚太区秘书处设立在雅加达市政厅。在2019年，世界城地组织亚太区发起了与吉隆坡市政厅的首次远程办公合作，并预计将启动其他由承诺成员负责的远程办公室。

我们不断努力改善世界城地组织的工作和服务，以进一步提升我们在当地政府领域中重要的世界级参与者形象，并培养会员的信任，以代表他们传达信息。

为实现本宣言，亚太区需要对其进行规划、设计、实施、监督和交流，这需要有责任心、有能力、办事效率高的秘书处和项目团队。最终宣言承诺致力于提高和加强团队，使他们能够履行和服务于我们的会员和议程。

★ 战略和目标

一个负责任的秘书处，通过达到ISO9001标准、改进标准作业程序和升级会计制度，为其成员提供更大的透明度和问责制。

一个高效的秘书处，以合理的政策和卓越的技术为后盾，以世界一流的服务满足其成员的要求。

一个高效的秘书处，符合目标，并为其成员提供经得起未来考验的可持续绩效，通过商定的关键绩效指标进行记录和管理。

一个有能力提供专业服务的秘书处，能够发展完善的全球知识平台和智库，以提高其成员的能力和服务，促进交流互鉴。

一个不断发展并具有前瞻性的组织，通过交流和高质量的多媒体通信促进机构及人与人之间的交流。

★ 实施方案

世界城地组织亚太区宣言将在之前“宣言”的基础上实施。世界城地组织亚太区的现有委员会将进行优化，以实现宣言规定的目标和指标。现有委员会包括：

➢ 妇女委员会（中国广州）

➢“一带一路”地方合作委员会（中国杭州、中国人民对外友好协会）

➢ 21世纪海上合作委员会（中国福州、中国人民对外友好协会）

➢ 南亚西南亚委员会

➢ 东南亚委员会

本宣言将作为世界城地组织亚太区未来五年的战略。在执行过程中，宣言将以年度工作计划的形式提出，预算草案将由执行局和理事会成员批准。

作为该组织财务可持续性的一部分，世界城地组织亚太区的成员应满足缴纳会费的要求，以帮助提高会费收取率。外部资源将通过开发影响力大的计划和项目来调动，这些计划和项目将使世界城地组织亚太区进一步实现这一宣言目标。

加强与包括联合国等国际机构和各利益攸关方（私营部门、学会、慈善机构、非营利组织等）合作，以确保这些行动产生倍增影响。世界城地组织亚太区在次区域合作中最佳的参与，例如东盟，需要通过2018年8月获得东盟认可的东盟市长论坛（AMF）进一步加强合作。世界城地组织亚太区作为AMF的秘书处，其活动是东南亚委员会的一部分。

宣言还将与世界城地组织亚太区参与的现有区域平台，如槟城可持续城市化平台（PPSU）和亚太市长学院相联系。

二、世界大都市协会

1. 历史沿革

1984年，世界大都市协会第一届全体大会在法国法兰西岛召开。

1985年，世界大都市协会第一届全体大会章程制定大会在加拿大蒙特利尔召开，并选举出世界大都市协会第一任主席。

1987年，世界大都市协会第二届全体大会在墨西哥墨西哥城召开。

1990年，世界大都市协会第三届全体大会在澳大利亚墨尔本召开。

1993年，世界大都市协会第四届全体大会在加拿大蒙特利尔召开。

1996年，大都市协会国际机构在加拿大蒙特利尔成立；同年，世界大都市协会第五届全体大会在日本东京召开。

1999年，世界大都市协会第一届董事会会议在法国巴黎召开，会上任命约瑟夫·罗伊格·马蒂（Josep Roig Marti）为第一任秘书长。同年，世界大都市协会第六届全体大会在西班牙巴塞罗那召开。

2000年，大都市协会总部转移至巴塞罗那，世界大都市协会区域秘书处自此确立。

2002年，世界大都市协会第七届全体大会在韩国首尔召开，并设立第一届大都市协会奖。

2004年，世界城市和地方政府联合组织（简称“世界城地组织”，UCLG）在法国法兰西岛成立。

2005年，世界大都市协会第八届世界大会在德国柏林召开，会上评选了第二届大都市协会奖，并成立了大都市协会妇女国际联合组织。

2008年，世界大都市协会第九届全体大会在澳大利亚悉尼召开。

2011年，世界大都市协会第十届全体大会在巴西阿雷格里港召开。

2012年，世界大都市协会于中国广州设立广州国际城市创新奖（简称“广州奖”）。

2014年，世界大都市协会第十一届全体大会在印度海得拉巴召开，正式确定国际妇女网络主席成为董事会成员。

2017年，世界大都市协会第十二届全体大会在加拿大蒙特利尔召开。

2020年，世界大都市协会第十三届全体大会（原计划在广州召开），评选第五届广州奖及第七届大都市协会奖。

历任主席：

第一任：米歇尔·吉罗德（法国法兰西岛），1985—1997

第二任：乔恩·克劳斯（西班牙巴塞罗那），1998—2005

第三任：让·保罗·休雄（法国法兰西岛），2006—2014

第四任：丹尼斯·科德雷（加拿大蒙特利尔），2015—2017

第五任：迈克尔·穆勒（德国柏林），2018—2020

第六任：温国辉（中国广州），2021—2022.6

第七任：克劳迪娅·洛佩兹（哥伦比亚波哥大），2022.6—2023.12

历届秘书长：

第一任：约瑟夫·罗格·马蒂，1999—2010

第二任：阿兰·勒克索，2011—2014

第三任：菲利普·罗卡，2015—2016

第四任：奥克塔维·德拉·瓦加，2017年至今

2. 大都市协会章程

《大都市协会章程》

依据1901年的法国法律建立

2020年11月版

第1条　名称和法律形式

本团体由认可本章程的会员根据1901年7月的法国法律创立。该章程

经修订并符合其实施条款的规定。本团体的名称为“世界大都市协会”（简称“大都市协会”），英文译名为World Association of The Major Metropolises, Metropolis。

本团体是无政治、无宗教背景的非营利、非政府的国际性组织。

第2条　目标

本团体的宗旨是为大都市、城市、都市圈及区域的官员提供公开交流的平台，具体目标如下：

a. 鼓励主要大都市的政府、行政部门和公、私营机构之间的国际合作和交流

b. 促进和分享在不同领域获得的有助于管理、组织和发展主要大都市的经验和知识

c. 在国际平台和国际组织中发出都市圈的声音

d. 促进关于大都市治理和发展政策的交流和讨论

e. 鼓励和促进有助于优化城市空间管理、改善生活条件及提高主要大都市人口环境的学习和研究

f. 深化主要大都市之间的团结纽带，增进人与人之间的了解，鼓励各国大都市之间的对话

大都市协会将作为进行对话的平台和中心，促进和鼓励对大都市空间及未来有关问题上有直接或间接利益的任何组织和个人之间交流知识、信息和想法，从而确保以上目标的实现。大都市协会是世界城地组织的分会之一。

鉴于现行制度的多样性，在本《章程》中，“大都市”一词主要指“由城市群所覆盖的空间。这些城市对其所属的城市系统和所在的国家中的人口、社会和经济方面起着主导作用”。

第3条　总部

大都市协会的总部位于法国巴黎麦克马洪街23—25号（23/25 Avenue Mac-Mahon），邮政编码为75017。总部的迁移由且仅由董事会决定。

第4条　会员

大都市协会由会员和荣誉会员组成，均遵守本章程第2条中规定的目标。

a. 会员：

所有国家的中央政府、或有100万及以上居民城市群的地方政府，无论其政治体制，都可以成为本团体的会员，并承诺每年向大都市协会支付会员费。

凡是参加1984年法国法兰西岛全体大会，并出席1985年4月18—19日在加拿大蒙特利尔召开的创始会议的成员，皆被认为是创始会员。

b. 荣誉会员：

荣誉会员可以是团体、法人或自然人。荣誉会员的职责将在9-a中进行详细说明。

申请加入本团体的会员及荣誉会员须经董事会三分之二的多数成员（无论亲自出席或委派代表出席）批准。

大都市协会所有会员由所在政府最高权力人或指定代表组成。

第5条　会员的退出及除名

a. 由于以下原因，会员资格可能会被取消：

i. 自愿退会：

会员向主席递交退会信，在收到通知后的第一次董事会会议上生效。

ii. 除名：

由于会员违反《章程》的规定或持续不交纳会费，由董事会四分之三的多数会员（无论亲自出席或委派代表出席）决定开除，并在全体大会汇报开除情况。

b. 特殊情况下，董事会可撤销荣誉会员资格。

第6条　合作伙伴

为实现本章程第2条中提到的目标，大都市协会可以与任何公共或私人伙伴进行合作，包括公司、大学、国际机构以及非政府组织。本团体可与合作伙伴建立谅解备忘录，明确规定合作关系的性质、期限以及合作条件。

第7条　资产

大都市协会的资产包括：

a. 年度会费

b. 公共津贴

c. 项目申请资金

d. 合作伙伴资助

e. 一次性捐赠和私人援助

f. 赞助

g. 其他合法收入

第8条　会费

a.会员按照董事会确定的比例交纳会费。

b.不交纳年度会费的会员将被本团体开除。

关于会员费的更多信息，请参阅本团体的议事规则。

第9条　协会结构

本团体的权力机构为：全体大会、董事会及执行委员会（常务委员会）

a. 大都市协会的最高权力机构为全体大会，由协会会员组成，与第4条描述一致。他们是大会中唯一拥有投票权的成员。只有交纳了上一年度会费的成员才能行使投票权。

荣誉会员受邀参加全体大会的讨论，但无投票权。

大会由董事会主席召集，至少每三年召开一次。确保在既定开始前至少15天，会员会收到会议通知和议程。全体大会可以通过视频会议或电话会议的方式举行。

全体大会只有在至少一半会员亲自出席或委派代表出席的情况下视为有效。通过视频或电话方式参加会议的会员应被视作出席大会。在未达到法定人数的情况下，应根据相同的议程和期限举行新的大会，此时方可在未达到法定人数的情况下进行审议工作。

全体大会就董事会提交的议程中的有关事项做出决定。

全体大会上的决定由行使投票权的成员（无论亲自出席或委派代表出席）

的绝对多数作出。

全体大会的职权是：

i. 选举新一届董事会成员；

ii. 批准新一届董事会成员；

iii. 批准指导大都市协会活动的战略方针和行动计划；

iv. 批准述职（工作）报告及财务报告；

v. 讨论议程相关事宜。

主席在秘书长和董事会成员的协助下主持全体大会，并提交协会的述职（工作）报告。

b. 特别大会

主席可以根据条款9-a的规定，主动或应半数以上成员的要求召集特别大会。

特别大会只有在三分之二的协会会员出席或委派代表出席的情况下才能做出决定。如未达到法定人数，则应在相同的议程和期限下召开新的大会，并不再对人数作出要求。

特别大会上的决定由行使投票权的成员的绝对多数作出。

c. 董事会

董事会由来自不同地区的至少15位成员组成，经由全体大会选举产生，可连选连任。在法律上，无论董事会有多少成员，大都市协会国际妇女网络主席都是董事会的一员。

董事会成员的任期在每届全体大会选举出新任董事会成员前终止。

除不可抗力因素外，董事会成员每年至少会面一次。该会议由主席或者四分之一的会员提出并召开，并在会议召开前至少15天通知会员。董事会成员可通过视频或电话参加会议。

董事会的审议工作只有在至少一半成员亲自出席或委派代表出席的情况下视为法定有效会议，通过视频或电话方式参加会议的会员应被视作出席大会。在未达到法定人数的情况下，应根据相同的议程和期限举行新的大会，此时方可在未达到法定人数的情况下进行审议工作。

董事会的决策均采用简单多数制进行表决，如果票数持平，以主席的投票为准。

董事会成员的退出：

负责该成员的机构负责人以挂号信形式将退出申请发给协会主席，由主席宣布退出决定，本决定于收到退出通知后的第一次董事会会议上生效。

如果申请退出的会员在常务委员会任职，则其在该委员会的任何职责应即刻终止。

本团体董事会成员行使下列职权：

i. 向全体大会提出关于战略指导方针的建议

ii. 向全体大会提出三年行动计划

iii. 审批预算

iv. 审批年终账目

v. 审批当年账目及前一年道德述职（工作）和财务报告

vi. 审批法定会议纪要

vii. 决定会费金额

viii. 接收及开除会员

ix. 审批城市关于主办法定会议的申请

x. 拟定大会议程

xi. 审议大都市协会在世界城地组织执行局及理事会的代理人清单

xii. 审议为实现协会正常运作所做的各项决定

xiii. 根据主席提名，任命区域秘书

特殊情况下，董事会成员可通过线上讨论的形式履行上述职责。

d. 执行委员会

董事会下设执行委员会，该委员会由以下成员组成：

i. 主席

ii. 联合主席

iii. 司库

大都市协会秘书长以及区域秘书均有权参加执行委员会会议。

执行委员会负责筹备法定会议并起草建议，供董事会批准。

第10条　主席

主席是大都市协会的最高长官，行使下列职权：

a. 拟定董事会议程

b. 主持法定会议（包括：全体大会、执行委员会、董事会）

c. 确保协会在国际组织和协会的各种活动中的政治代表权

d. 确保全体大会和董事会决定的战略指导方针的实施

e. 向董事会提名秘书长候选人

f. 必要时，可委托秘书长负责，以确保协会的正常运作

在一切社会活动中，主席都代表大都市协会，且有权/能够行使其职权。

本协会主席从会员中选举产生。

作为董事会成员并当选为主席的地方政府的最高权力机关代表应以其个人身份任职。

主席任期与董事会任期相同，可连选连任。

如果作为董事会成员，地方政府最高权力机关代表出现政治空缺或失去选举授权，该会员则失去主席一职，但可继续拥有董事会成员身份。主席一职将临时由一位联合主席担任，在下届董事会会议召开时结束。董事会将任命新的主席。

如果主席一职出现空缺或主席任职长期受到阻碍的情况，则由一名联合主席担任主席职位，直至协会主席重返岗位为止。

主席可以将他/她的角色委托给其中一位联合主席进行特定活动。

主席须向董事会和全体大会告知其行动。

第11条　联合主席

董事会从其成员中最多任命6位联合主席。联合主席行使下列职权：

a. 指导协会的战略活动，要与符合协会行动计划的战略项目相关联

b. 作为协会的重要政治代表，代表大都市协会

c. 是大都市协会愿景的传播者

d. 与主席和秘书长紧密合作

e. 确保大都市协会在重要活动和国际会议上的代表性

第12条　副主席

各区的副主席由董事会任命，区域副主席行使下列职权：

a. 管辖本区域事务

b. 在区域层面代表主席

c. 与主席和秘书长保持密切联系

d. 与本地区非会员建立联系，邀请其加入本协会

e. 在与相关区域有关的所有事项上，充当董事会的信息来源或参考点

f. 协助推进大都市协会在本区域开展的各项活动：包括培训课程、重要区域会议以及其他有利于本团体的活动

g. 寻找所在区域在现阶段实现大都市协会目标的机会

第13条 司库

董事会从其成员中任命司库，司库负责监督大都市协会的财务战略、审计和财务管理。

司库在董事会上将汇报：

a. 本财年已封账、提交上一年财务报告，包括财年内的预算变更

b. 本财年预算执行情况

c. 下一财年的预算草案

d. 对预算规则和程序的更改

在每届全体大会上，司库将汇报：

a. 协会的财务状况

b. 自上届全体大会结束后的财年账目

c. 自上届全体大会结束后的财务报告

d. 下届全体大会召开前的拟议预算

在司库一职出现空缺或遇到司库任职长期受到阻碍的情况，董事会应从其成员中任命一位新司库。

第14条 秘书处

设立常设秘书处，由秘书长领导，并提供行政和技术服务。秘书处负责发展和协调成员之间的关系，并执行由全体大会、董事会和执行委员会做出的决定。

第15条　秘书长

秘书长由大都市协会主席与董事会成员协商后任命。秘书长在其秘书处的支持下，主要职责如下：

a. 提出战略并执行董事会通过的决定，深化大都市协会国际地位，实现其目标

b. 结合大都市协会董事会通过的战略指导方针以及三年行动计划，巩固大都市协会的各项行动/活动

c. 在代表大会、论坛和国际会议中代表大都市协会及董事会成员，与主席、联合主席及区域副主席协调，捍卫大都市协会会员的利益

d. 协调大都市对当前与协会利益相关的重大问题上的立场

e. 定期与大都市协会主席、董事会、执行委员会和区域秘书保持沟通

f. 鼓励大都市协会治理框架下项目的发展，推动有助于大都市协会会员与来自不同领域（专业人士、企业、大学等）利益相关方之间关系的项目，促进其在本协会和国际舞台上共同发声

g. 保持和加强与其他地方政府和区域网络（尤其是世界城地组织）的关系，大都市协会是世界城地组织的分会之一

h. 协调区域秘书及项目主管，以推动协会行动计划的实施，并鼓励会员之间进行对话

i. 筹备并参加大都市协会法定会议（全体大会、董事会、执行委员会、主题委员会和工作组会议）

j. 与司库共同负责协会的预算和财务管理，确保业务的透明运行，并向董事会报告；寻找新的公共（欧盟、联合国等）和私人（基金会、公司）资金来源

k. 领导秘书处工作人员，协调团队工作

l. 确保大都市协会的形象和品牌的合理使用

m. 执行所有确保协会良好运转的决定

必要时，秘书长可获得主席的授权，采取必要行动以确保协会的正常运作。秘书长对其行为负责，并向主席和董事会报告。

第16条　区域秘书处

根据主席提名，董事会可在对应区域设立大都市协会区域秘书处，秘书处代表大都市协会，在秘书长协调下，执行本区域活动，任期三年。

第17条　章程修正案

大都市协会的任何会员均可向董事会提出对章程的修正案。在核实修正案后，后者可将修正案提交特别大会审批。

应将拟议的修正案告知协会会员，该修正案应符合第2条中提到的目标，在适用的情况下，新章程将在特别大会表决后立即生效。

第18条　解散

特别大会是唯一有权决定协会解散并决定归还其资产的机构，也是唯一有权决定拆分或将其与一个或多个协会合并的机构。

特别大会可根据章程9-a和9-b的规定召集会议并作出决定。

无论出于何种原因，协会面临解散的情况，大会将任命一个或多个受托人处理清算程序。清算结束后，大会决定返还任何净资产。

本章程修正案经2020年11月30日第13届大都市协会世界大会（广州）表决通过。

3. 大都市协会2021—2023年董事会成员名单

◆主席

中国广州市市长温国辉、哥伦比亚波哥大市长克劳迪娅·洛佩兹

◆联合主席

德国柏林市市长迈克尔·米勒（Michael Müller）（前任主席）

加拿大蒙特利尔市市长瓦莱莉·普兰特（ValériePlante）

乌拉圭首都蒙得维的亚市市长卡罗莱纳·科赛（Carolina Cosse）

南非豪登省省长大卫·马库拉（David Makhura）

西班牙巴塞罗那大都市区主席艾达·科劳（Ada Colau）

伊朗德黑兰市市长阿利雷扎·扎卡尼（Alireza Zakani）

◆大都市协会妇女委员会主席

西班牙巴塞罗那市议员劳拉·佩雷斯（Laura Pérez）

◆司库

比利时布鲁塞尔政府政治代表让–吕克·瓦内斯（Jean-Luc Vanraes）

◆区域副主席

比利时布鲁塞尔首都大区秘书长帕斯卡·斯密（Pascal Smet）

科特迪瓦首都阿比让自治区省长罗伯特·比格雷·马姆贝（Robert Beugré Mambe）

伊朗马什哈德市市长阿贾伊–赛义德–阿卜杜拉（Arjaei Seyed Abdoulah）

韩国首尔市市长吴世勋（Oh Se-hoon）

阿根廷罗萨里奥市市长巴勃罗·贾夫金（Pablo Javkin）

◆其他成员（18个）（更新于2021年8月）

土耳其伊斯坦布尔市市长埃克姆·伊马莫卢（Ekrem İmamoğlu）

塞内加尔首都达喀尔市市长苏厄姆·沃迪尼（Soham El Wardini）

墨西哥首都墨西哥城市长克劳迪娅·辛鲍姆（Claudia Sheinbaum）

西班牙马德里市市长乔斯·路易斯·马丁内斯–阿尔梅达（JoséLuis Martínez-almeida）

中国杭州市市长刘忻

萨尔瓦多圣萨尔瓦多市市长马利奥–杜兰（Mario Duran）

中国成都市市长王凤朝

法国大巴黎区主席帕特里克·奥利尔（Patrick Ollier）

哥伦比亚波哥大市市长克劳迪娅–洛佩斯–埃尔南德斯（Claudia López Hernández）

阿根廷布宜诺斯艾利斯市市长霍拉西奥·罗德里格斯·拉雷塔（Horacio Rodríguez Larreta）

摩洛哥拉巴特市市长默罕默德·萨迪奇（Mohammed Sadiki）

巴西圣保罗市市长里卡多·诺内斯（Ricardo Nunes）

哥伦比亚麦德林市市长丹尼尔·昆特罗·卡勒（Daniel Quintero Calle）

中国武汉市市长程用文

南非约翰内斯堡市市长乔里迪·马通戈（Jolidee Matongo）

中国福州市市长尤猛军

伊朗设拉子市市长海达・埃斯坎达普尔（Heidar Eskandarpour）

中国哈尔滨市市长孙喆

◆区域秘书

北美：墨西哥首都墨西哥城国际关系总协调顾问玛丽亚娜・弗洛雷斯（Mariana Flores）

拉美：巴西贝洛里奥藏特国际关系主管雨果・萨洛姆・弗朗卡（Hugo Salomão França）

亚太：中国广州市外办主任詹得村

非洲：南非豪登省索斯尔・班加西特霍尔・姆班加（Sithole Mbanga）

欧洲：德国首都柏林市国际关系处处长、礼宾处副处长芭芭拉・贝宁格（Barbara Berninger）

◆秘书长

奥克塔维・德拉・瓦加（Octavi De La Varga）

4. 各成员职责

联合主席负责：

（1）指导协会的战略活动，要与符合协会《行动计划》的战略项目相关联

（2）代表大都市协会，因为他们是协会的重要政治代表

（3）作为大都市协会愿景的传播者

（4）与主席和秘书长紧密合作

（5）确保协会在重要活动和国际会议上的代表性

区域副主席负责：

（1）管辖本区域事务

（2）代表本区域主席

（3）与主席和秘书长保持密切联系

（4）联系本地区非会员，邀请其加入本协会

（5）作为特定区域所有问题的信息来源，或向董事会推荐来源

（6）协助推进大都市协会各项活动在本地区的进展：培训课程、相关区域会议以及其他可能对本组织有益的重要活动

（7）寻找本地区在本阶段实现大都市协会目标的机会

主席是大都市协会的最高长官，负责：

（1）制定董事会议程

（2）主持所有法定会议（大会、执行委员会、董事会）

（3）确保协会在国际论坛和协会的各种活动中的政治代表权

（4）确保实施大会和董事会决定的战略准则

（5）向董事会提名秘书长候选人

（6）必要时，可委托秘书长负责确保协会的正常运作

*主席将以个人身份任职。

董事会成员职责：

（1）在其成员中任命主席、联合主席、区域副主席和司库

（2）任命秘书长

（3）向大会推荐战略性指导方针（行动计划）

（4）向大会提出三年行动计划

（5）批准预算

（6）批准年终账目及前一年活动及财务报告

（7）批准法定会议纪要

（8）设定会费金额

（9）接受新成员并继续删除其他成员

（10）批准城市为主办董事会会议而进行的投标

（11）为大会设定议程

（12）批准大都市协会在世界城地组织的执行局及理事会候选人

（13）批准协会正常运作所做的决定

（14）根据主席提名，任命区域秘书

*成员可以再次参选

5. 大都市协会2021—2023年战略行动方案

（1）大都市时代下的大都市协会

正如人们常说，我们的星球正走向城市的未来。我们也向着大都市的未来迈进，其特点在于大城市被外扩的郊区包围，形成前所未有的复杂和多样化的城市群。如今，超过18亿人生活在人口100万以上的城市中。这相当于世界城市人口的43%，地球总人口的24%。

这些大都市汇集人才和资本，是世界大部分财富、创造力、创新和艺术作品的源泉。在大都市中，我们迫在眉睫的挑战显得尤其严峻，包括日益加剧的不平等现象、性别歧视、社会隔离、环境恶化和气候变化，以及全球面临的最新威胁——新冠肺炎疫情。然而，各级政府间缺乏协调，甚至相互间竞争，往往导致大都市无法利用城市发展带来的好处，也无法最大限度降低其负面外部影响。

大都市协会是加强大都市治理的全球领导者。我们将地方政府和大都市政府聚集在一个旨在为大都市当前及今后面临的挑战寻找解决方案的特殊协会中。基于协会在该领域35年以上的经验，我们推动会员间的全球合作与对话，分享知识和解决方案，共同提升大都市在全球舞台上的集体话语权，同时加强会员城市为城市居民提供更好的公共政策和服务的能力。

大都市协会会员包括61个国家的141个地方政府和大都市政府。协会之所以成立，是因为代表这些国家政府的政治代表、管理层、政策制定者和从业者坚信，在城市面临诸多挑战的时代背景下，全球合作、对话和知识共享对于大都市发展至关重要。

协会积极关注会员之需求、关切及其要务。董事会是由来自20多个地方政府、大都市政府及区域政府的政界领袖组成的多样化合作小组；秘书处由巴塞罗那城市专家、项目经理及关系建立者组成；协会还有五名区域秘书负责联络非洲、亚洲、欧洲、拉丁美洲、加勒比海地区和北美的大都市协会区域分会。

以下是指导协会未来三年工作的战略行动计划。

我们如何扩大影响力

在日益拥挤的国家、地区和国际城市网中，大都市协会以其在世界最大城市治理方面的35年专业经验而著称，是一个团结又充满关爱的协会，积极倾听会员关切，从会员的经验中学习，并向其传递价值。

治理大都市不能一刀切，世界各地存在各种各样的模式。2018年，大都市协会创造了“大都市治理”这个术语，它包含五个必要因素：

➢ 领导力：政治领袖致力于开展跨管辖权合作，寻求共同利益。

➢ 包容：让公民在决策过程中发声。

➢ 合作：各级政府积极参与，共同实现利益攸关方的长期愿景。

➢ 框架：促进合作的法律和制度框架。

➢ 资源：为代表大都市治理观的组织提供充足的资金和技术能力支持。

我们通过全球领导力和各类倡议打造体现良好大都市治理重要性的典范，我们的项目为大都市提供更好决策所需的必要工具。例如：

➢ 我们通过大都市观察平台，研究交通、数字转型和社会不平等方面的新问题和最佳实践，追踪世界各地关于大都市治理的38项关键指标数据。

➢ 我们通过城市可持续发展交流平台，搜集世界各地城市建造者解决城市问题的创新和实用型方案，并向其展示这些方案。

➢ 新冠肺炎疫情初期，我们与合作伙伴共同启动全球健康城市平台，宣传100多个城市就应对疫情对健康、社会和经济造成影响的举措。

➢ 我们通过“性别主流化战略”，推动将性别平等纳入城市和大都市政策核心，并倡导将性别平等纳入全球议程。

➢ 我们通过试点项目，联系不同地区大都市领导人，借鉴彼此在具体问题上的经验，并针对共同问题提出解决方案。

➢ 城市管理者社区将各会员的高级管理层聚集在一起，讨论和交流大都市所面临的严峻挑战，并寻找解决方案。

➢ 我们与世界城地组织和伦敦政治经济学院合作开展紧急治理倡议，分析突发事件对城市治理的影响。

➢ 通过主动学习计划，各会员的技术人员和政治代表参加性别视角下的可持续流动性、国际化、不平等和金融等主题的培训课程。

➢ 我们与广州国际城市创新奖合作，鼓励城市以新的方式解决问题，并借鉴世界上最成功的城市问题解决方案。

以上这些倡议传及世界各地。我们提供的服务对会员所在地区超过6.08亿人的生活产生影响。他们中大多数与本协会保持长期持久关系。每年有1000多名城市领导人参与我们的学习项目与活动，100多名城市规划、性别、平等性、流动性、创新和能源治理等领域的专家与我们合作。超过32000人在社交媒体上关注我们。

我们此前从未如此重视都市管理。如今，城市所面临的挑战并不局限于城市边界。相反，不同都市空间联系紧密，居民每天都可能在不同的辖区生活、工作、购物和享受服务。当前新冠肺炎疫情肆虐，我们所面临的挑战日益复杂。新冠肺炎疫情对卫生、经济和社会造成了极大的影响，暴露出城市前所未有的矛盾和脆弱性。更糟糕的是，疫情深化并加剧了早已存在的矛盾和不平等，特别是与女性有关的矛盾与不平等。

全球都市挑战

关于未来三年的行动方案，我们将聚焦会员反馈的地方领导面临的四项重大挑战，四大挑战如下：

1. 城市发展节奏依旧快速，住房、就业、健康城市空间、清洁用水、卫生、普惠环保、可持续出行、以及有效的污水管理系统等方面的不平等现象仍在逐渐加剧。

2. 城市恢复能力对应对都市中日益频繁、愈演愈烈的社会、经济、气候突发事件非常重要。

3. 尽管地方政府要求反腐工作更加透明，但公共政治问题仍在受到挑战，另外，地方政府还要求决策过程更具包容性，从而在决策过程中倾听更多人的声音，尤其是女性的声音。

4. 数字化颠覆为都市获取、共享、使用数据信息创造了前所未有的可能性，但同时也使公民中的“数字鸿沟”日益扩大，而他们的数字权利则需要得到保障。

这些都市层面的问题，只有我们能够在全球范围解决。这些新兴挑战依然不断发展变化，我们希望协助各个都市采取更具前瞻性的解决方法。

城市指标

截至目前，我们通过大都市观察平台搜集了82个会员覆盖的全球71个都市的关键指标数据。这些指数据是至关重要的工具，能够帮助会员城市了解自身与其他城市在城市管理、社会、经济、环境方面的不同，为其政策制定提供指导：

表4–1　全球都市空间各项关键指标

	平均值
男女薪资差距（女性收入与男性收入之比）	53%
人口密度（每平方千米人数）	2642
贫困线下人口比例	8.9%
空气质量（城市地区PM2.5年平均浓度）	35.1①
财政自主权（自主收入在城市总收入中的占比）	62%
预期寿命（年）	73.7

数据来源：大都市观察平台（Metropolis Observatory）。

该战略行动计划能够帮助我们应对这些挑战，为接下来的三年行动方案（2021—2023年）的工作提供指导。本文件由会员城市共同编写，以确保我们的行动计划具有战略性，并能够在合作中发展。

该战略行动计划能够让我们：

➢ 围绕共同目标和战略调整协会的资源和行动。

➢ 从战略层面交流协会的价值定位。

➢ 建立一个有强大问责体系的学习型协会。

➢ 总结经验教训，调整战略、产品以及倡议，帮助会员城市一视同仁地提升其全体居民的生活质量。

➢ 与众多利益攸关方一起重新构想未来图景。

➢ 制定前瞻性计划，为都市转型和规划提出方案。

① 按照世界卫生组织的标准，大多数情况下，PM2.5年平均浓度为10g/m^3可以视为低于平均值。

大都市协会2021—2023年战略行动方案的制订

该战略行动计划是多方参与的结果，包括会员城市代表、合作伙伴及其秘书处职员在内的近100位人员参与制定该方案。制定开始于2019年11月，在西班牙巴塞罗那举行的为期两天的战略会议，聚焦于协会的优势，指明未来的挑战与机遇。2020年3月起，我们面向会员发布了三种语言的调查，搜集更多信息。2020年4月和5月，秘书长和联合主席、副主席、司库与区域秘书分别举行线上会议，讨论如何最好地服务会员城市，尤其是在新冠肺炎疫情给都市造成诸多影响的背景之下。最后，在2020年6月题为“2023年的大都市协会”的政策辩论中对该方案的主要战略进行了讨论。主席及董事会成员的当选代表和资深管理者参与了政策辩论。

（2）愿景与使命

大都市协会的愿景与任务受两个主要因素影响。

第一，协会积极倾听全球各会员城市多样化的现实情况。这对于理解会员城市发展趋势、所面临的挑战与机遇十分必要，这些信息是本协会工作的基础。

第二，全球各地地方政府网络快速扩散。

我们从战略上将自己与其他协会组织区分开来，以便持续为会员城市提供价值，在与其他城市网络和地方政府以及其他经常进行项目合作的伙伴结盟时提供独有的专业知识。

愿景

打造“民享、民治大都市”——通过人人参与和行之有效的大都市管理促进经济发展、可持续性、社会凝聚力、性别平等和生活质量提高

在我们设想的大都市空间里，有效的民主政治赋予公民发声的机会，并鼓励政府倾听。同时，人民和政府共同参与政策和方案制定，意图在五个方面强化大都市治理。这五个方面组成了本协会的初衷。

➢ 可持续性：大都市空间应创新生产消费模式，降低城市对地球造成的生态影响。同时，我们也应考虑到其他领域的可持续性，如：经济可持续、政治可持续、以及基于两性平等的文化可持续。

➢ 社会凝聚力：大都市必须鼓励成员的多样性，在尊重差异的前提下让人民通过有效对话团结起来。

➢ 经济发展：在城市抓住知识经济和数字化机遇之时，大都市应该包容性发展，促进性别平等，提升人民福祉。

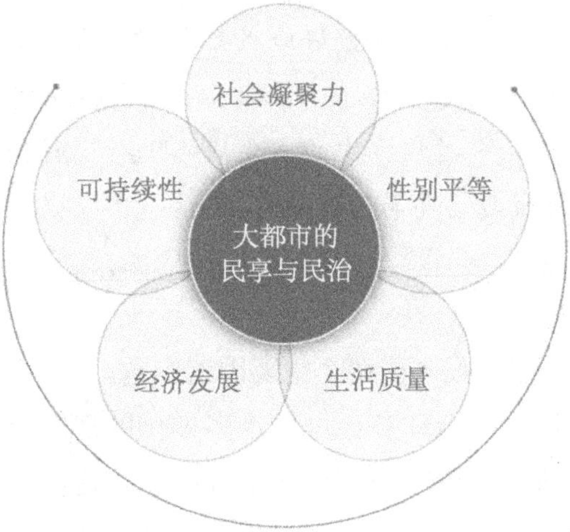

图4–1　强化大都市治理的五个方面。

➢ 生活质量：以上因素均会影响生活品质。我们将城市和大都市空间视为考虑到区域和年龄差异，通过创新和公民参与促进和保证所有人自我发展，解决公民日常面临的问题之地。

➢ 性别平等：有必要制定和加强关于性别平等的行动、进程和政策，打造人人可以发声、经验共享的大都市。

关于重新构想大都市空间的倡议

2020年5月，我们发起了“重新构想大都市空间”项目，呼吁城市以新冠肺炎疫情应对措施为基础提出大都市空间长期转型的解决方案。

现在我们应该：

1. 重新规划公共空间，更加凸显娱乐性、便利性和功能性。
2. 开发新的环境友好型交通模式。
3. 促进向更包容和更可持续的经济模式转变。
4. 应用创新技术，实现分散的工作和休闲模式。
5. 实施自然为本的解决方案，保护生物多样性。
6. 减少碳足迹。
7. 改善医疗服务。
8. 将性别问题纳入主流，加强公民权利保护。

性别主流化战略

这项战略指明女性和男性不同现实状况和需求，也体现了政策制定应该为实现更大程度的性别正义。这是一个双重战略：一方面，策划并采取针对女性和弱势群体的特殊行动；另一方面，制定、实施并评估整体政策，确定并预测其对男性和女性的影响。

性别主流化战略包括在协会项目的管理中应用性别标准，促进女性在协会法定部门的领导地位，引领提升性别意识的倡议，确立、分享会员中促进性别平等的政策、战略以及工具。该战略帮助我们在性别问题上达成共识，推动各会员将性别问题提上议程，促进保护女性及弱势群体权利的地区和全球议程的实施。

使命

通过与全球政治领袖、决策者和实施者建立联系，提升大都市在解决地方和全球挑战中的表现并维护大都市的利益

新冠肺炎疫情给人类带来了前所未有的挑战，让人们看到了城市面临的挑战、矛盾和脆弱性。此外，疫情加剧了先前存在的冲突和不平等，尤其是与女性相关的冲突和不平等。

然而，在今天这个发展迅猛、相互依存的世界，新冠肺炎疫情仅是大都市空间在面临诸多复杂挑战时暴露出最现实的问题。今后三年，大都市协会

的任务不仅是帮助成员应对当前挑战，也帮助其未雨绸缪进行规划。

尤其是我们从会员中间得知的四个主要挑战，这些挑战也将成为今后工作的重点：城市发展、城市恢复力、公众信任和数字颠覆。每当这些挑战中的一个或多个与上述的“初衷”（可持续性、社会凝聚力、性别平等、经济发展或生活质量）产生交集，我们就知道影响协会会员的时机已到。我们将在这些领域提升大都市的表现，维护大都市的利益并增强大都市治理能力。

以下是关于指导我们行动的四个主要挑战更加详细的信息。这些挑战不仅是地方性的局部问题，也是全世界共同面临的困境。其中存在两个普遍因素：大都市空间提高应对突发状况的准备，以及将性别问题纳入主流为全民打造创新有效的都市解决方案。

挑战一：城市发展

大都市空间的城市足迹正迅猛扩张。城市足迹复杂多样，反映出经济、环境、科技和社会文化活力，而这些活力反过来又继续塑造着大都市空间。

➢ 消除不平等和种族隔离：大都市政府应确保为全民提供包容、安全、便利和卫生的公共空间，将性别主流化纳入其中以实现预期目标。此外，在风云变化的大环境下，大都市政府应努力增加就业机会。

➢ 可负担住房：领导层必须将可负担住房作为工作重点，减少中产阶级化和低收入者被孤立现象，保护有保障性的租赁合同，加快推进妇女土地所有权。

➢ 改善交通：确保公民以实惠价格乘坐有效交通工具工作上学，这一点对实现公民的城市权利至关重要。然而，如今的交通仍然是温室气体排放和空气污染的一大元凶。大都市领导者必须基于交通网络的具体流动性和增长模式（尤其是关爱式的交通），寻求建设实惠、可持续、多通道和包容性的交通网络。

➢ 基础设施和服务：大都市政府应根据人民的需要和需求在公共卫生、水资源、垃圾管理和清洁等领域进行投资。

挑战二：城市恢复力

突发事件发生的规模和频率与日俱增，大都市必须具备恢复力来应对这类事件。然而，这种恢复力不应只体现在应对自然灾害上，应加入对社会、经济和气候领域的全局性思考。

➢ 社会恢复力：培养社会恢复力要求地方领导鼓励大都市当前的文化、

种族和宗教多样性，借助性别主流化确保所有人都能享受城市赋予的权利。这意味着城市应该欢迎无论出于何种原因被迫离开家乡的移民和其他人。正如新冠肺炎疫情所示，为居民提供食物、舒适的环境以及给予其尊严这样的人文关怀活动也是社会恢复力的一部分。

➢ 经济恢复力：经济恢复力不仅指应对经济危机，还包括如何适应唇齿相依、相互依存的世界。在更微观的层面上，经济恢复力也指承认无偿家务劳动的价值和非正规经济在城市经济中扮演的中流砥柱角色。

➢ 气候恢复力：气候危机早已不再是遥远的话题，而是正在影响所有城市居民，尤其是妇女儿童的严酷现实。气候恢复力需要我们调动大都市力量，多管齐下，促进公民参与，给公民赋权。

挑战三：公众信任

公众信任对于有效的都市治理至关重要，在面对像新冠肺炎疫情这样的突发事件时尤为如此。为了培养、加强和巩固公众信任，我们有必要在如下领域展开工作：

➢ 性别主流化：首先要做的就是赋予所有女性和女童城市权。治理模式中必须提高女性的声音和政治领导力。此外，在地方层面需要更多按性别分类的数据来帮助领导者发现和解决不平等问题。

➢ 透明度和问责制：为打击腐败，政府必须坚持执政透明。公开政府和公民产生的各类数据信息可以有所助益。在内部组织文化中灌输问责制也是关键之一。

➢ 公民参与：最后，地方领导者必须支持公民参与。人们正寻求一个可互动、灵活并开放的政府结构，使他们能够在政策决策过程中提出自己的想法，更好地发声。技术在扩大公众参与度上能发挥很大作用。

挑战四：数字颠覆

如今信息和通信技术飞速发展，提供服务的新方式应运而生。但与此同时，数字颠覆正在造成公众之间的数字鸿沟，并在城镇地区催生了新的不平等问题。为解决这一问题，大都市应至少专注于三件事使讨论集中在人而非技术本身。

➢ 提高数字权利：地方政府及其私营领域合作伙伴就如何收集数据，以及谁拥有这些数据必须要进行讨论，这是各城市为界定和推广公民数字权利的关键。想要通过技术来改善治理，这些数字权利是所有努力的基石。

➢ 弥合性别数字鸿沟：数字对女性和女童们的排他性正对信息和学习机会的获取造成障碍，同时也增加了社会和经济的脆弱性，影响着就业和未来的职业前景。大都市可以发挥重要作用，消除科技领域的性别不平等，培育包容性创新社区，打造不将任何一个人排除在外的科技产品。

➢ 适应共享经济：无论公共还是私营领域中，基于信息和通信技术的新商业形态实现了从共享单车到共享办公空间的共享模式。地方领导者应该响应这些模式，将其视为一种潜在资产而非风险。

我们的服务对象和合作伙伴

我们为141位会员提供服务。为实现我们的目标，我们与政府相关人员保持密切联系，他们大多是：

➢ 政治代表

➢ 城市管理者和高级管理人员

➢ 不同领域的技术官员和城市从业人员

其他合作伙伴对大都市协会的工作也很重要。我们定期与潜在会员、大都市居民、地方政府网络、智库、国际机构以及其他利益相关者携手同行。

（3）我们将如何在2021—2023年完成目标

为了在大都市协会未来三年任务期内取得大幅进展，我们不仅要努力工作，还要确定一个战略重点。我们的战略分为三个行动方针：

行动方针一：

加强在大都市外交和宣传方面的全球领导力

行动方针二：

发展大都市治理的适应能力

行动方针三：

在协会内部形成负责任和可持续的内部治理文化

在每一个行动方针下设置目标，目标成果将于2023年实现。这些成果将符合协会的愿景和使命，能够在响应我们成员利益的同时对世界各地的大都市空间产生积极影响。

新冠肺炎疫情及其带来的经济和社会影响长期存在，我们需要在这个变化迅速的环境中有灵活性。这种灵活性也反映在这些成果中。因此，这里提出的三年成果将会相对广泛。董事会将根据秘书处整理的报告，在本战略行动计划框架和董事会的指导下，每年对成果进行评估，并针对新兴机遇制订新的年度工作计划。最终评估结果将于2023年提交给全体大会。

在业务层面，我们遵循愿景中的五个既定方向主题提供的项目和服务，力求为我们的成员带来助益，以改善生活在大都市空间6.08亿人的生活质量。我们的项目和服务会产生三种相互交融、相辅相成的成果。分别是：

➢ 宣言、声明和立场，旨在影响有关大都市未来的全球和地方性辩论。

➢ 政策建议，旨在影响大都市决策者和决策过程以制定能改善人民生活质量的公共政策。

➢ 实践和技术学习项目，旨在培养全世界大都市公务员、城市从业人员、决策者和城市领导人的能力。

行动方针1：加强在大都市外交和宣传方面的全球领导力行动

推动行动方针1取得成果的关键理念如下：

➢ 建立关于大都市议题的共同政治叙述

➢ 提出政策建议

➢ 影响会对大都市议题产生影响的全球议程

➢ 支持大都市领导人在全球、地区和国家层面发声

➢ 与主要伙伴建立和维持联盟关系

理念一：关于大都市议题的共同政治叙述

预期效果：

• 针对直接关系大都市未来的重要议题提供政策建议

• 进行政策辩论，以确立对当前主题及新兴主题的立场

• 将性别平等纳入大都市议题的各个方面

理念二：全球议程中的大都市视角

预期效果：

• 拥护大都市在国际舞台和论坛上的地位

• 将大都市治理视角融入到围绕全球和区域议程的讨论中

• 积极参与全球和地区性政治事件来影响和促进城市外交

• 支持大都市领导人在国际层面发声

理念三：全球联盟战略与其他网络和参与者

预期效果：

•作为大都市代表参与世界城地组织举行的活动和辩论

•积极参与地方和区域政府的全球工作小组

•与多方参与者、地方政府网络、智库、国际机构及其他利益相关者合作

行动方针2：提高适应性能力，促进大都市管理

推动行动方针2取得成果的关键理念如下：

➢ 用前瞻性的眼光看待大都市未来建设问题

➢ 在大都市空间规划上为会员提供支持

➢ 促进大都市所有政策及服务创新

➢ 利用互学模式加强大都市治理的政治及技术能力

➢ 协助会员解读全球议程并将其与地方实际相结合，尤其是《2030年可持续发展议程》

➢ 将性别主流化融入大都市政策制定及规划进程中

理念一：对未来大都市的共同愿景

预期效果：

• 对如何构建未来大都市的前瞻性分析

• 战略、指导方针及方法框架

• 针对包括性别问题在内的大都市及城市话题的研究

理念二：为大都市治理结构、政策、服务及规划的制定与实施提供支持

预期效果：

• 提供数据及指标以便更好决策

• 创建在线知识交流平台

• 开展高级管理者及从业者学习及能力提升培训

• 针对特定大都市问题开展创新性项目，组建创新工作团队

• 制定大都市区域城市规划参考框架

• 将协会内现有专业知识与技术系统化且充分利用

• 提供将性别主流化融入大都市政策之中的工具

理念三：在大都市层面实现全球议程本地化，尤其是《2030年可持续发展议程》

预期效果：

• 提供指导方针，帮助会员实现可持续发展目标以及其他全球及区域议程

• 开展能力培训以便国家公务人员能够以实际行动落实全球议程

行动方针3：营造负责任和可持续的大都市协会内部治理文化

推动行动方针3取得成果的关键理念如下：

➢ 营造关怀型协会文化，对满足会员的需求给予回应

➢ 保障协会的财务可持续性

➢ 资金渠道多元化

➢ 建立健全问责制度

➢ 强化要成为环境友好型组织的承诺

➢ 针对变化的环境加强应变力和风险管理

理念一：关怀型协会

预期效果：

• 保证大都市协会听取且对会员需求作出快速回应的政策及行动

• 与会员（考虑到区域特殊性）建立的密切关系

• 对性别问题具有高度敏感性

• 与会员及其他利益相关者保持清晰且积极的沟通

理念二：保障协会的财务可持续性

预期效果：

• 坚定的会员制组织

• 多元化的融资渠道

• 低成本高收益项目

理念三：透明度及问责制

预期效果：

• 建立道德准则

- 建立健全问责制
- 维持现有的合规体系
- 活动及成本的可追溯性

理念四：环境友好型协会

预期效果：

- 减少本协会碳足迹和对生态环境影响的政策与行动

理念五：具有恢复力的组织

预期效果：

- 应对紧急事件或其他突发事件的风险意识及灵活管理

三、欧洲分会

由欧洲城市和地区委员会（CEMR）负责

1. 历史沿革

欧洲城市和地区委员会是欧洲历史最悠久、影响范围最广的欧洲地方政府协会，是唯一一个将40个欧洲国家的地方和区域政府的国家性协会囊括在一起的组织，通过这些协会来代表各级地区。

自1951年成立以来，欧洲城市和地区委员会在地方治理的基础上，尊重地方合作，重视公民参与，始终致力于建设一个团结、和平、民主的欧洲。

◎工作范围

◆在城市和地区范围内影响欧洲政策和立法

◆通过全国性协会和组织，为地区和区域提供发声平台

欧洲城市和地区委员是世界城地组织的欧洲分会，通过该组织，我们可以在国际舞台上代表欧洲地方和区域政府发声。

◎工作内容

欧洲城市和地区委员会的工作主要关注六大领域，这些领域几乎影响着所有欧洲市民的生活，还影响着代表欧洲市民的地方和区域政府。

◆治理、民主和公民权利

◆环境、气候和能源

◆国际参与和合作

◆经济问题、社会问题和地区凝聚力

◆地方和区域公共服务管理

◆欧洲城市和地方委员会的法定事务和日常事务

数据展示：[①]

60个全国性协会、40个国家、10万个城市和地区、70年实践

政治结构：

（1）管理机构

① 政策委员会：由170个成员组成，任期三年，根据国家人口分配各国代表人数。职责：批准预算；批准年度工作计划；决定主要政策；批准新会员入会；选举主席、联合主席、执行主席及副主席，任期三年；主席主持官方会议。联合主席、执行主席、副主席应主席要求，代表主席履行其职能。

② 执行局：由主席团成员及秘书长组成，负责跟进政策委员会决定的事项，在政策委员会会歇期，负责组织的整体工作及政策。

（2）财务管理委员会

组成：主席和副主席各一名；其他成员由政策委员会选举产生，任期三年，最多可拥有三位内部审计。

负责：监督财政事务，向政策委员会就预算问题提出建议。

（3）秘书长

秘书处组成：秘书长及30名工作人员

负责：秘书长负责有效地管理秘书处，向管理机构提出建议并执行其决议。秘书长由政策委员会选举产生，任期6年。

2. 2020—2022年欧洲分会主席团

主席：

斯特法诺·博纳奇尼（Stefano Bonaccini）：意大利艾米利亚·罗马涅大区主席、欧洲城市和地区委员会意大利协会主席

① https://www.ccre.org/en/article/introducing_cemr。

联合主席：

冈恩·马里特·赫尔格森（Gunn MaritHelgesen）：挪威地方和区域政府协会第一副主席、挪威西福尔郡–泰勒马克郡议员

克里斯多夫·施诺迪格尔（Christoph Schnaudigel）：德国卡尔斯鲁厄市（镇）市长

执行主席：

亚历山德拉·杜基维兹（Aleksandra Dulkiewicz）：波兰革但斯克市市长

安娜·伊达尔戈（Anne Hidalgo）：法国巴黎市市长、UCLG联合主席、UCLG性别平等委员会主席

安德尔斯·克纳普（Anders Knape）：瑞典卡尔斯塔德市市长、瑞典地方和区域政府协会会长

费尔南多·梅迪纳（Fernando Medina）：葡萄牙首都里斯本市市长、UCLG地方发展特使

范·赞能（Jan van Zanen）：荷兰海牙市市长、荷兰地方政府协会主席、UCLG联合主席

副主席：

马里亚纳·加茹（Mariana Gâju）：罗马尼亚库姆帕纳市市长、罗马尼亚市镇协会第一副主席

维克多·哈德加夫拉姆（Victor Hadjiavraam）：塞浦路斯莫尔富市市长

克里斯蒂安·霍施（Christiane Horsch）：德国施韦希市（镇）市长

菲利普·洛朗（Philippe Laurent）：CEMR法国协会主席、法国索镇市长、法兰西岛区域议会成员、法国南部河谷地区—大巴黎地区副主席

卡洛斯·马丁内斯·明格斯（Carlos Martínez Mínguez）：西班牙索里亚市市长、《新城市议程》世界城地组织主席团特使、《2030年可持续发展议程》CEMR发言人

露西·波塔科娃（Lucie Potuckova）：捷克姆拉代布基市市长

法特玛·萨欣（Fatma Şahin）：土耳其加济安泰普市市长

伊兹·塞科姆比（Izzi Seccombe）：英国沃里克郡议会议长、威尔士地方政府协会副主席

巴特·汤姆林（Bart Tommelein）：比利时奥斯坦德市市长

阿尔迪斯·哈夫斯坦斯多蒂尔（Aldis Hafsteinsdóttir）：冰岛弗拉格里士巴尔（Hveragerðisbær）市市长、冰岛地方政府协会主席

泰特·泰里克（Tiit Terik）：爱沙尼亚首都塔林市议会主席、爱沙尼亚城市协会董事会主席

塔玛尔·塔利亚什维利（Tamar Taliashvili）：格鲁吉亚首都第比利斯市议会成员

财务管理委员会：

主席：克里斯汀·奥匹兹–普勒（Christine Oppitz-Plörer）：奥地利因斯布鲁克市议员

副主席：文斯·枚珀（Vince Maple）：英国梅德韦市议员

UCLG副主席：卡罗拉·贡纳森（Carola Gunnarsson）：瑞典萨拉市市长

秘书长：弗雷德里克·瓦利尔（Frédéric Vallier）

第五章　重要会议决议及文件

一、世界城地组织2016—2022年战略优先事项

前言：世界城地组织同欧盟的合作

2015年，世界城地组织同欧盟签署了为期五年的战略伙伴关系协议，其中包括一项三年支持计划（2015—2017年）。

同欧盟的伙伴关系促进了世界城地组织工作的全面发展，推动组织与各合作伙伴开展活动并加强联系。

这一前所未有的伙伴关系为欧洲委员会注入了新鲜血液，扩大了地方政府在国际舞台上的影响力，并加强了世界各地方政府间的联系。

（一）行动理念和途径

确保世界城地组织的工作重点和经验成为实现全球目标的基石

◆ 邻近性

世界城地组织汇集了邻近的、为人民日常生活殚精竭虑的政府。在地方和区域政府的工作中，各项事务相互交织，确立优先事项要考虑到其对地方辖区及其人口的影响。全球的经验告诉我们，任何影响当地居民的变化都会向地方和地区政府提出挑战，需要协调跨部门的行动。这要求政府动员利益攸关方，促进包容性增长和发展，并呼吁政府在其他领域提高效率。

◆ 加强城市治理

世界城地组织认为，要提高和改善人们的生活水平，首先要在地方层面上下功夫。世界城地组织致力于促进和巩固加强城市治理，实现各级公共管

理民主化和现代化。这也是世界城地组织倡导地方自治的原因。地方自治是一种人民真正参与管理自身事务的方式。

◆ 政治领导力

为实现以上目标，世界城地组织需灵活变通，在强大政治领导力的基础上确保这些理念得到世界城地组织会员（城市）广泛认同，推动善政。在全球网络时代，世界城地组织作为全球地方和区域政府组织，需扩大联系面并加强与世界城地组织会员（城市）之外其他城市的交流。此外，世界城地组织还需以地方和全球视野和智慧为基础，确保言路畅通。

世界城地组织2010—2016年战略优先事项要求其更加积极地制定各项议程。它旨在使地方和区域政府在国际舞台成为广受尊敬的利益攸关者，便于地方和区域政府的观点对与人们生活息息相关的全球国际议程的确立与实施产生启发和促进作用。

◆ 地方和地区政府全球工作组

在世界城地组织的推动下，地方和区域政府全球工作组作为协商机制，不仅在“2030年可持续发展议程”和第三次联合国住房和城市可持续发展大会（简称“人居三”）会议中发挥了关键作用，而且还极大地巩固了地方民主，加强了城市治理全球观察站的功能，助其在过去六年中实现各项目标。

◆ 世界地方和区域政府大会

“人居三”会议的世界地方和区域领导人峰会政治代表——联合国高级别官员参会（包括联合国秘书长、联合国大会主席以及大会秘书长），及大会被纳入“人居三”会议的成果文件，都是国际社会承认地方和区域政府重要性的显著标志。世界地方和区域政府大会强调了世界城地组织的代表性和号召力。

◆《2016年波哥大承诺和行动议程》

《墨西哥2030年城市宣言》描述了世界各地的地方和区域政府需为其人民实现的目标，指导了本组织与《2030年可持续发展议程》和《新城市议程》相关的工作。《2016年波哥大承诺和行动议程》确立了实现联合国可持续发展目标的优先事项，并落实了“人居三”成果文件中确立的有利环境的优先事项领域。

◆ 学习、落实和监测

就共同目标进行了一段时间的谈判后，现在是时候团结世界城地组织的会员城市，从地域的角度完成落实监测目标。是时候确保各会员城市同步行动，彰显我们作为一个网络的附加价值，并在世界各地各类会员（无论规模大小，无论是城市、地区，还是协会）的积极领导下提升我们作为一个学习组织的潜能。

国际社会在过去五年拟定了众多宏大的国际议程，全球地方政府扮演的角色也得到认可，这与地方和国家政府间不断加剧的国内冲突，以及民族国家封锁国界、缩小多边体系影响力的趋势形成了鲜明对比。

2016—2022年战略需提高世界城地组织的以下能力：

不断提高地方和区域政府在国际社会的代表性；确保监督全球发展议程实施的过程中纳入地方和区域政府的观点和经验；建立全球范围内的学习网络、促进加强城市治理合作的同时，提高本网络协同行动的能力，建立新的所有权和伙伴关系，确保行动的可持续性。

世界城地组织通过展示其连接全球和地方议程的能力，以最佳方式展示其附加价值、聚集广泛的会员城市并吸引新的合作伙伴。通过实现《波哥大承诺》实施全球目标，即全球发展议程“本地化”。

• 学习

培训使世界城地组织内部形成一种学习文化，促进加强城市治理合作成为国际合作和项目开发的关键工具。

• 落实

强化、确定、突出世界城地组织会员城市为实现全球议程而在地方和辖区层面卓有成效的努力，其中包括提高地方和区域政府对全球目标的认识，进而积极落实目标。

• 加强世界城地组织内部的联系

提高政治参与度，为共同行动创造新工具，重新调整与不同参与者间的伙伴关系，确保各会员城市共享各类工具。

• 监测与报告

将地方和区域政府数据和经验提至全球层面，为中央政府报告提供补充，促进未来行动与政策制定。

• 倡议

旨在扩大地区在全球范围内的影响力，获得更多国家和国际社会支持，并认可地方和区域政府在实现全球议程方面的重要作用。

1. 国际背景

在“人居二”会议召开后的二十年中，世界发生了翻天覆地的变化。全球化、劳动力市场变革、新技术诞生、极端贫困减少伴随着不平等现象加剧、环境及生物多样性枯竭、社会出现动荡。

同时，人口增长和城市化重塑了社会和城市风貌。今天，世界上一半以上的人口居住在城市地区。而1950年，全球城市人口比重仅为30%，2014年升至54%，预计到2030年增至60%，到2050年增至66%。第一次城市化浪潮期间（1750—1950年），约4亿人口进入城市生活，其中占多数的是北半球国家。如今，始于1950年的第二次城市化浪潮主要影响南半球国家。预计100年间，会有约40亿人口加入城市化浪潮。

未来二三十年内，改革的步伐将会加快。根据联合国《2014世界城市化展望》，截至本世纪中期，全球人口增长将带来24亿新增城市人口（城市人口从39亿增至63亿，预计届时全球城市及农村人口总数为97亿）。世界上现有的贫困地区将发展为城市。

未来五十年内，将出现一个新型全球城市系统。这将是人类历史上最大变革之一。城市定义的范围将被扩大，将涵盖乡村、正在发展的中型城市以及特大城市。

有关城市化的言论也在发生改变。虽然很多人仍将城市化视为挑战，但越来越多人意识到人口集中为城市带来的巨大发展潜力，比如创造就业机会，打造可持续生产及消费模式，减少碳排放，提高社会包容性，促进文化传播，有利于社会公平和政府治理。城市化应被看作要把握的机遇，而不是要解决的问题。

当前国际形势蕴含前所未有的机遇，需要我们勇敢着手行动，重新调整治理模式，革新社会契约，转变各级政府优先事项，消除不平等现象。可持续发展目标和《新城市议程》都明确指出城市化的重要性，我们要在这两项全球议程框架下抓住此次机遇。但在联合国系统下，城市化仍常被视为单一议题，而非一个跨纬度发展问题。如果该问题的变革潜力得到利用，那城市化会像性别平等一样，在国际组织及发展合作中成为主流议题。

此外，随着全世界逐渐认识到这一新型城市现状，世界城地组织要挑战“城市–农村有着天壤之别”这一错误观点，同时继续提倡一体化区域发展道路。我们必须指出，所有城市地区，不论大小，都与周边农村地区相互依赖。二者共同面临的经济、社会、环境挑战更是跨越了行政边界。

地方和区域政府要在实施公共政策进程中起到关键作用，将规范化理念落实成具体行动和切实投资，才能再次使人类居住地成为新时代可持续发展的主要动力源头。城市居住地衍生出的解决方案将为应对全球性问题铺平道路，这是我们的共识。世界城地组织会奋斗在最前线，制定新政策，利用城市–农村一体化使地方经济更具活力、当地生态系统更具可持续性、当地社会更具包容性。

2. 地方和区域政府协会生态系统

作为拥有百年历史的国际市政运动的继承者，世界城地组织的基本信念是：地方政府需要全球联合行动。我们致力于通过同行交流和危机时期的相互支持在各城市和地区之间加强团结。长期以来，我们主张全球议程需建立在地方价值观、愿景和经验基础之上，在“可持续发展目标”“人居三”议题和气候变化谈判等方面提供世界城地组织会员的建议。

图5–1　第二届世界地方及地区政府大会暨第三次联合国住房和城市可持续发展大会，2016年10月16日在厄瓜多尔首都基多市举办

然而，地方和区域政府协会及组织的国际版图日益庞大且种类繁多，现有组织情况各异，代表性、能力及手段多样化；新的网络和平台不断创立，活力也不尽相同。

学术界同样带来一股新潮流，即城市研究者致力成为城市创新者或活动家，投身政治。

私营部门和慈善机构也正在创立公共–私人机构和项目，这为地方行动提供了机会，但同时也可能会降低公共部门作用，不利于民主问责制的落实。

同时，我们也看到国际机构与各城市及地方政府建立临时合作关系或组织，但经常将个别城市与整个区域的集体利益混淆。

2014年世界理事会大会就这一问题展开了讨论。世界城地组织在世界舞台上一直维持着地方和区域政府政治代表的角色，具有全球使命和广泛影响力。

欧盟认可地方政府在发展过程中需承担的重要角色，并通过战略伙伴关系对世界城地组织给予信任，使本组织2010—2016年战略优先事项中的各项行动得以加强。

图5–2 在2017年9月4日至6日人居署高级别会议期间，世界城地组织领导人会见联合国秘书长安东尼奥·古特雷斯

此外，我们在“后2015进程”中的行动也收获了重大成果。例如，世界

城地组织为地方和区域政府全球工作组提供了便利，这些组织既巩固了世界城地组织的发展，也提高了会员城市整体的知名度和影响力，为制定国际议程做出了积极贡献。

对于不断变化的各城市间组织，世界城地组织明确选择与其进行合作而非竞争，会员城市在国际城市间生态系统中保持活跃。这将影响到世界城地组织的现实情况，并对未来几年的战略产生影响。

不断变化的外部环境将在地方层面引发组织性和职能性的挑战，世界城地组织的新战略必须对此作出应对措施。经过几年的深入宣传，世界城地组织及其会员城市在国际议程中取得卓越成就。未来几年，世界城地组织需要重塑自身，适应要求，支持会员城市影响、实施并监督达成《波哥大承诺》以及全球议程。

世界城地组织会员城市及伙伴协商后得出的主要结论是：自世界城地组织成立以来，《波哥大承诺》中所提出的政策优先事项一直是本组织的工作核心，如今这些优先事项仍然具有现实意义，但需要对其进行更深入的政治辩论并将其转化为具体行动。此外，如果没有国际发展议程为我们提供的国际背景，就无法理解或推进《波哥大承诺》中所反映的地方和区域政府主动性议程。显然，促进地方和区域政府的话语权将成为世界城地组织的工作核心。

3.《波哥大承诺》：我们的政策议程

第五届世界理事会大会以“地方声音让世界更美好”为主题，在波哥大举行。世界城地组织及其会员代表齐聚波哥大，表达了他们对可持续城市化和发展的承诺。大会呼吁提高世界各地地方和区域政府的能力，促进建立有韧性、可持续的和平社会。

《波哥大承诺》和其行动议程是建立在《全球地方民主和加强城市治理观察报告》框架内地方政府间的协商之上的。该宣言还借鉴了地方和区域政府全球工作组（Global Taskforce of Local and Regional Governments）的建议。

通过《波哥大承诺》，世界城地组织及其会员城市认识到，各种全球发展和可持续发展议程是一个单一、普遍化议程，需要对城市和地区进行多层次和多方面治理，促进建立一个从地区出发的新发展模式。因此，世界城地组织会员城市承诺为更新社会契约做出贡献，加强民主管理，促进民间社会积极参与政策决策。他们承诺促进政府不同部门之间的对话，将城市、地区需求和现实情况置于各级政策的核心。这将需要对多层次治理、地方财政和发展融资等方面进行创新。大会还呼吁制定有助于建设包容和繁荣的社区、促进新的生产和消费的模式，优先考虑发展的可持续性和韧性。

◆地区承诺和行动

在地区一级，地方和区域政府在管理城市空间和土地，保护公共用地方面发挥着更大的作用。

地方和地区领导人必须具备新的管理能力和新领导模式，应对并利用新机遇。他们需要发展一个充满活力、自主参与的民间社会，从而推动形成共享的公共服务、合作性住房以及协作-团结型经济，促进产生新的治理方法。

地方和区域政府负责诸如缓解社会排外问题、促进社会公平、促进移民融入、防止歧视现象和城市暴力发生等问题，同时保护社会权利以实现社会的繁荣和人民的福祉。地方和区域政府需要在实现城市权利方面发挥带头作用。

世界城地组织应进一步加强综合整体规划，以塑造城市和辖区的未来，确保所有人都能享有高质量、有韧性的基础设施和基础服务。注重环保是城市和地区通向可持续未来的金钥匙。地方和区域政府必须推进可持续的生产和消费模式，采取行动缓解并适应气候变化。

地方和区域政府应具备必要的政策工具和资源，以控制经济发展杠杆，充分利用全球经济持续转型这一契机，促进内生经济发展。

另外，文化是公民身份及各群体融合共存的重要元素。文化应被视为可持续发展的第四支柱。所有公民都应享有文化权利，各个城市和地区都应推行积极的文化政策。

◆国家有利环境

对地方和区域政府来说，只有处于有利的国家环境之中，中央提供足够的法律框架和资源，并且施行自上而下的转型策略，地方领导力才能得到蓬勃发展。此外，只有尽快改善国家和地区不平衡的加强城市治理进程，地方领导才能取得成功。

体制框架亟待更新，以促进实现共同治理且有效地完成加强城市治理，这需要以多级治理为基础，加强协商，促进国家政策制定的连贯性。

◆国际会议的一席之地

为使全球政策和协议的制定能够充分吸收地方经验，得到地方认可，地方和区域政府在国际政策制定中的地位必须发生改变。他们必须作为一个公认且有组织的全球性机构，成为机制化磋商的一部分，而不仅是主持临时磋商。地方和区域政府为了组织和投入相关资源所做出的努力必须得到认可。

现行财政模式并没有反映大多数现有和新兴城市和地区的需求。城市住房、地方基础服务以及基础设施融资的全球伙伴关系可以动员各方代表，如国家级国际财政机构、地区发展银行、机构投资者、捐助者以及地方和区域领导人。

此外，地方和区域政府应该以国际团结为基础，在解决全球挑战问题上分享经验（例如：气候变化、风险预防、和平建设、发展合作），以及在地方层面控制全球现象造成的影响（例如：移民的融入、经济全球化的调解、文化合作的促进等）。

（二）全球目标本地化

1. 城市和区域行动是全球发展的关键

重要的全球发展议程不能在地方或区域一级彼此分离，只有将其纳入所有层级的规划、决策和行动，才能实现全球发展议程。全球解决方案可以建立在这些地方经验和方法的基础上。

地方民主和地方领导方式应植根于每个地区的文化、社会、环境和经济状况，这是推动发展的重要工具。

这就是世界城地组织提倡地方和区域政府在国际政策的制定、执行和报告中发挥更大作用的原因。这就是我们所说的全球目标“本地化”。

2. 何为“本地化”？

“本地化”是指在全球议程中，从目标和指标的设定到实施、监测和报告，都要考虑到各个层级政府的背景、挑战和机遇。

本地化不是将全球目标生搬硬套到本地环境中，而是在城市和地区实施地方议程，以实现地方和全球目标。本地化进程是一个基于地方机遇、优先事项和构想的政策进程。

3.世界城地组织在本地化中扮演什么角色?

◆ “地方行动港项目”

“地方行动港项目”是一项旨在通过关注以下关键目标，将《2030年可持续发展议程》转化为地方行动的倡议，包括：

1）加强战略谋划，支持地方行动；

2）催化创新；

3）增强合作与团结；

4）开展并促进学习交流；

5）将世界城地组织的本地化倡议转化为具体行动；

6）团结《2030年可持续发展议程》可持续发展目标11的各方力量。

◆学习

世界城地组织的学习议程采用互动学习方式，各城市之间围绕成功以及失败的实践案例进行交流，进而发展各方能力，实施与全球目标相契合的政策。

世界城地组织还开发了“培训师培训”课程，以提高地方政府对全球目标本地化重要性的理解。

◆监测与报告

大多数全球目标和指标都是国家层面的，这意味着国家内部的差距和不平等被忽略了。世界城地组织及其分支在确定和凸显实现全球目标的地方层面差异（如地区之间、城乡之间或城市内部）方面发挥着重要作用。

世界城地组织的全球金融观察站和全球地方民主和权力下放观察站致力于收集在地方一级实现全球议程相关的各类数据。

世界城地组织正在分析国家报告，调查其成员在实现全球目标方面取得的进展，并在可持续发展问题高级别政治论坛上分享其调查成果，该高级别政治论坛致力于监测可持续发展目标实现情况。

世界城地组织及其委员会和工作组也在进行专题性工作，收集地方和区域在完成具体目标和指标方面的经验（例如用水、公共空间等）。

◆宣传和提高认识

在全球和区域层级，世界城地组织与全球工作组一道，致力于就全球议程有关的主要事项向国际社会提供支持和建议。

世界城地组织利用其宣传与传播渠道（网络、社交媒体、活动、出版物）提高世界各大洲对全球议程的认识。

世界城地组织有地方政府会员，他们是城市和地区采取行动实现全球目标的有效实例。

◆实施

世界城地组织的地方和区域政府成员是实施全球议程的主力。他们正在确定当地的优先事项，试验新的政策，从中吸取教训并加以改进，从而为实现全球目标作出贡献。

全国性的协会可以在突出此项工作及确定地方行动与全球目标之间的联系方面发挥重要作用。

（三）2016—2022年战略重点

确保和延续世界城地组织的优先事项和成功经验是实现全球目标的基石。

经过数年的大力宣传，世界城地组织及其成员已在国际议程上取得一定的成就。在今后几年里，世界城地组织必须针对目标对自身做出改变，支持其会员进一步发展、执行和监测《波哥大承诺》和全球议程的实现。

世界城地组织成员和合作伙伴之间的磋商得出的主要结论是：自组织成立以来,《波哥大承诺》中确定的政策优先事项一直是我们工作的中心，但仍需进一步深化政治讨论，并将其转化为具体行动。

进一步需要明确的是，在《波哥大承诺》中反映出的地方和区域政府议程，如果没有我们所贡献的国际发展议程所提供的国际背景，就不可能得到理解和推进。最后，很明显，帮助地方和区域政府获得更大的影响力将成为世界城地组织的重点工作。

世界城地组织已经做出了一个明确的选择，在不断变化的国际生态系统中，开展工作的方式将是合作而不是竞争。这个生态系统将影响世界城地组织现在以及未来几年的战略。

（四）世界城地组织议程：本地化

图5–3　2017年9月4日至6日，联合国人居署高级别会议期间，世界城地组织领导人会见联合国秘书长安东尼奥·古特雷斯

世界城地组织能够通过展示其联系全球和地方议程的能力，最好地展示其附加价值，汇集其广泛的成员基础，并吸引新的伙伴。通过实施《波哥大承诺》来实现全球目标，我们称之为全球发展议程的“本地化”。

“本地化”将使世界城地组织保持其近年来在国际上取得的势头和成绩，同时加强彼此之间的关系，加强成员之间的经验和学习交流。

对于世界城地组织来说，本地化并不是将全球目标生搬硬套到本地环境中。本地化意味着在城市和区域实施地方议程，以实现地方和全球目标。本地化不仅是一个技术过程，还是一个基于利用当地机会、优先事项和想法的政策制定过程。地方民主和地方领导方式应根植于每个地区的文化、社会、环境和经济状况，这是推动发展的重要工具。

1. 实施

促进、确定和强调世界城地组织成员在地方和区域层面实现全球议程的、卓有成效的努力。

◆ 理论基础

促进、认可和强调世界城地组织成员在地方和区域层面制定政策的成功实践。

展示城市或区域日常行动与全球目标之间的联系以及全球议程在各区域的影响是世界城地组织工作的重要基石，这将极大地有助于加强执行力。

在国际驱动方案中侧重地方维度，并确保包括地方和区域政府试点，将有助于2015年和2016年商定的普遍议程的实现。

虽然执行工作由世界城地组织成员在其辖区进行，但组织可以通过建立试点项目和在地方层面应用开发工具的方式作出贡献。

◆ 解决措施

支持各区域的行动；包括地方一级行动和合作项目在内的国际项目。

◆ 关键行动

1）记录世界城地组织成员实践；

2）支持试点项目；

3）确定募资机会以支持成员；

4）支持会员城市开展加强城市治理合作；

5）促进发展支持世界城地组织成员本地化的计划。

◆ 地方行动港

在地方和区域层面，实现可持续发展目标本地化需要人民群众的积极参与，且要迅速采取有效行动。地方和区域领导人需要可靠的证据、及时的建议以及新的方法来指导此类行动。

世界城地组织地方行动港倡议旨在将《2030年可持续发展议程》转化成地方行动，依靠组织的网络及经验，进行广泛的合作及交流。

在世界城地组织战略指导下，整合各方力量，地方行动港应运而生，成为促进和巩固组织会员与合作伙伴关系的全球网络，并与其他在地方和区域一级实施可持续发展目标本地化的关键国际组织紧密合作，形成协同作用。

地方行动港倡议将重点围绕以下关键目标：

1）加强战略性思考，支持地方行动；

2）鼓励创新；

3）团结一致，加强合作；

4）产生并促进知识交流；

5）提高世界城地组织本地化行动的知名度；

6）广泛动员城市和组织，围绕《2030年可持续发展议程》可持续发展目标11（建设包容、安全、有抵御灾害能力和可持续的城市和人类住区）采取行动。

2. 倡议

提高地方和区域政府在全球舞台上的知名度和影响力，扩大其声音，并凸显与全球议程和《波哥大承诺》有关的重点事项、挑战和成就。

◆ 根本原因

在第三届世界人居大会进程框架下成功举办了第二届世界大会（2016年，厄瓜多尔基多市）后，作为政治平台的地方和区域政府与作为技术磋商机制的全球工作组达成普遍共识，继续发挥重要作用，加强联合行动。

除政治进程的后续行动之外，全球工作组还可以充当政策交流平台，地方和区域政府可以在此平台上就成员确定的重点事项交换意见。

此外，还可以进一步组织相关活动，例如由不同会员牵头，组织特定政策领域的会议，以及在特定时刻召开世界大会特别会议。

◆ 倡议成果

在国际平台上，提升地方和区域政府的知名度。在世界城地组织统一协调下，在其他地方和区域政府积极参与下，建立了坚强的全球工作组和公认的地方政府全球世界大会。为下一阶段全球发展议程的进一步定义提供合理建议。

◆ 主要行动

1）为实施全球发展议程提供分析、专题文件撰写服务和具体建议。

2）支持世界城地组织区域分会和区域论坛成员的广泛参与，支持地方政府协会参与国家层面的对话，实现全球发展议程的本地化。

3）与社会团体代表进行对话，了解全球发展议程的实施情况。

4）使社会团体、学术界和其他利益攸关方参与这些议程的实施过程，共担责任，确保建立广泛的伙伴关系，达成共识。

5）促进世界地方和区域政府大会的召开，确保地方和区域政府全球工作组成员和合作伙伴之间交流的多样化。

3. 监测与报告

改善信息记录和案例的衡量标准，积极凸显世界城地组织会员对实施全球发展议程的贡献。

◆ 根本原因

全球议程的实施情况不能只从国家政府的角度衡量。本地监测和报告流程应建立在地方政府直接和具体经验的基础上，从社会、城市和地区的角度出发，讲述地方故事，了解地方和区域议程，以及对全球议程的实施做出贡献的具体方法。

世界城地组织参与报告的过程对于地方和区域政府来说至关重要，只有这样，地方和区域政府才能够参与到有关这一全球发展共识的对话中。报告和监测的主要目的是：（1）促进国家与地方和区域政府之间的对话与合作；（2）加强可持续发展目标的本地化，支持地区快速发展，增强地方利益相关者的所有权。

报告旨在说明地方和区域政府如何在各区域采取行动，推动可持续发展目标本地化，同时强调国际官方监测和报告架构如何与这一贡献相关联。

分析将侧重于自下而上的本地化以及地方和区域政府在协调过程中的参与如何触发发展中的转型过程。关于可持续发展目标和其他全球议程实施情况的报告预计与地方政府的合作、培训和宣传活动同步进行。在这种情况下，世界城地组织需要加大努力，确保包含大量信息的文件能够为组织的整体工作提供帮助，此外，还要特别重视全球地方民主和加强城市治理观察台以及全球地方财政观察台的作用。

◆ 监测成果

在世界城地组织《全球地方民主观察台》报告的支持下，一个强有力的全球发展议程实施情况的监测和报告机制应运而生。地方和区域政府讲述的故事为国家和其他利益相关者提供了有效报告，地方经验能够影响议程的实际实施和评估。

◆ 关键行动

1）组织研讨磋商，促进在各层级就地方和区域政府参与监测“跟进和审查”环节以及全球发展议程实施过程有关的关键问题进行广泛的讨论。

2）对在国家和地方层级实施全球议程的影响进行系统分析。

3）通过对地方和区域政府在实现可持续发展目标本地化方面的经验进行分析，充实国家报告。

4）分析可持续发展目标和全球目标的关键要点，评估本地化程度，特别关注与地方和区域政府职责相关的特定领域。

5）定期推出《全球地方民主观察台》报告。

6）支持世界城地组织各分会与政府各个部门之间开展对话，推出对话机制，更高效地实施、报告和监测全球发展议程。

4. 学习

提高世界城地组织能力，并建立学习网络，支持在全球发展议程框架内实施本地和区域重点事项。加强该网络的能力，以满足能力建设的需求，并适应由需求推动的能力建设项目的发展。

◆ 根本原因

地方和区域政府正面临日益复杂的世界，这需要改变他们的工作和学习方式。在这种复杂的环境中，政府要采取的最佳行动将取决于地方的情况和环境。解决问题不是“一刀切”的过程，必须根据不断变化的情况（包括共同的需求）进行决策。

为了应对这种复杂性，城市和地区需要发展自己获取信息的流程，对信息进行过滤、分析和联系。地方和区域政府对信息进行整合、过滤和联系后，就可以在学习平台上与其他会员城市分享。世界城地组织学习战略的核心，就是将知识和想法与城市和地区连接起来，将城市与城市、地区和地区连接起来。我们相信公开共享是获取和积累知识的最佳途径。

世界城地组织聚集了来自不同背景的地方领导人和专业人士，他们不仅了解所在城市和地区之外的现实情况，还从国际活动的积极参与中受益。这种对等学习活动可以成为复制、转移和调整（与实现全球议程有关的、成功的本地政策和策略的）有力工具。世界城地组织的策略主要是通过主题政策社区（委员会和工作小组）和区域社区（各分会）的网络来介绍学习行动，实现知识和信息在全球范围内的流动。集体学习是基于信任和共享，因此连接网络和建立伙伴关系具有重大意义。

虽然世界极具个性化，但人类天生需要对话和交流，成为群体的一部分。

世界城地组织学习网络提供了跨分会、跨部门的学习机会，增加了认识新伙伴的平台，这不仅可以加强交流合作，也可以体现集体学习的作用。

◆ 学习成果

在会员经验和学习机制的基础上，世界城地组织推出一个活跃在各个区域的健全的学习系统，能了解地方政府的学习需求，并在交流合作和互相学习的基础上建立新的伙伴关系。

◆ 关键行动

1）积极开展合作，提供主题学习机会，使知识转移产生本地影响，并根据经验和实践的可复制性，及对全球议程的贡献形成经验和做法。

2）将《全体伙伴项目》纳入学习小组的议程中。

3）加强和城市间的合作，支持全球发展议程本地化，与关键伙伴、机构和协会共同加强学习和能力建设。

4）对全球各地政府的学习资源进行研究，并记录城市学习方法和指南或工具包。

5）在区域分会、世界城地组织论坛、会员和合作伙伴举行的活动中，促进发展中地区关于学习和合作的自下而上的对话。

5. 增强组织联系

让更多政治领导人参与世界城地组织的各种活动，以增强组织的政治参与，加强政策讨论。制造新机遇，增强各分会和磋商机制的联系，实现同步行动。

◆ 理论和原因

总体而言，委员会和工作组自建立之日起，就对世界城地组织的国际联系网具有重要作用，并取得许多显著工作成绩。组织联系的成功经验和失败教训既帮助我们定义新的策略，也促成新的行动。

成员间的相互磋商充分显示出加强领导力的必要性，以及我们需要对世界城地组织现有的有限资源进行最优化使用。

重新思考组织工作框架下不同小组工作间的联系尤为重要。

为了让更多政治领导人参与到组织的各种工作之中，在主席团之外，世界理事会同意设立关注重点事项的政策委员会。政策委员会将与部分世界城地组织委员会、工作组、论坛和实践社区的成员共同工作。

政策委员会将推动世界城地组织 2017—2022年工作重点和工作计划的制定，提供政策建议，加强政策制定权和政治参与。

政策委员会将关注战略话题。战略话题既体现了核心议题，也体现出国际议程和《波哥大承诺》中提出的重点：

（1）城市权利和2016《新城市议程》中认定的包容性辖区。

应被所有城市视为目标。“城市权利”是世界城地组织所支持的，这是一种在地方层面更新社会交流的方法，关注地方民主、市民参与、减少不平等和贫困。讨论的内容包括性别视角、治理问题和移民，以及有关普遍性人权的社会政策。

（2）机会平等、文化和城市外交：可持续发展和和平的关键。

保护遗址、理解多样性和培养创造性是关键，帮助不同群体间形成对话、建立和平和自下而上提升可持续发展。历史上来看，地方政府通过大量城市外交协议，加强城市治理合作和国际团结，帮助世界变得更加繁荣。

（3）辖区、多层次治理和可持续融资。

如果不能赋能地方和区域政府，就无法实现主要的全球可持续性议程。重新思考基于多层次治理和辖区发展的地方和区域级别的融资体系和新型治理模型，对于形成新型可持续性人类居住环境至关重要。

（4）更安全、有韧性和可持续城市：有能力面对危机。

世界上各个地区的成员致力于并已经采取行动来进行低碳和韧性城市（地区）的转变。这是通过减少环境足迹、加强创新和深化危机管理能力而实现的。

另外，为了关注国际议程的实施，扩大成员和合作伙伴工作的影响力，世界城地组织将通过“行动动态”（Waves of Action）组织和策划活动。

“行动动态”是一系列倡议，将全球上千地方和区域政府的同步行动产生的倍增效益可视化。这些倡议的制定在一定时间内，关注共同的政策重点，寻找与组织战略重点有关的合力行动，包括支持、学习、监督和实施行动等。

通过关注地方和区域政府在部分主题上的倡议（例如：地方政府财政、所有人拥有舒适住房的权利、规划韧性城市、移民和食品安全等），“行动动态”将释放我们合作的力量。

世界城地组织务虚会、分会和主题委员会的团结一致将有利于筹备政策讨论，在区域和全球范围内应用有效工具，将在未来起到重要作用。

有分区参与的特定规划型会议的发展是为了保证各大洲和分区之间的通力合作，这些规划型会议和工作计划都有利于形成更广的主人翁意识，提升参与世界城地组织的成员的多样性和加强协调各成员的参与能力。

我们将在会员中开展全系统的认识运动，招募新锐，保证成员的参与感，确认他/她们继续为组织做贡献的意愿。

提升全组织的交流将是未来六年工作的重中之重。我们需要保证加强组织内各方的可视性。各部门与各秘书处之间的交流和全组织的交流策略将被视为工作的核心，也将为新的磋商机制和方法（例如：“行动动态”等）提供可视性。

世界城地组织《议事规则》将被改进，加入与组织各方权利和义务相关的新内容。

新的会费制度将考虑到不同区域的现实情况，但会费的支出仍然会为共同的目标服务。

另外，为了方便向欧盟委员会汇报，一项工作计划实施情况的监督机制从2015年起便已建立。这一机制现在负责将形成的文件汇报给管理机构，未来将提升其透明度，提升其在组织中的规划作用。

◆ 合作力度

提升政治领导人的参与度。更有力的合作关系将提升不同部门之间的联系，增强秘书处在国际、区域和主题层面的影响力，提供让成员知晓的更多信息和更清楚的规则，这将提升组织的治理能力和可信度。

◆ 重要行动

创造并发展世界城地组织政策委员会的工作。

提升世界城地组织务虚会的影响力，聚集分区的工作人员以形成共同行动方案，包括交流策略。

在世界城地组织合作网络的基础上，发展“寻求理解和分享”型知识的管理方法。

发展特定主题的“行动动态”（同步实施）。

组织特定的世界城地组织内部人员培训，在日常工作中加强使用工具和平台的专业技能。

为各分区建立特定机构，帮助实现区域和全球工作重点的同步化。

支持分区组织地方务虚会，邀请地方和区域政府的高级别代表和地方区域政府合作方加入，制定地区工作重点。

强化区域政府工作议程。

提升针对工作方案和战略落实情况的监督机制。

6.政策制定和磋商机制

政策委员会、性别平等常务委员会、主题委员会、世界城地组织论坛、实践社区和常驻工作组均由世界理事会授权，以提升政策制定和政治参与，为合作提供便利，支持世界城地组织成员之间就全球议程中组织的工作重点进行经验分享。

政策委员会	城市权利和包容性辖区委员会
	辖区、多层次治理和可持续融资委员会
	机会平等、文化和城市外交：可持续发展和和平的关键委员会
	更安全、有韧性和可持续城市：有能力面对危机委员会
性别平等常务委员会	—
主题委员会	文化委员会
	社会包容、民主参与以及人权委员会
	城市战略规划委员会
	地方经济和社会发展委员会
世界城地组织论坛	中型城市论坛
	外围城市论坛
	地方政府协会负责人论坛

续表

实践社区	城市创新社区
	交通社区
	社会经济社区
	食品安全社区
	公开与问责社区
常驻工作组	能力与机制建设工作组
	地区危机管控工作组

二、变革我们的世界——联合国2030年可持续发展议程

《2030年可持续发展议程》

序　言

本议程是为人类、地球与繁荣制订的行动计划。它还旨在加强世界和平与自由。我们认识到，消除一切形式和表现的贫困，包括消除极端贫困，是世界最大的挑战，也是实现可持续发展必不可少的要求。

所有国家和所有利益攸关方将携手合作，共同执行这一计划。我们决心让人类摆脱贫困和匮乏，让地球治愈创伤并得到保护。我们决心大胆采取迫切需要的变革步骤，让世界走上可持续且具有恢复力的道路。在踏上这一共同征途时，我们保证，绝不让任何一个人掉队。

我们今天宣布的17个可持续发展目标和169个具体目标展现了这个新全球议程的规模和雄心。这些目标寻求巩固发展千年发展目标，完成千年发展目标尚未完成的事业。它们要让所有人享有人权，实现性别平等，增强所有妇女和女童的权能。它们是整体的，不可分割的，并兼顾了可持续发展的三个方面：经济、社会和环境。

这些目标和具体目标将促使人们在今后15年内，在那些对人类和地球至关重要的领域中采取行动。

◆ **人类**

我们决心消除一切形式和表现的贫困与饥饿，让所有人平等和有尊严地在一个健康的环境中充分发挥自己的潜能。

◆ **地球**

我们决心阻止地球的退化，包括以可持续的方式进行消费和生产，管理地球的自然资源，在气候变化问题上立即采取行动，使地球能够满足今世后代的需求。

◆ **繁荣**

我们决心让所有的人都过上繁荣和充实的生活，在与自然和谐相处的同时实现经济、社会和技术进步。

◆ **和平**

我们决心推动创建没有恐惧与暴力的和平、公正和包容的社会。没有和平，就没有可持续发展；没有可持续发展，就没有和平。

◆ **伙伴关系**

我们决心动用必要的手段来执行这一议程，本着加强全球团结的精神，在所有国家、所有利益攸关方和全体人民参与的情况下，恢复全球可持续发展伙伴关系的活力，尤其注重满足最贫困最脆弱群体的需求。

各项可持续发展目标是相互关联和相辅相成的，对于实现新议程的宗旨至关重要。如果能在议程述及的所有领域中实现我们的雄心，所有人的生活都会得到很大改善，我们的世界会变得更加美好。

宣　言

◆ 导言

1. 我们，在联合国成立七十周年之际于2015年9月25日至27日汇聚在纽约联合国总部的各国的国家元首、政府首脑和高级别代表，于今日制定了新的全球可持续发展目标。

2. 我们代表我们为之服务的各国人民，就一套全面、意义深远和以人为中心的具有普遍性和变革性的目标和具体目标，做出了一项历史性决定。我们承诺做出不懈努力，使这一议程在2030年前得到全面执行。我们认识到，消除一切形式和表现的贫困，包括消除极端贫困，是世界的最大挑战，对实现可持续发展必不可少。我们决心采用统筹兼顾的方式，从经济、社会和环境这三个方面实现可持续发展。我们还将在巩固实施千年发展目标成果的基础上，争取完成它们尚未完成的事业。

3. 我们决心从现在到2030年的这一段时间内，在世界各地消除贫困与饥饿；消除各个国家内和各个国家之间的不平等；建立和平、公正和包容的社会；保护人权和促进性别平等，增强妇女和女童的权能；永久保护地球及其自然资源。我们还决心创造条件，实现可持续、包容和持久的经济增长，让所有人分享繁荣并拥有体面工作，同时顾及各国不同的发展程度和能力。

4. 在踏上这一共同征途时，我们保证，绝不让任何一个人掉队。我们认识到，人必须有自己的尊严，我们希望实现为所有国家、所有人民和所有社会阶层制定的目标和具体目标。我们将首先尽力帮助落在最后面的人。

5. 这是一个规模和意义都前所未有的议程。它顾及各国不同的国情、能力和发展程度，尊重各国的政策和优先事项，因而得到所有国家的认可，并适用于所有国家。这些目标既是普遍性的，也是具体的，涉及每一个国家，无论它是发达国家还是发展中国家。它们是整体的，不可分割的，兼顾了可持续发展的三个方面。

6. 这些目标和具体目标是在同世界各地的民间社会和其他利益攸关方进行长达两年的密集公开磋商和意见交流，尤其是倾听最贫困最弱势群体的意见后提出的。磋商也参考借鉴了联合国大会可持续发展目标开放工作组和联合国开展的重要工作。联合国秘书长于2014 年12月就此提交了一份总结报告。

◆ 愿景

7. 我们通过这些目标和具体目标提出了一个雄心勃勃的变革愿景。我们要创建一个没有贫困、饥饿、疾病、匮乏并适于万物生存的世界。一个没有恐惧与暴力的世界。一个人人都识字的世界。一个人人平等享有优质大中小学教育、卫生保健和社会保障以及身心健康和社会福利的世界。一个我们重申我们对享有安全饮用水和环境卫生的人权的承诺和卫生条件得到改善的世界。一个有充足、安全、价格低廉和营养丰富的粮食的世界。一个有安全、充满活力和可持续的人类居住地的世界和一个人人可以获得价廉、可靠和可持续能源的世界。

8. 我们要创建一个普遍尊重人权和人的尊严、法治、公正、平等和非歧视，尊重种族、民族和文化多样性，尊重机会均等以充分发挥人的潜能和促进共同繁荣的世界。一个注重对儿童投资和让每个儿童在没有暴力和剥削的环境中成长的世界。一个每个妇女和女童都充分享有性别平等和一切阻碍女性权能的法律、社会和经济障碍都被消除的世界。一个公正、公平、容忍、开放、有社会包容性和最弱势群体的需求得到满足的世界。

9. 我们要创建一个每个国家都实现持久、包容和可持续的经济增长和每个人都有体面工作的世界。一个以可持续的方式进行生产、消费和使用从空气到土地、从河流、湖泊和地下含水层到海洋的各种自然资源的世界。一个有可持续发展、包括持久的包容性经济增长、社会发展、环境保护和消除贫困与饥饿所需要的民主、良政和法治，并有有利的国内和国际环境的世界。一个技术研发和应用顾及对气候的影响、维护生物多样性和有复原力的世界。一个人类与大自然和谐共处，野生动植物和其他物种得到保护的世界。

◆ 共同原则和承诺

10. 新议程依循《联合国宪章》的宗旨和原则，充分尊重国际法。它以《世界人权宣言》、国际人权条约、《联合国千年宣言》和2005年世界首脑会议成果文件为依据，并参照了《发展权利宣言》等其他文书。

11. 我们重申联合国所有重大会议和首脑会议的成果，因为它们为可持续发展奠定了坚实基础，帮助勾画这一新议程。这些会议和成果包括《关于环境与发展的里约宣言》、可持续发展问题世界首脑会议、社会发展问题世界首脑会议、《国际人口与发展会议行动纲领》、《北京行动纲要》和联合国可持续发展大会。我们还重申这些会议的后续行动，包括以下会议的成果：第四次联合国最不发达国家问题会议、第三次小岛屿发展中国家问题国际会议、第二次联合国内陆发展中国家问题会议和第三次联合国世界减灾大会。

12. 我们重申《关于环境与发展的里约宣言》的各项原则，特别是宣言原则7提出的共同但有区别的责任原则。

13. 这些重大会议和首脑会议提出的挑战和承诺是相互关联的，需要有统筹解决办法。要有新的方法来有效处理这些挑战。在实现可持续发展方面，消除一切形式和表现的贫困，消除国家内和国家间的不平等，保护地球，实现持久、包容和可持续的经济增长和促进社会包容，是相互关联和相辅相成的。

◆ 当今所处的世界

14. 我们的会议是在可持续发展面临巨大挑战之际召开的。我们有几十亿公民仍然处于贫困之中，生活缺少尊严。国家内和国家间的不平等在增加。机会、财富和权力的差异十分悬殊。性别不平等仍然是一个重大挑战。失业特别是青年失业，是一个令人担忧的重要问题。全球性疾病威胁、越来越频繁和严重的自然灾害、不断升级的冲突、暴力极端主义、恐怖主义和有关的人道主义危机以及被迫流离失所，有可能使最近数十年取得的大部分发展进展功亏一篑。自然资源的枯竭和环境退化产生的不利影响，包括荒漠化、干旱、土地退化、淡水资源缺乏和生物多样性丧失，使人类面临的各种挑战不断增加和日益严重。气候变化是当今时代的最大挑战之一，它产生的不利影响削弱了各国实现可持续发展的能力。全球升温、海平面上升、海洋酸化和其他气候变化产生的影响，严重影响到沿岸地区和低洼沿岸国家，包括许多最不发达国家和小岛屿发展中国家。许多社会和各种维系地球的生物系统的生存受到威胁。

15. 但这也是一个充满机遇的时代。应对许多发展挑战的工作已经取得了重大进展，已有千百万人民摆脱了极端贫困。男女儿童接受教育的机会大幅度增加。信息和通信技术的传播和世界各地之间相互连接的加强在加快人类进步方面潜力巨大，消除数字鸿沟，创建知识社会，医药和能源等许多领域中的科技创新也有望起到相同的作用。

16. 千年发展目标是在近十五年前商定的。这些目标为发展确立了一个重要框架，已经在一些重要领域中取得了重大进展。但是各国的进展参差不齐，非洲、最不发达国家、内陆发展中国家和小岛屿发展中国家尤其如此，一些千年发展目标仍未实现，特别是那些涉及孕产妇、新生儿和儿童健康的目标和涉及生殖健康的目标。我们承诺全面实现所有千年发展目标，包括尚未实现的目标，特别是根据相关支助方案，重点为最不发达国家和其他特殊处境国家提供更多援助。新议程巩固发展了千年发展目标，力求完成没有完成的目标，特别是帮助最弱势群体。

17. 但是，我们今天宣布的框架远远超越了千年发展目标。除了保留消贫、保健、教育和粮食安全和营养等发展优先事项外，它还提出了各种广泛的经济、社会和环境目标。它还承诺建立更加和平、更加包容的社会。重要的是，它还提出了执行手段。新的目标和具体目标相互紧密关联，有许多贯穿不同领域的要点，体现了我们决定采用统筹做法。

◆ 新议程

18. 我们今天宣布17个可持续发展目标以及169个相关具体目标，这些目标是一个整体，不可分割。世界各国领导人此前从未承诺为如此广泛和普遍的政策议程共同采取行动和做出努力。我们正共同走上可持续发展道路，集体努力谋求全球发展，开展为世界所有国家和所有地区带来巨大好处的“双赢”合作。我们重申，每个国家永远对其财富、自然资源和经济活动充分拥有永久主权，并应该自由行使这一主权。我们将执行这一议程，全面造福今世后代所有人。在此过程中，我们重申将维护国际法，并强调，将采用信守国际法为各国规定的权利和义务的方式来执行本议程。

19. 我们重申《世界人权宣言》以及其他涉及人权和国际法的国际文书的重要性。我们强调，所有国家都有责任根据《联合国宪章》尊重、保护和促进所有人的人权和基本自由，不分其种族、肤色、性别、语言、宗教、政治或其他见解、国籍或社会出身、财产、出生、残疾或其他身份等任何区别。

20. 实现性别平等和增强妇女和女童权能将大大促进我们实现所有目标和具体目标。如果人类中有一半人仍然不能充分享有人权和机会，就无法充分发挥人的潜能和实现可持续发展。妇女和女童必须能平等地接受优质教育，获得经济资源和参政机会，并能在就业、担任各级领导和参与决策方面，享有与男子和男童相同的机会。我们将努力争取为缩小两性差距大幅增加投入，在性别平等和增强妇女权能方面，在全球、区域和国家各级进一步为各机构提供支持。将消除对妇女和女童的一切形式歧视和暴力，包括通过让男子和男童参与。在执行本议程过程中，必须有系统地顾及性别平等因素。

21. 新的目标和具体目标将在2016年1月1日生效，是我们在今后十五年内决策的指南。我们会在考虑到本国实际情况、能力和发展程度的同时，依照本国的政策和优先事项，努力在国家、区域和全球各级执行本议程。我们将在继续依循相关国际规则和承诺的同时，保留国家政策空间，以促进持久、包容和可持续的经济增长，特别是发展中国家的增长。我们同时承认区域和次区域因素、区域经济一体化和区域经济关联性在可持续发展过程中的重要性。区域和次区域框架有助于把可持续发展政策切实变为各国的具体行动。

22. 每个国家在寻求可持续发展过程中都面临具体的挑战。尤其需要关注最脆弱国家，特别是非洲国家、最不发达国家、内陆发展中国家和小岛屿发展中国家，也要关注冲突中和冲突后国家。许多中等收入国家也面临重大挑战。

23. 必须增强弱势群体的权能。其需求被列入本议程的人包括所有的儿童、青年、残疾人（他们有80%的人生活在贫困中）、艾滋病毒/艾滋病感染者、老人、土著居民、难民和境内流离失所者以及移民。我们决心根据国际法进一步采取有效措施和行动，消除障碍和取消限制，进一步提供支持，满足生活在有复杂的人道主义紧急情况地区和受恐怖主义影响地区人民的需求。

24. 我们承诺消除一切形式和表现的贫困，包括到2030年时消除极端贫困。必须让所有人的生活达到基本标准，包括通过社会保障体系做到这一点。我们决心优先消除饥饿，实现粮食安全，并决心消除一切形式的营养不良。我们为此重申世界粮食安全委员会需要各方参与并发挥重要作用，欢迎《营养问题罗马宣言》和《行动框架》。我们将把资源用于发展中国家的农村地区和可持续农业与渔业，支持发展中国家、特别是最不发达国家的小户农民（特别是女性农民）、牧民和渔民。

25. 我们承诺在各级提供包容和平等的优质教育——幼儿教育、小学、中学和大学教育、技术和职业培训。所有人，特别是处境困难者，无论性别、年龄、种族、族裔为何，无论是残疾人、移民还是土著居民，无论是儿童还是青年，都应有机会终身获得教育，掌握必要知识和技能，充分融入社会。我们将努力为儿童和青年提供一个有利于成长的环境，让他们充分享有权利和发挥能力，帮助各国享受人口红利，包括保障学校安全，维护社区和家庭的和谐。

26. 为了促进身心健康，延长所有人的寿命，我们必须实现全民健康保险，让人们获得优质医疗服务，不遗漏任何人。我们承诺加快迄今在减少新生儿、儿童和孕产妇死亡率方面的进展，到2030年时将所有可以预防的死亡减至零。我们承诺让所有人获得性保健和生殖保健服务，包括计划生育服务，提供信息和教育。我们还会同样加快在消除疟疾、艾滋病毒/艾滋病、肺结核、肝炎、埃博拉和其他传染疾病和流行病方面的进展，包括处理抗生素耐药性不断增加的问题和在发展中国家肆虐的疾病得不到关注的问题。我们承诺预防和治疗非传染性疾病，包括行为、发育和神经系统疾病，因为它们是对可持续发展的一个重大挑战。

27. 我们将争取为所有国家建立坚实的经济基础。实现繁荣必须有持久、包容和可持续的经济增长。只有实现财富分享，消除收入不平等，才能有经济增长。我们将努力创建有活力、可持续、创新和以人为中心的经济，促进青年就业和增强妇女经济权能，特别是让所有人都有体面工作。我们将消灭强迫劳动和人口贩卖，消灭一切形式的童工。劳工队伍身体健康，受过良好教育，拥有从事让人身心愉快的生产性工作的必要知识和技能，并充分融入社会，将会使所有国家受益。我们将加强所有最不发达国家所有行业的生产能力，包括进行结构改革。我们将采取政策提高生产能力、生产力和生产性就业；为贫困和低收入者提供资金；发展可持续农业、牧业和渔业；实现可持续工业发展；让所有人获得价廉、可靠、可持续的现代能源服务；建立可持续交通系统，建立质量高和复原能力强的基础设施。

28. 我们承诺从根本上改变我们的社会生产和消费商品及服务的方式。各国政府、国际组织、企业界和其他非国家行为体和个人必须协助改变不可持续的生产和消费模式，包括推动利用所有来源提供财务和技术援助，加强发展中国家的科学技术能力和创新能力，以便采用更可持续的生产和消费模式。我们鼓励执行《可持续消费和生产模式方案十年框架》。所有国家都要采取行动，发达国家要发挥带头作用，同时要考虑到发展中国家的发展水平和能力。

29. 我们认识到，移民对包容性增长和可持续发展做出了积极贡献。我们还认识到，跨国移民实际上涉及多种因素，对于原籍国、过境国和目的地国的发展具有重大影响，需要有统一和全面的对策。我们将在国际上开展合作，确保安全、有序的定期移民，充分尊重人权，不论移民状况如何都人道地对待移民，并人道地对待难民和流离失所者。这种合作应能加强收容难民的社区、特别是发展中国家收容社区的活力。我们强调移民有权返回自己的原籍国，并忆及各国必须以适当方式接受回返的本国国民。

30. 我们强烈敦促各国不颁布和实行任何不符合国际法和《联合国宪章》，阻碍各国、特别是发展中国家全面实现经济和社会发展的单方面经济、金融或贸易措施。

31. 我们确认《联合国气候变化框架公约》是谈判确定全球气候变化对策的首要国际政府间论坛。我们决心果断应对气候变化和环境退化带来的威胁。气候变化是全球性的，要开展最广泛的国际合作来加速解决全球温室气体减排和适应问题以应对气候变化的不利影响。我们非常关切地注意到，《公约》缔约方就到2020年全球每年温室气体排放量做出的减缓承诺的总体效果与可能将全球平均温升控制在比实现工业化前高2或1.5摄氏度之内而需要达到的整体排放路径相比，仍有巨大的差距。

32. 展望将于巴黎举行的第二十一次缔约方大会，我们特别指出，所有国家都承诺努力达成一项有雄心的、普遍适用的气候协定。我们重申，《公约》之下对所有缔约方适用的议定书、另一份法律文书或有某种法律约束力的议定结果，应平衡减缓、适应、资金、技术开发与转让、能力建设以及行动和支持的透明度等问题。

33. 我们确认，社会和经济发展离不开对地球自然资源的可持续管理。因此，我们决心保护和可持续利用海洋、淡水资源以及森林、山地和旱地，保护生物多样性、生态系统和野生动植物。我们还决心促进可持续旅游，解决缺水和水污染问题，加强在荒漠化、沙尘暴、土地退化和干旱问题上的合作，加强灾后恢复能力和减少灾害风险。在这方面，我们对预定2016年在墨西哥举行的生物多样性公约第十三次缔约方会议充满期待。

34. 我们确认，可持续的城市发展和管理对于我们人民的生活质量至关重要。我们将同地方当局和社区合作，规划我们的城市和人类住区，重新焕发它们的活力，以促进社区凝聚力和人身安全，推动创新和就业。我们将减少由城市活动和危害人类健康和环境的化学品所产生的不利影响，包括以对环境无害的方式管理和安全使用化学品，减少废物，回收废物和提高水和能源的使用效率。我们将努力把城市对全球气候系统的影响降到最低限度。我们还会在我们的国家、农村和城市发展战略与政策中考虑到人口趋势和人口预测。我们对即将在基多举行的第三次联合国住房与可持续城市发展会议充满期待。

35. 没有和平与安全，可持续发展无法实现；没有可持续发展，和平与安全也将面临风险。新议程确认，需要建立和平、公正和包容的社会，在这一社会中，所有人都能平等诉诸法律，人权（包括发展权）得到尊重，在各级实行有效的法治和良政，并有透明、有效和负责的机构。本议程论及各种导致暴力、不安全与不公正的因素，例如不平等、腐败、治理不善以及非法的资金和武器流动。我们必须加倍努力，解决或防止冲突，向冲突后国家提供支持，包括确保妇女在建设和平和国家建设过程中发挥作用。我们呼吁依照国际法进一步采取有效的措施和行动，消除处于殖民统治和外国占领下的人民充分行使自决权的障碍，因为这些障碍影响到他们的经济和社会发展，以及他们的环境。

36. 我们承诺促进不同文化间的理解、容忍、相互尊重，确立全球公民道德和责任共担。我们承认自然和文化多样性，认识到所有文化与文明都能推动可持续发展，是可持续发展的重要推动力。

37. 体育也是可持续发展的一个重要推动力。我们确认，体育对实现发展与和平的贡献越来越大，因为体育促进容忍和尊重，增强妇女和青年、个人和社区的权能，有助于实现健康、教育和社会包容方面的目标。

38. 我们根据《联合国宪章》重申尊重各国的领土完整和政治独立的必要性。

◆ 执行手段

39. 新议程规模宏大，雄心勃勃，因此需要恢复全球伙伴关系的活力，以确保它得到执行。我们将全力以赴。这一伙伴关系将发扬全球团结一致的精神，特别是要与最贫困的人和境况脆弱的人同舟共济。这一伙伴关系将推动全球高度参与，把各国政府、私营部门、民间社会、联合国系统和其他各方召集在一起，调动现有的一切资源，协助落实所有目标和具体目标。

40. 目标17和每一个可持续发展目标下关于执行手段的具体目标是实现我们议程的关键，它们对其他目标和具体目标也同样重要。我们可以在2015年7月13日至16日在亚的斯亚贝巴举行的第三次发展筹资国际会议成果文件提出的具体政策和行动的支持下，在重振活力的可持续发展全球伙伴关系框架内实现本议程，包括可持续发展目标。我们欢迎大会核可作为2030年可持续发展议程组成部分的《亚的斯亚贝巴行动议程》。我们确认，全面执行《亚的斯亚贝巴行动议程》对于实现可持续发展目标和具体目标至关重要。

41. 我们确认各国对本国经济和社会发展负有首要责任。新议程阐述了落实各项目标和具体目标所需要的手段。我们确认，这些手段包括调动财政资源，开展能力建设，以优惠条件向发展中国家转让对环境无害的技术，包括按照相互商定的减让和优惠条件进行转让。国内和国际公共财政将在提供基本服务和公共产品以及促进从其他来源筹资方面起关键作用。我们承认，私营部门——从微型企业、合作社到跨国公司——民间社会组织和慈善组织将在执行新议程方面发挥作用。

42. 我们支持实施相关的战略和行动方案，包括《伊斯坦布尔宣言和行动纲领》《小岛屿发展中国家快速行动方式（萨摩亚途径）》《内陆发展中国家2014—2024年十年维也纳行动纲领》，重申必须支持非洲联盟2063年议程和非洲发展新伙伴关系方案，因为它们都是新议程的组成部分。我们认识到，在冲突和冲突后国家实现持久和平与可持续发展面临很大挑战。

43. 我们强调，国际公共资金对各国筹集国内公共资源的努力发挥着重要补充作用，对国内资源有限的最贫困和最脆弱国家而言尤其如此。国际公共资金包括官方发展援助的一个重要用途是促进从其他公共和私人来源筹集更多的资源。官方发展援助提供方再次做出各自承诺，包括许多发达国家承诺实现对发展中国家的官方发展援助占其国民总收入的0.7%，对最不发达国家的官方发展援助占其国民总收入的0.15%至0.20%的目标。

44. 我们确认，国际金融机构必须按照其章程支持各国、特别是发展中国家享有政策空间。我们承诺扩大和加强发展中国家——包括非洲国家、最不发达国家、内陆发展中国家、小岛屿发展中国家和中等收入国家——在国际经济决策、规范制定和全球经济治理方面的话语权和参与度。

45. 我们还确认，各国议会在颁布法律、制定预算和确保有效履行承诺方面发挥重要作用。各国政府和公共机构还将与区域和地方当局、次区域机构、国际机构、学术界、慈善组织、志愿团体以及其他各方密切合作，开展执行工作。

46. 我们着重指出，一个资源充足、切合实际、协调一致、高效率和高成效的联合国系统在支持实现可持续发展目标和可持续发展方面发挥着重要作用并拥有相对优势。我们强调，必须加强各国在国家一级的自主权和领导权，并支持经社理事会目前就联合国发展系统在本议程中的长期地位问题开展的对话。

◆ 后续落实和评估

47. 各国政府主要负责在今后15年内落实和评估国家、区域和全球各级落实各项目标和具体目标的进展。为了对我们的公民负责，我们将按照本议程和《亚的斯亚贝巴行动议程》的规定，系统进行各级的后续落实和评估工作。联合国大会和经社理事会主办的高级别政治论坛将在监督全球的后续落实和评估工作方面起核心作用。

48. 我们正在编制各项指标，以协助开展这项工作。我们需要优质、易获取、及时和可靠的分类数据，帮助衡量进展情况，不让任何一个人掉队。这些数据对决策至关重要。应尽可能利用现有报告机制提供的数据和资料。我们同意加紧努力，加强发展中国家，特别是非洲国家、最不发达国家、内陆发展中国家、小岛屿发展中国家和中等收入国家的统计能力。我们承诺制定更广泛的衡量进展的方法，对国内生产总值这一指标进行补充。

◆ 行动起来，变革我们的世界

49. 七十年前，老一代世界领袖齐聚一堂，创建了联合国。他们在世界四分五裂的情况下，在战争的废墟中创建了联合国，确立了本组织必须依循和平、对话和国际合作的价值观。《联合国宪章》就是这些价值观至高无上的体现。

50. 今天，我们也在做出具有重要历史意义的决定。我们决心为所有人，包括为数百万被剥夺机会而无法过上体面、有尊严、有意义的生活和无法充分发挥潜力的人，建设一个更美好的未来。我们可以成为成功消除贫困的第一代人；我们也可能是有机会拯救地球的最后一代人。如果我们能够实现我们的目标，那么世界将在2030年变得更加美好。

51. 我们今天宣布的今后十五年的全球行动议程，是二十一世纪人类和地球的章程。儿童和男女青年是变革的重要推动者，他们将在新的目标中找到一个平台，用自己无穷的活力来创造一个更美好的世界。

52. “我联合国人民”是《联合国宪章》的开篇名言。今天踏上通往2030年征途的，正是“我联合国人民”。与我们一起踏上征途的有各国政府及议会、联合国系统和其他国际机构、地方当局、土著居民、民间社会、工商业和私营部门、科学和学术界，还有全体人民。数百万人已经参加了这一议程的制订并将其视为自己的议程。这是一个民有、民治和民享的议程，我们相信它一定会取得成功。

53. 我们把握着人类和地球的未来。今天的年轻人也把握着人类和地球的未来，他们会把火炬继续传下去。我们已经绘制好可持续发展的路线，接下来要靠我们大家来圆满完成这一征程，并保证不会丧失已取得的成果。

◆ 可持续发展目标和具体目标

54. 在进行各方参与的政府间谈判后，我们根据可持续发展目标开放工作组的建议（建议起首部分介绍了建议的来龙去脉），商定了下列目标和具体目标。

55. 可持续发展目标和具体目标是一个整体，不可分割，是全球性和普遍适用的，兼顾各国的国情、能力和发展水平，并尊重各国的政策和优先事项。具体目标是人们渴望达到的全球性目标，由各国政府根据国际社会的总目标，兼顾本国国情制定。各国政府还将决定如何把这些激励人心的全球目标列入本国的规划工作、政策和战略。必须认识到，可持续发展与目前在经济、社会和环境领域中开展的其他相关工作相互关联。

56. 我们在确定这些目标和具体目标时认识到，每个国家都面临实现可持续发展的具体挑战，我们特别指出最脆弱国家，尤其是非洲国家、最不发达国家、内陆发展中国家和小岛屿发展中国家面临的具体挑战，以及中等收入国家面临的具体挑战。我们还要特别关注陷入冲突的国家。

57. 我们认识到，仍无法获得某些具体目标的基线数据，我们呼吁进一步协助加强会员国的数据收集和能力建设工作，以便在缺少这类数据的国家制定国家和全球基线数据。我们承诺将填补数据收集的空白，以便在掌握更多信息的情况下衡量进展，特别是衡量那些没有明确数字指标的具体目标的进展。

58. 我们鼓励各国在其他论坛不断做出努力，处理好可能对执行本议程构成挑战的重大问题；并且尊重这些进程的独立授权。我们希望议程和议程的执行工作支持而不是妨碍其他这些进程以及这些进程做出的决定。

59. 我们认识到，每一国家可根据本国国情和优先事项，采用不同的方式、愿景、模式和手段来实现可持续发展；我们重申，地球及其生态系统是我们共同的家园，“地球母亲”是许多国家和地区共同使用的表述。

◆ 可持续发展目标

目标1. 在全世界消除一切形式的贫困
目标2. 消除饥饿，实现粮食安全，改善营养状况和促进可持续农业
目标3. 确保健康的生活方式，促进各年龄段人群的福祉
目标4. 确保包容和公平的优质教育，让全民终身享有学习机会
目标5. 实现性别平等，增强所有妇女和女童的权能
目标6. 为所有人提供水和环境卫生并对其进行可持续管理
目标7. 确保人人获得负担得起的、可靠和可持续的现代能源
目标8. 促进持久、包容和可持续的经济增长，促进充分的生产性就业和人人获得体面工作
目标9. 建造具备抵御灾害能力的基础设施，促进具有包容性的可持续工业化，推动创新
目标10. 减少国家内部和国家之间的不平等
目标11. 建设包容、安全、有抵御灾害能力和可持续的城市和人类住区
目标12. 采用可持续的消费和生产模式
目标13. 采取紧急行动应对气候变化及其影响
目标14. 保护和可持续利用海洋和海洋资源以促进可持续发展
目标15. 保护、恢复和促进可持续利用陆地生态系统，可持续管理森林，防治荒漠化，制止和扭转土地退化，遏制生物多样性的丧失
目标16. 创建和平、包容的社会以促进可持续发展，让所有人都能诉诸司法，在各级建立有效、负责和包容的机构
目标17. 加强执行手段，重振可持续发展全球伙伴关系

确认《联合国气候变化框架公约》是谈判确定全球气候变化对策的首要国际政府间论坛。

◆ 目标1. 在全世界消除一切形式的贫困

1.1 到2030年，在全球所有人口中消除极端贫困，极端贫困目前的衡量标准是每人每日生活费不足1.25美元

1.2 到2030年，按各国标准界定的陷入各种形式贫困的各年龄段男女和儿童至少减半

1.3 执行适合本国国情的全民社会保障制度和措施，包括最低标准，到2030年在较大程度上覆盖穷人和弱势群体

1.4 到2030年，确保所有男女，特别是穷人和弱势群体，享有平等获取经济资源的权利，享有基本服务，获得对土地和其他形式财产的所有权和控制权，继承遗产，获取自然资源、适当的新技术和包括小额信贷在内的金融服务

1.5 到2030年，增强穷人和弱势群体的抵御灾害能力，降低其遭受极端天气事件和其他经济、社会、环境冲击和灾害的概率和易受影响程度

1.a 确保从各种来源，包括通过加强发展合作充分调集资源，为发展中国家、特别是最不发达国家提供充足、可预见的手段以执行相关计划和政策，消除一切形式的贫困

1.b 根据惠及贫困人口和顾及性别平等问题的发展战略，在国家、区域和国际层面制定合理的政策框架，支持加快对消贫行动的投资

◆ 目标2. 消除饥饿，实现粮食安全，改善营养状况和促进可持续农业

2.1 到2030年，消除饥饿，确保所有人，特别是穷人和弱势群体，包括婴儿，全年都有安全、营养和充足的食物

2.2 到2030年，消除一切形式的营养不良，包括到2025年实现5岁以下儿童发育迟缓和消瘦问题相关国际目标，解决青春期少女、孕妇、哺乳期妇女和老年人的营养需求

2.3 到2030年，实现农业生产力翻倍和小规模粮食生产者，特别是妇女、土著居民、农户、牧民和渔民的收入翻番，具体做法包括确保平等获得土地、其他生产资源和要素、知识、金融服务、市场以及增值和非农就业机会

2.4 到2030年，确保建立可持续粮食生产体系并执行具有抗灾能力的农作方法，以提高生产力和产量，帮助维护生态系统，加强适应气候变化、极端天气、干旱、洪涝和其他灾害的能力，逐步改善土地和土壤质量

2.5 到2020年，通过在国家、区域和国际层面建立管理得当、多样化的种子和植物库，保持种子、种植作物、养殖和驯养的动物及与之相关的野生物种的基因多样性；根据国际商定原则获取及公正、公平地分享利用基因资源和相关传统知识产生的惠益

2.a 通过加强国际合作等方式，增加对农村基础设施、农业研究和推广服务、技术开发、植物和牲畜基因库的投资，以增强发展中国家，特别是最不发达国家的农业生产能力

2.b 根据多哈发展回合授权，纠正和防止世界农业市场上的贸易限制和扭曲，包括同时取消一切形式的农业出口补贴和具有相同作用的所有出口措施

2.c 采取措施，确保粮食商品市场及其衍生工具正常发挥作用，确保及时获取包括粮食储备量在内的市场信息，限制粮价剧烈波动

◆ 目标3. 确保健康的生活方式，促进各年龄段人群的福祉

3.1 到2030年，全球孕产妇每10万例活产的死亡率降至70人以下

3.2 到2030年，消除新生儿和5岁以下儿童可预防的死亡，各国争取将新生儿每1000例活产的死亡率至少降至12例，5岁以下儿童每1000例活产的死亡率至少降至25例

3.3 到2030年，消除艾滋病、结核病、疟疾和被忽视的热带疾病等流行病，抗击肝炎、水传播疾病和其他传染病

3.4 到2030年，通过预防、治疗及促进身心健康，将非传染性疾病导致的过早死亡减少三分之一

3.5 加强对滥用药物包括滥用麻醉药品和有害使用酒精的预防和治疗

3.6 到2030年，全球公路交通事故造成的死伤人数减半

3.7 到2030年，确保普及性健康和生殖健康保健服务，包括计划生育、信息获取和教育，将生殖健康纳入国家战略和方案

3.8 实现全民健康保障，包括提供金融风险保护，人人享有优质的基本保健服务，人人获得安全、有效、优质和负担得起的基本药品和疫苗

3.9 到2030年，大幅减少危险化学品以及空气、水和土壤污染导致的死亡和患病人数

3.a 酌情在所有国家加强执行《世界卫生组织烟草控制框架公约》

3.b 支持研发主要影响发展中国家的传染和非传染性疾病的疫苗和药品，根据《关于与贸易有关的知识产权协议与公共健康的多哈宣言》的规定，提供负担得起的基本药品和疫苗，《多哈宣言》确认发展中国家有权充分利用《与贸易有关的知识产权协议》中关于采用变通办法保护公众健康，尤其是让所有人获得药品的条款

3.c 大幅加强发展中国家，尤其是最不发达国家和小岛屿发展中国家的卫生筹资，增加其卫生工作者的招聘、培养、培训和留用

3.d 加强各国，特别是发展中国家早期预警、减少风险，以及管理国家和

全球健康风险的能力

◆ 目标4. 确保包容和公平的优质教育，让全民终身享有学习机会

4.1 到2030年，确保所有男女童完成免费、公平和优质的中小学教育，并取得相关和有效的学习成果

4.2 到2030年，确保所有男女童获得优质幼儿发展、看护和学前教育，为他们接受初级教育做好准备

4.3 到2030年，确保所有男女平等获得负担得起的优质技术、职业和高等教育，包括大学教育

4.4 到2030年，大幅增加掌握就业、体面工作和创业所需相关技能，包括技术性和职业性技能的青年和成年人数

4.5 到2030年，消除教育中的性别差距，确保残疾人、土著居民和处境脆弱儿童等弱势群体平等获得各级教育和职业培训

4.6 到2030年，确保所有青年和大部分成年男女具有识字和计算能力

4.7 到2030年，确保所有进行学习的人都掌握可持续发展所需的知识和技能，具体做法包括开展可持续发展、可持续生活方式、人权和性别平等方面的教育、弘扬和平和非暴力文化、提升全球公民意识，以及肯定文化多样性和文化对可持续发展的贡献

4.a 建立和改善兼顾儿童、残疾和性别平等的教育设施，为所有人提供安全、非暴力、包容和有效的学习环境

4.b 到2020年，在全球范围内大幅增加发达国家和部分发展中国家为发展中国家，特别是最不发达国家、小岛屿发展中国家和非洲国家提供的高等教育奖学金数量，包括职业培训和信息通信技术、技术、工程、科学项目的奖学金

4.c 到2030年，大幅增加合格教师人数，具体做法包括在发展中国家，特别是最不发达国家和小岛屿发展中国家开展师资培训方面的国际合作

◆ 目标5. 实现性别平等，增强所有妇女和女童的权能

5.1 在全球消除对妇女和女童一切形式的歧视

5.2 消除公共和私营部门针对妇女和女童一切形式的暴力行为，包括贩卖、性剥削及其他形式的剥削

5.3 消除童婚、早婚、逼婚及割礼等一切伤害行为

5.4 认可和尊重无偿护理和家务，各国可视本国情况提供公共服务、基础设施和社会保护政策，在家庭内部提倡责任共担

5.5 确保妇女全面有效参与各级政治、经济和公共生活的决策，并享有进入以上各级决策领导层的平等机会

5.6 根据《国际人口与发展会议行动纲领》《北京行动纲领》及其历次审查会议的成果文件，确保普遍享有性和生殖健康以及生殖权利

5.a 根据各国法律进行改革，给予妇女平等获取经济资源的权利，以及享有对土地和其他形式财产的所有权和控制权，获取金融服务、遗产和自然资源

5.b 加强技术特别是信息和通信技术的应用，以增强妇女权能

5.c 采用和加强合理的政策和有执行力的立法，促进性别平等，在各级增强妇女和女童权能

◆ 目标6. 为所有人提供水和环境卫生并对其进行可持续管理

6.1 到2030年，人人普遍和公平获得安全和负担得起的饮用水

6.2 到2030年，人人享有适当和公平的环境卫生和个人卫生，杜绝露天排便，特别注意满足妇女、女童和弱势群体在此方面的需求

6.3 到2030年，通过以下方式改善水质：减少污染，消除倾倒废物现象，把危险化学品和材料的排放减少到最低限度，将未经处理废水比例减半，大幅增加全球废物回收和安全再利用

6.4 到2030年，所有行业大幅提高用水效率，确保可持续取用和供应淡水，以解决缺水问题，大幅减少缺水人数

6.5 到2030年，在各级进行水资源综合管理，包括酌情开展跨境合作

6.6 到2020年，保护和恢复与水有关的生态系统，包括山地、森林、湿地、河流、地下含水层和湖泊

6.a 到2030年，扩大向发展中国家提供的国际合作和能力建设支持，帮助它们开展与水和卫生有关的活动和方案，包括雨水采集、海水淡化、提高用水效率、废水处理、水回收和再利用技术

6.b 支持和加强地方社区参与改进水和环境卫生管理

◆ 目标7. 确保人人获得负担得起的、可靠和可持续的现代能源

7.1 到2030年，确保人人都能获得负担得起的、可靠的现代能源服务

7.2 到2030年，大幅增加可再生能源在全球能源结构中的比例

7.3 到2030年，全球能效改善率提高一倍

7.a 到2030年，加强国际合作，促进获取清洁能源的研究和技术，包括可再生能源、能效，以及先进和更清洁的化石燃料技术，并促进对能源基础设施和清洁能源技术的投资

7.b 到2030年，增建基础设施并进行技术升级，以便根据发展中国家，特别是最不发达国家、小岛屿发展中国家和内陆发展中国家各自的支持方案，为所有人提供可持续的现代能源服务

◆ 目标8. 促进持久、包容和可持续经济增长，促进充分的生产性就业和人人获得体面工作

8.1 根据各国国情维持人均经济增长，特别是将最不发达国家国内生产总值年增长率至少维持在7%

8.2 通过多样化经营、技术升级和创新，包括重点发展高附加值和劳动密集型行业，实现更高水平的经济生产力

8.3 推行以发展为导向的政策，支持生产性活动、体面就业、创业精神、创造力和创新；鼓励微型和中小型企业通过获取金融服务等方式实现正规化并成长壮大

8.4 到2030年，逐步改善全球消费和生产的资源使用效率，按照《可持续消费和生产模式方案十年框架》，努力使经济增长和环境退化脱钩，发达国家应在上述工作中做出表率

8.5 到2030年，所有男女，包括青年和残疾人实现充分和生产性就业，有体面工作，并做到同工同酬

8.6 到2020年，大幅减少未就业和未受教育或培训的青年人比例。

8.7 立即采取有效措施，根除强制劳动、现代奴隶制和贩卖人口，禁止和消除最恶劣形式的童工，包括招募和利用童兵，到2025年终止一切形式的童工

8.8 保护劳工权利，推动为所有工人，包括移民工人，特别是女性移民和没有稳定工作的人创造安全和有保障的工作环境

8.9 到2030年，制定和执行推广可持续旅游的政策，以创造就业机会，促进地方文化和产品

8.10 加强国内金融机构的能力，鼓励并扩大全民获得银行、保险和金融服务的机会

8.a 增加向发展中国家，特别是最不发达国家提供的促贸援助支持，包括通过《为最不发达国家提供贸易技术援助的强化综合框架》提供上述支持

8.b 到2020年，拟定和实施青年就业全球战略，并执行国际劳工组织的《全球就业契约》

◆ 目标9. 建造具备抵御灾害能力的基础设施，促进具有包容性的可持续工业化，推动创新

9.1 发展优质、可靠、可持续和有抵御灾害能力的基础设施，包括区域和跨境基础设施，以支持经济发展和提升人类福祉，重点是人人可负担得起并公平利用上述基础设施

9.2 促进包容可持续工业化，到2030年，根据各国国情，大幅提高工业在就业和国内生产总值中的比例，使最不发达国家的这一比例翻番

9.3 增加小型工业和其他企业，特别是发展中国家的这些企业获得金融服务、包括负担得起的信贷的机会，将上述企业纳入价值链和市场

9.4 到2030年，所有国家根据自身能力采取行动，升级基础设施，改进工业以提升其可持续性，提高资源使用效率，更多采用清洁和环保技术及产业流程

9.5在所有国家，特别是发展中国家，加强科学研究，提升工业部门的技术能力，包括到2030年，鼓励创新，大幅增加每100万人口中的研发人员数量，并增加公共和私人研发支出

9.a 向非洲国家、最不发达国家、内陆发展中国家和小岛屿发展中国家提供更多的财政、技术和技能支持，以促进其开发有抵御灾害能力的可持续基础设施

9.b 支持发展中国家的国内技术开发、研究与创新，包括提供有利的政策环境，以实现工业多样化，增加商品附加值

9.c 大幅提升信息和通信技术的普及度，力争到2020年在最不发达国家以低廉的价格普遍提供因特网服务

◆ 目标10. 减少国家内部和国家之间的不平等

10.1 到2030年，逐步实现和维持最底层40%人口的收入增长，并确保其

增长率高于全国平均水平

10.2 到2030年，增强所有人的权能，促进他们融入社会、经济和政治生活，而不论其年龄、性别、残疾与否、种族、族裔、出身、宗教信仰、经济地位或其他任何区别

10.3 确保机会均等，减少结果不平等现象，包括取消歧视性法律、政策和做法，推动与上述努力相关的适当立法、政策和行动

10.4 采取政策，特别是财政、薪资和社会保障政策，逐步实现更大的平等

10.5 改善对全球金融市场和金融机构的监管和监测，并加强上述监管措施的执行

10.6 确保发展中国家在国际经济和金融机构决策过程中有更大的代表性和发言权，以建立更加有效、可信、负责和合法的机构。

10.7 促进有序、安全、正常和负责的移民和人口流动，包括执行合理规划和管理完善的移民政策

10.a 根据世界贸易组织的各项协议，落实对发展中国家、特别是最不发达国家的特殊和区别待遇原则

10.b 鼓励根据最需要帮助的国家，特别是最不发达国家、非洲国家、小岛屿发展中国家和内陆发展中国家的国家计划和方案，向其提供官方发展援助和资金，包括外国直接投资

10.c 到2030年，将移民汇款手续费减至3%以下，取消费用高于5%的侨汇渠道

◆ 目标11. 建设包容、安全、有抵御灾害能力和可持续的城市和人类住区

11.1 到2030年，确保人人获得适当、安全和负担得起的住房和基本服务，并改造贫民窟

11.2 到2030年，向所有人提供安全、负担得起的、易于利用、可持续的交通运输系统，改善道路安全，特别是扩大公共交通，要特别关注处境脆弱者、妇女、儿童、残疾人和老年人的需要

11.3 到2030年，在所有国家加强包容和可持续的城市建设，加强参与性、综合性、可持续的人类住区规划和管理能力

11.4 进一步努力保护和捍卫世界文化和自然遗产

11.5 到2030年，大幅减少包括水灾在内的各种灾害造成的死亡人数和受灾人数，大幅减少上述灾害造成的与全球国内生产总值有关的直接经济损失，重点保护穷人和处境脆弱群体

11.6 到2030年，减少城市的人均负面环境影响，包括特别关注空气质量，以及城市废物管理等

11.7 到2030年，向所有人，特别是妇女、儿童、老年人和残疾人，普遍提供安全、包容、无障碍、绿色的公共空间

11.a 通过加强国家和区域发展规划，支持在城市、近郊和农村地区之间建立积极的经济、社会和环境联系

11.b 到2020年，大幅增加采取和实施综合政策和计划以构建包容、资源使用效率高、减缓和适应气候变化、具有抵御灾害能力的城市和人类住区数量，并根据《2015—2030年仙台减少灾害风险框架》在各级建立和实施全面的灾害风险管理

11.c 通过财政和技术援助等方式，支持最不发达国家就地取材，建造可持续的，有抵御灾害能力的建筑

◆ 目标12. 采用可持续的消费和生产模式

12.1 各国在照顾发展中国家发展水平和能力的基础上，落实《可持续消费和生产模式十年方案框架》，发达国家在此方面要做出表率

12.2 到2030年，实现自然资源的可持续管理和高效利用

12.3 到2030年，将零售和消费环节的全球人均粮食浪费减半，减少生产和供应环节的粮食损失，包括收获后的损失

12.4 到2020年，根据商定的国际框架，实现化学品和所有废物在整个存在周期的无害环境管理，并大幅减少它们排入大气以及渗漏到水和土壤的机率，尽可能降低它们对人类健康和环境造成的负面影响

12.5 到2030年，通过预防、减排、回收和再利用，大幅减少废物的产生。

12.6 鼓励各个公司，特别是大公司和跨国公司，采用可持续的做法，并将可持续性信息纳入各自报告周期

12.7 根据国家政策和优先事项，推行可持续的公共采购做法

12.8 到2030年，确保各国人民都能获取关于可持续发展以及与自然和谐的生活方式的信息并具有上述意识

12.a 支持发展中国家加强科学和技术能力，采用更可持续的生产和消费模式

12.b 开发和利用各种工具，监测能创造就业机会、促进地方文化和产品的可持续旅游业对促进可持续发展产生的影响

12.c 对鼓励浪费性消费的低效化石燃料补贴进行合理化调整，为此，应根据各国国情消除市场扭曲，包括调整税收结构，逐步取消有害补贴以反映其环境影响，同时充分考虑发展中国家的特殊需求和情况，尽可能减少对其发展可能产生的不利影响并注意保护穷人和受影响社区

◆ 目标13. 采取紧急行动应对气候变化及其影响

13.1 加强各国抵御和适应气候相关的灾害和自然灾害的能力

13.2 将应对气候变化的举措纳入国家政策、战略和规划

13.3 加强气候变化减缓、适应、减少影响和早期预警等方面的教育和宣传，加强人员和机构在此方面的能力

13.a 发达国家履行在《联合国气候变化框架公约》下的承诺，即到2020年每年从各种渠道共同筹资1000亿美元，满足发展中国家的需求，帮助其切实开展减缓行动，提高履约的透明度，并尽快向绿色气候基金注资，使其全面投入运行

13.b 促进在最不发达国家和小岛屿发展中国家建立增强能力的机制，帮助其进行与气候变化有关的有效规划和管理，包括重点关注妇女、青年、地方社区和边缘化社区

◆ 目标14. 保护和可持续利用海洋和海洋资源以促进可持续发展

14.1 到2025年，预防和大幅减少各类海洋污染，特别是陆上活动造成的污染，包括海洋废弃物污染和营养盐污染

14.2 到2020年，通过加强抵御灾害能力等方式，可持续管理和保护海洋和沿海生态系统，以免产生重大负面影响，并采取行动帮助它们恢复原状，使海洋保持健康，物产丰富

14.3 通过在各层级加强科学合作等方式，减少和应对海洋酸化的影响

14.4 到2020年，有效规范捕捞活动，终止过度捕捞、非法、未报告和无

管制的捕捞活动以及破坏性捕捞做法，执行科学的管理计划，以便在尽可能短的时间内使鱼群量至少恢复到其生态特征允许的能产生最高可持续产量的水平

14.5 到2020年，根据国内和国际法，并基于现有的最佳科学资料，保护至少10%的沿海和海洋区域

14.6 到2020年，禁止某些助长过剩产能和过度捕捞的渔业补贴，取消助长非法、未报告和无管制捕捞活动的补贴，避免出台新的这类补贴，同时承认给予发展中国家和最不发达国家合理、有效的特殊和差别待遇应是世界贸易组织渔业补贴谈判的一个不可或缺的组成部分

14.7 到2030年，增加小岛屿发展中国家和最不发达国家通过可持续利用海洋资源获得的经济收益，包括可持续地管理渔业、水产养殖业和旅游业

14.a 根据政府间海洋学委员会《海洋技术转让标准和准则》，增加科学知识，培养研究能力和转让海洋技术，以便改善海洋的健康，增加海洋生物多样性对发展中国家，特别是小岛屿发展中国家和最不发达国家发展的贡献

14.b 向小规模个体渔民提供获取海洋资源和市场准入机会

14.c 按照《我们希望的未来》第158段所述，根据《联合国海洋法公约》所规定的保护和可持续利用海洋及其资源的国际法律框架，加强海洋和海洋资源的保护和可持续利用

◆ 目标15. 保护、恢复和促进可持续利用陆地生态系统，可持续管理森林，防治荒漠化，制止和扭转土地退化，遏制生物多样性的丧失

15.1 到2020年，根据国际协议规定的义务，保护、恢复和可持续利用陆地和内陆的淡水生态系统及其服务，特别是森林、湿地、山麓和旱地

15.2 到2020年，推动对所有类型森林进行可持续管理，停止毁林，恢复退化的森林，大幅增加全球植树造林和重新造林

15.3 到2030年，防治荒漠化，恢复退化的土地和土壤，包括受荒漠化、干旱和洪涝影响的土地，努力建立一个不再出现土地退化的世界

15.4 到2030年，保护山地生态系统，包括其生物多样性，以便加强山地生态系统的能力，使其能够带来对可持续发展必不可少的益处

15.5 采取紧急重大行动来减少自然栖息地的退化，遏制生物多样性的丧失，到2020年，保护受威胁物种，防止其灭绝

15.6 根据国际共识，公正和公平地分享利用遗传资源产生的利益，促进适当获取这类资源

15.7 采取紧急行动，终止偷猎和贩卖受保护的动植物物种，处理非法野生动植物产品的供求问题

15.8 到2020年，采取措施防止引入外来入侵物种并大幅减少其对土地和水域生态系统的影响，控制或消灭其中的重点物种

15.9 到2020年，把生态系统和生物多样性价值观纳入国家和地方规划、发展进程、减贫战略和核算

15.a 从各种渠道动员并大幅增加财政资源，以保护和可持续利用生物多样性和生态系统

15.b 从各种渠道大幅动员资源，从各个层级为可持续森林管理提供资金支持，并为发展中国家推进可持续森林管理，包括保护森林和重新造林，提供充足的激励措施

15.c 在全球加大支持力度，打击偷猎和贩卖受保护物种，包括增加地方社区实现可持续生计的机会

◆ 目标16. 创建和平、包容的社会以促进可持续发展，让所有人都能诉诸司法，在各级建立有效、负责和包容的机构

16.1 在全球大幅减少一切形式的暴力和相关的死亡率

16.2 制止对儿童进行虐待、剥削、贩卖以及一切形式的暴力和酷刑。

16.3 在国家和国际层面促进法治，确保所有人都有平等诉诸司法的机会

16.4 到2030年，大幅减少非法资金和武器流动，加强追赃和被盗资产返还力度，打击一切形式的有组织犯罪

16.5 大幅减少一切形式的腐败和贿赂行为

16.6 在各级建立有效、负责和透明的机构

16.7 确保各级的决策反应迅速，具有包容性、参与性和代表性

16.8 扩大和加强发展中国家对全球治理机构的参与

16.9 到2030年，为所有人提供法律身份，包括出生登记

16.10 根据国家立法和国际协议，确保公众获得各种信息，保障基本自由

16.a 通过开展国际合作等方式加强相关国家机制，在各层级提高各国尤其是发展中国家的能力建设，以预防暴力，打击恐怖主义和犯罪行为

16.b 推动和实施非歧视性法律和政策以促进可持续发展

◆ 目标17. 加强执行手段，重振可持续发展全球伙伴关系

筹资

17.1 通过向发展中国家提供国际支持等方式，以改善国内征税和提高财政收入的能力，加强筹集国内资源

17.2 发达国家全面履行官方发展援助承诺，包括许多发达国家向发展中国家提供占发达国家国民总收入0.7%的官方发展援助，以及向最不发达国家提供占比0.15%至0.2%援助的承诺；鼓励官方发展援助方设定目标，将占国民总收入至少0.2%的官方发展援助提供给最不发达国家

17.3 从多渠道筹集额外财政资源用于发展中国家

17.4 通过政策协调，酌情推动债务融资、债务减免和债务重组，以帮助发展中国家实现长期债务可持续性，处理重债穷国的外债问题以减轻其债务压力

17.5 采用和实施对最不发达国家的投资促进制度

技术

17.6 加强在科学、技术和创新领域的南北、南南、三方区域合作和国际合作，加强获取渠道，加强按相互商定的条件共享知识，包括加强现有机制间的协调，特别是在联合国层面加强协调，以及通过一个全球技术促进机制加强协调

17.7 以优惠条件，包括彼此商定的减让和特惠条件，促进发展中国家开发以及向其转让、传播和推广环境友好型技术

17.8 促成最不发达国家的技术库和科学、技术和创新能力建设机制到2017年全面投入运行，加强促成科技特别是信息和通信技术的使用

能力建设

17.9 加强国际社会对在发展中国家开展高效的、有针对性的能力建设活动的支持力度，以支持各国落实各项可持续发展目标的国家计划，包括通过开展南北合作、南南合作和三方合作

贸易

17.10 通过完成多哈发展回合谈判等方式，推动在世界贸易组织下建立一个普遍、以规则为基础、开放、非歧视和公平的多边贸易体系

17.11 大幅增加发展中国家的出口，尤其是到2020年使最不发达国家在全球出口中的比例翻番

17.12 按照世界贸易组织的各项决定，及时实现所有最不发达国家的产品永久免关税和免配额进入市场，包括确保对从最不发达国家进口产品的原产地优惠规则是简单、透明和有利于市场准入的

系统性问题

政策和机制的一致性

17.13 加强全球宏观经济稳定，包括为此加强政策协调和政策一致性

17.14 加强可持续发展政策的一致性

17.15 尊重每个国家制定和执行消除贫困和可持续发展政策的政策空间和领导作用

多利益攸关方伙伴关系

17.16 加强全球可持续发展伙伴关系，以多利益攸关方伙伴关系作为补充，调动和分享知识、专长、技术和财政资源，以支持所有国家、尤其是发展中国家实现可持续发展目标

17.17 借鉴伙伴关系的经验和筹资战略，鼓励和推动建立有效的公共、公私和民间社会伙伴关系

数据、监测和问责

17.18 到2020年，加强向发展中国家，包括最不发达国家和小岛屿发展中国家提供的能力建设支持，大幅增加获得按收入、性别、年龄、种族、民族、移徙情况、残疾情况、地理位置和各国国情有关的其他特征分类的高质量、及时和可靠的数据

17.19 到2030年，借鉴现有各项倡议，制定衡量可持续发展进展的计量方法，作为对国内生产总值的补充，协助发展中国家加强统计能力建设

执行手段和全球伙伴关系

60. 我们再次坚定承诺全面执行这一新议程。我们认识到，如果不加强全球伙伴关系并恢复它的活力，如果没有相对具有雄心的执行手段，就无法实现我们的宏大目标和具体目标。恢复全球伙伴关系的活力有助于让国际社会深度参与，把各国政府、民间社会、私营部门、联合国系统和其他参与者召

集在一起，调动现有的一切资源，协助执行各项目标和具体目标。

61. 本议程的目标和具体目标论及实现我们的共同远大目标所需要的手段。上文提到的每个可持续发展目标下的执行手段和目标17，是实现议程的关键，和其他目标和具体目标同样重要。我们在执行工作中和在监督进展的全球指标框架中，应同样予以优先重视。

62. 可在《亚的斯亚贝巴行动议程》提出的具体政策和行动的支持下，在恢复全球可持续发展伙伴关系活力的框架内实现本议程，包括实现各项可持续发展目标。《亚的斯亚贝巴行动议程》是2030年可持续发展议程的一个组成部分，它支持和补充2030年可持续发展议程的执行手段，并为其提供背景介绍。它涉及国内公共资金、国内和国际私人企业和资金、国际发展合作、促进发展的国际贸易、债务和债务可持续性、如何处理系统性问题以及科学、技术、创新、能力建设、数据、监测和后续行动等事项。

63. 我们工作的中心是制定国家主导的具有连贯性的可持续发展战略，并辅之以综合性国家筹资框架。我们重申，每个国家对本国的经济和社会发展负有主要责任，国家政策和发展战略的作用无论怎样强调都不过分。我们将尊重每个国家在遵守相关国际规则和承诺的情况下执行消贫和可持续发展政策的政策空间和领导权。与此同时，各国的发展努力需要有利的国际经济环境，包括连贯的、相互支持的世界贸易、货币和金融体系，需要加强和改进全球经济治理。还需要在全球范围内开发和协助提供有关知识和技术，开展能力建设工作。我们致力于实现政策连贯性，在各层面为所有参与者提供一个有利于可持续发展的环境，致力于恢复全球可持续发展伙伴关系的活力。

64. 我们支持执行相关的战略和行动方案，包括《伊斯坦布尔宣言和行动纲领》、《小岛屿发展中国家快速行动方式》（萨摩亚途径）、《内陆发展中国家2014—2024年十年维也纳行动纲领》，并重申必须支持非洲联盟《2063年议程》和非洲发展新伙伴关系，因为它们都是新议程的组成部分。我们意识到在冲突和冲突后国家中实现持久和平与可持续发展有很大挑战。

65. 我们认识到，中等收入国家在实现可持续发展方面仍然面临重大挑战。为了使迄今取得的成就得以延续下去，应通过交流经验，加强协调来进一步努力应对当前挑战，联合国发展系统、国际金融机构、区域组织和其他利益攸关方也应提供更好、重点更突出的支持。

66. 我们特别指出，所有国家根据本国享有自主权的原则制定公共政策并筹集、有效使用国内资源，对于我们共同谋求可持续发展，包括实现可持续发展目标至关重要。我们认识到，国内资源首先来自经济增长，并需要在各层面有一个有利的环境。

67. 私人商业活动、投资和创新，是提高生产力、包容性经济增长和创造就业的主要动力。我们承认私营部门的多样性，包括微型企业、合作社和跨国公司。我们呼吁所有企业利用它们的创造力和创新能力来应对可持续发展的挑战。我们将扶植有活力和运作良好的企业界，同时要求《工商业与人权指导原则》、劳工组织劳动标准、《儿童权利公约》和主要多边环境协定等相关国际标准和协定的缔约方保护劳工权利，遵守环境和卫生标准。

68. 国际贸易是推动包容性经济增长和减贫的动力，有助于促进可持续发展。我们将继续倡导在世界贸易组织框架下建立普遍、有章可循、开放、透明、可预测、包容、非歧视和公平的多边贸易体系，实现贸易自由化。我们呼吁世贸组织所有成员国加倍努力，迅速结束《多哈发展议程》的谈判。我们非常重视向发展中国家，包括非洲国家、最不发达国家、内陆发展中国家、小岛屿发展中国家和中等收入国家提供与贸易有关的能力建设支持，包括促进区域经济一体化和互联互通。

69. 我们认识到，需要通过加强政策协调，酌情促进债务融资、减免、重组和有效管理，来帮助发展中国家实现债务的长期可持续性。许多国家仍然容易受到债务危机影响，而且有些国家，包括若干最不发达国家、小岛屿发展中国家和一些发达国家，正身处危机之中。我们重申，债务国和债权国必须共同努力，防止和消除债务不可持续的局面。保持可持续的债务水平是借债国的责任；但是我们承认，贷款国也有责任采用不削弱国家债务可持续性的方式发放贷款。我们将协助已经获得债务减免和使债务数额达到可持续水平的国家维持债务的可持续性。

70. 我们特此启动《亚的斯亚贝巴行动议程》设立的技术促进机制，以支持实现可持续发展目标。该技术促进机制将建立在会员国、民间社会、私营部门、科学界、联合国机构及其他利益攸关方等多个利益攸关方开展协作的基础上，由以下部分组成：联合国科学、技术、创新促进可持续发展目标跨机构任务小组；科学、技术、创新促进可持续发展目标多利益攸关方协作论坛；以及网上平台。

•联合国科学、技术、创新促进可持续发展目标跨机构任务小组将在联合国系统内，促进科学、技术、创新事项的协调、统一与合作，加强相互配合、提高效率，特别是加强能力建设。任务小组将利用现有资源，与来自民间社会、私营部门和科学界的10名代表合作，筹备科学、技术、创新促进可持续发展目标多利益攸关方论坛会议，并组建和运行网上平台，包括就论坛和网上平台的模式提出建议。10名代表将由秘书长任命，任期两年。所有联合国机构、基金和方案以及经社理事会职能委员会均可参加任务小组。任务小组最初将由目前构成技术促进非正式工作组的以下机构组成：联合国秘书处经济和社会事务部，联合国环境规划署，联合国工业发展组织，联合国教育，科学及文化组织，联合国贸易和发展会议，国际电信联盟，世界知识产权组织和世界银行。

•网上平台负责全面汇集联合国内外现有的科学、技术、创新举措、机制和方案的信息，并进行信息流通和传输。网上平台将协助人们获取推动科学、技术、创新的举措，以及有关政策的信息、知识、经验、最佳做法和相关教训。网上平台还将协助散发世界各地可以公开获取的相关科学出版物。我们将根据独立技术评估的结果开发网上平台，有关评估会考虑到联合国内外相关举措的最佳做法和经验教训，确保这一平台补充现有的科学、技术、创新平台，为使用已有平台提供便利，并充分提供已有平台的信息，避免重叠，加强相互配合。

•科学、技术和创新促进可持续发展目标多利益攸关方论坛将每年举行一次会议，为期两天，讨论在落实可持续发展目标的专题领域开展科学、技术和创新合作的问题，所有相关利益攸关方将会聚一堂，在各自的专业知识领域中做出积极贡献。论坛将提供一个平台，促进相互交流，牵线搭桥，在相关利益攸关方之间创建网络和建立多利益攸关方伙伴关系，以确定和审查技术需求和差距，包括在科学合作、创新和能力建设方面的需求和差距，并帮助开发、转让和传播相关技术来促进可持续发展目标。经社理事会主席将在经社理事会主持召开的高级别政治论坛开会之前，召开多利益攸关方论坛的会议，或可酌情在考虑到拟审议的主题，并同其他论坛或会议组织者合作的基础上，与其他论坛或会议一同举行。会议将由两个会员国共同主持，并由两位共同主席起草一份讨论情况总结，作为执行和评估2015年后可持续发展议程工作的一部分，提交给高级别政治论坛会议。

• 高级别政治论坛会议将参考多利益攸关方论坛的总结。可持续发展问题高级别政治论坛将在充分吸纳任务小组专家意见的基础上，审议科学、技术和创新促进可持续发展目标多利益攸关方论坛其后各次会议的主题。

71. 我们重申，本议程、可持续发展目标和具体目标，包括执行手段，是普遍、不可分割和相互关联的。

后续落实和评估

72. 我们承诺将系统地落实和评估本议程今后15年的执行情况。一个积极、自愿、有效、普遍参与和透明的综合后续落实和评估框架将大大有助于执行工作，帮助各国最大限度地推动和跟踪本议程执行工作的进展，绝不让任何一个人掉队。

73. 该框架在国家、区域和全球各个层面开展工作，推动我们对公民负责，协助开展有效的国际合作以实现本议程，促进交流最佳做法和相互学习。它调动各方共同应对挑战，找出新问题和正在出现的问题。由于这是一个全球议程，各国之间的相互信任和理解非常重要。

74. 各级的后续落实和评估工作将遵循以下原则：

（1）自愿进行，由各国主导，兼顾各国不同的现实情况、能力和发展水平，并尊重各国的政策空间和优先事项。国家自主权是实现可持续发展的关键，全球评估将主要根据各国提供的官方数据进行，因此，国家一级工作的成果将是区域和全球评估的基础。

（2）跟踪所有国家执行普遍目标和具体目标的进展，包括执行手段，同时尊重目标和具体目标的普遍性、综合性和相互关联性以及可持续发展涉及的三个方面。

（3）后续评估工作将长期进行，找出成绩、挑战、差距和重要成功因素，协助各国做出政策选择。相关工作还将协助找到必要的执行手段和伙伴关系，发现解决办法和最佳做法，促进国际发展系统的协调与成效。

（4）后续评估工作将对所有人开放，做到包容、普遍参与和透明，还将协助所有相关利益攸关方提交报告。

（5）后续评估工作以人为本，顾及性别平等问题，尊重人权，尤其重点关注最贫困、最脆弱和落在最后面的人。

（6）后续工作将以现有平台和工作（如果有的话）为基础，避免重复，顺应各国的国情、能力、需求和优先事项。相关工作还将随着时间的推移不断得到改进，并考虑到新出现的问题和新制定的方法，同时尽量减少国家行政部门提交报告的负担。

（7）后续评估工作将保持严谨细致和实事求是，并参照各国主导的评价工作结果和以下各类及时、可靠和易获取的高质量数据：收入、性别、年龄、种族、族裔、迁徙情况、残疾情况、地理位置和涉及各国国情的其它特性。

（8）后续评估工作要加强对发展中国家的能力建设支持，包括加强各国、特别是非洲国家、最不发达国家、小岛屿发展中国家和内陆发展中国家以及中等收入国家的数据系统和评价方案。

（9）后续评估工作将得到联合国系统和其他多边机构的积极支持。

75. 将采用一套全球指标来落实和评估这些目标和具体目标。这套全球指标将辅以会员国拟定的区域和国家指标，并采纳旨在为尚无国家和全球基线数据的具体目标制定基线数据而开展工作的成果。可持续发展目标的指标跨机构专家组拟定的全球指标框架将根据现有的任务规定，由联合国统计委员会在2016年3月前商定，并由经社理事会及联合国大会在其后予以通过。这一框架应做到简明严格，涵盖所有可持续发展目标和具体目标，包括执行手段，保持它们的政治平衡、整合性和雄心水平。

76. 我们将支持发展中国家，特别是非洲国家、最不发达国家、小岛屿发展中国家和内陆发展中国家加强本国统计局和数据系统的能力，以便能获得及时、可靠的优质分类数据。我们将推动以透明和负责任的方式加强有关的公私合作，利用各领域数据、包括地球观测和地理空间信息，同时确保各国在支持和跟踪进展过程中享有自主权。

77. 我们承诺充分参与在国家以下、国家、区域和全球各层面定期进行的包容性进展评估。我们将尽可能多地利用现有的后续落实和评估机构和机制。可通过国家报告来评估进展，并查明区域和全球各层面的挑战。国家报告将与区域对话及全球评估一起，为各级后续工作提出建议。

国家层面

78. 我们鼓励所有会员国尽快在可行时制定具有雄心的国家对策来全面执

行本议程。这些对策有助于向可持续发展目标过渡，并可酌情借鉴现有的规划文件，例如国家发展战略和可持续发展战略。

79. 我们还鼓励会员国在国家和国家以下各级定期进行包容性进展评估，评估工作由国家来主导和推动。这种评估应借鉴参考土著居民、民间社会、私营部门和其他利益攸关方的意见，并符合各国的国情、政策和优先事项。各国议会以及其他机构也可以支持这些工作。

区域层面

80. 区域和次区域各级的后续落实和评估可酌情为包括自愿评估在内的互学互鉴、分享最佳做法和讨论共同目标提供机会。为此，我们欢迎区域、次区域委员会和组织开展合作。包容性区域进程将借鉴各国的评估结果，为全球层面（包括可持续发展问题高级别政治论坛）的后续落实和评估工作提出意见建议。

81. 我们认识到，必须巩固加强现有的区域后续落实和评估机制并留出足够的政策空间，鼓励所有会员国寻找交换意见的最恰当区域论坛。我们鼓励联合国各区域委员会继续在这方面支持会员国。

全球层面

82. 高级别政治论坛将根据现有授权，同联合国大会、经社理事会及其他相关机构和论坛携手合作，在监督全球各项后续落实和评估工作方面发挥核心作用。它将促进经验交流，包括交流成功经验、挑战和教训，并为后续工作提供政治领导、指导和建议。它将促进全系统可持续发展政策的统一和协调。它应确保本议程继续有实际意义，具有雄心水平，注重评估进展、成就及发达国家和发展中国家面临的挑战以及新问题和正在出现的问题。它将同联合国所有相关会议和进程，包括关于最不发达国家、小岛屿发展中国家和内陆发展中国家的会议和进程的后续落实和评估安排建立有效联系。

83. 高级别政治论坛的后续落实和评估工作可参考秘书长和联合国系统根据全球指标框架、各国统计机构提交的数据和各区域收集的信息合作编写的可持续发展目标年度进展情况报告。高级别政治论坛还将参考《全球可持续发展报告》，该报告将加强科学与政策的衔接，是一个帮助决策者促进消除贫困和可持续发展的强有力的、以实证为基础的工具。我们请经社理事会主席就全球报告的范围、方法和发布频率举行磋商，磋商内容还包括其与可持续发展目标进展情况报告的关系。磋商结果应反映在高级别政治论坛2016年年会的部长级宣言中。

84. 经社理事会主持的高级别政治论坛应根据大会2013年7月9日第67/290号决议定期开展评估。评估应是自愿的，鼓励提交报告，且评估应让发达和发展中国家、联合国相关机构和包括民间社会、私营部门在内的其他利益攸关方参加。评估应由国家主导，由部长级官员和其他相关的高级别人士参加。评估应为各方建立伙伴关系提供平台，包括请主要群体和其他相关利益攸关方参与。

85. 高级别政治论坛还将对可持续发展目标的进展，包括对贯穿不同领域的问题，进行专题评估。这些专题评估将借鉴经社理事会各职能委员会和其他政府间机构和论坛的评估结果，并应表明目标的整体性和它们之间的相互关联。评估将确保所有相关利益攸关方参与，并尽可能地融入和配合高级别政治论坛的周期。

86. 我们欢迎按《亚的斯亚贝巴行动议程》所述，专门就发展筹资领域成果以及可持续发展目标的所有执行手段开展后续评估，这些评估将结合本议程的落实和评估工作进行。经社理事会发展筹资年度论坛的政府间商定结论和建议将纳入高级别政治论坛评估本议程执行情况的总体工作。

87. 高级别政治论坛每四年在联合国大会主持下召开会议，为本议程及其执行工作提供高级别政治指导，查明进展情况和新出现的挑战，动员进一步采取行动以加快执行。高级别政治论坛下一次会议将在联合国大会主持下于2019年召开，会议周期自此重新设定，以便尽可能与四年度全面政策评估进程保持一致。

88. 我们还强调，必须开展全系统战略规划、执行和提交报告工作，以确保联合国发展系统为执行新议程提供协调一致的支持。相关理事机构应采取行动，评估对执行工作的支持，报告取得的进展和遇到的障碍。我们欢迎经社理事会目前就联合国发展系统的长期定位问题开展的对话，并期待酌情就这些问题采取行动。

89. 高级别政治论坛将根据第67/290号决议支持主要群体和其他利益攸关方参与落实和评估工作。我们呼吁上述各方报告它们对议程执行工作做出的贡献。

90. 我们请秘书长与会员国协商，为筹备高级别政治论坛2016年会议编写一份报告，提出在全球统一开展高效和包容的后续落实和评估工作的重要时间节点，供第七十届联合国大会审议。这份报告应有关于高级别政治论坛在经社理事会主持下开展国家主导的评估的组织安排、包括关于自愿共同提交报告准则的建议。报告应明确各机构的职责，并就年度主题、系列专题评估和定期评估方案，为高级别政治论坛提供指导意见。

91. 我们重申，我们将坚定不移地致力于实现本议程，充分利用它来改变我们的世界，让世界到2030年时变得更美好。

三、德班政治宣言

新全球城市运动，展望人类未来

2019年11月11日至15日，全球的地方和区域政府及组织齐聚德班，参加地方和区域领导人世界峰会。我们代表了大都市、农村和城市地区以及大大小小的社区，打造百年城市运动。我们相信：

只有响应公民和社区的期望，积极沟通，在公平、平等和可持续基础上进行调整，共同承担责任，我们才有可能实现发展模式的转变。

转型是地方的转型，但也不局限于地方。社区须成为决策的中心，将有重要意义的全球议程成果进行本地化，确保子孙后代过上体面的生活，拥有可持续的未来。

◆ 我们坚信国际城市运动新的前沿应该

1. 维护社区的梦想和希望，更加重视起源，保护和促进地方民主，坚定维护加强城市治理原则、辅助性原则、两性平等原则、地方治理和责任原则。

2. 致力于实现平等、多样性和普遍性，将国际体系转为相互依存且独立的地方政府体系。这一体系将发挥农业支撑人类的重要作用，将保护生物、生态系统和地球的可持续性作为议程的核心。为了实现这一目标，全球地方和区域运动应以更平衡的城市体系和更紧密的城乡联系为基础。

3. 以平等为基础，集全体之力消灭贫困，消除不平等现象。贫困和不平等问题目前仍是世界上绝大多数问题的根源。全球地方和区域运动必须建立在坚实的基础之上，确保城市的权利，确保每个人平等地享有体面的生活。我们需要捍卫平等，保障最需要平等的人的权利，保证其平等地使用公共空间、享有公共服务，并将性别平等置于政策和行动的中心。

4. 在各个区域分会的支持下，充分发挥城市和地区的催化能力，并通过组织的团结和能力，在各个层面扩大运动的影响及规模。

5. 推动社会转型，赋能地方和区域政府，发挥地方和区域的关键作用，推动消费和生产方式转型，从而为市民提供包容、无障碍和公平的服务。保护民众，促进人权。

6. 确保第四次工业革命的成果不仅局限于科技进步，保证工业革命成果不仅服务于特权人群，还能服务于普通民众。捍卫数字权利必须成为所有地方和区域政府的优先事项。我们需要从公共数字服务和基础设施开始，创建一个更加平等、公正和没有歧视的社会。为促进未来繁荣，实现体面工作这一可持续发展目标，我们需要平衡竞争力和地方凝聚力之间的关系。

◆ 地方治理与人类未来

7. 世界关系相互交织，地方问题不再仅通过地方层面解决，没有地方治理也就无法实现满足社区需求的全球转型。国际城市运动将建立一个全球地方平台，确保我们发出自己的声音。通过邻近治理，使我们为所在的社区做出贡献。

8. 鼓励新的城市运动在地方、国家、区域和国际层面推动自下而上的运动和后续行动。其目的不止于将地方和区域政府的声音全球化，而是努力实现包容和公正的社会，使各个社区实现其希望和愿景。地方和区域政府及其组织根据其自身情况，在关键领域提出新的总体转型政策。

9. 国家层面的人民发展与地方和区域政府的能力之间有着直接的联系。改变融资范式对确保地区和城市凝聚力而言至关重要——不让任何人和任何地方掉队。

10. 共建城市和地区以实现转变。通过赋权社区组织和民间社会，与私营部门和学术界进一步发展伙伴关系，增进地方知识储备，建设地方科学能力，提升城市和地区的共建能力（包括数据和信息方面的能力）。

11.《2030年可持续发展议程》提供了更新社会契约、重新关联关系的契机，本地化的含义就是让2030年可持续发展议程为地方所用。实现可持续发展目标本地化这一目标需要我们鼓励创新，将地方和区域政府置于国际发展政策的重要位置上。

◆ 2030年的梦想引领新社会契约的形成

12. 住房权利：在城市权利的框架下，住房权利是公民的优先事项，也应继续处于政治讨论的中心，因为住房权利关系到为人民提供良好的生活条件和机会。在《充足住房城市宣言》中确立的原则，例如进一步规范住房市场，将充足住房与优质社区相结合的城市规划等，都应进一步发展和推动。

13. 我们努力消除歧视，促进人类团结，保护所有人的尊严（不论其法律地位如何）。地方和区域政府的全球运动支持以权利为基础的移民方法，在边境管理问题之外，通过跨文化对话提供基本服务，促进社会转型。

14. 新的民主和公民身份：社区群体对代表自身的机构明显缺乏信任，政府体系也受到挑战。地方和地区层面是重新思考和改革治理体系的基础，让政府更积极地参与，承担责任，实现公开透明。响应人民的呼吁，在各级机构、公民和社区之间重建信任，是实现全球目标的决定性因素。通过社会运动和民间团体，城市居民对治理体系转型的呼声日渐增强。

15. 保卫公众代表：我们的行动致力于保证公共服务和市长的决策不受任何民主或暴力形式的阻碍，促进民主稳定及社会发展。

16. 代际对话与和平：文化多样性促进了地方民主，而地方文化遗产滋养文化多样性的发展。以人为本的全球议程应通过代际对话，运用新的工具，提升人们的认知，传播地方知识。地方传播知识仍在进行当中，我们需要发挥每个乡镇、城市和大城市的每条街道和每个街区的力量，促进知识传播是地方政府为和平文化做出贡献的众多方式之一。

17. 生态转型：未来的全球地方和区域政府运动将采用综合全面的方法，以团结而非竞争的城市体系作为基础。全球运动将促进生产和消费方式的变化，努力确保清洁出行，减缓城市扩张，保证城市中的有关数字技术的体面工作。规模各异的地方政府将在从生产型社会到创造型社会的转变中扮演关键角色，思考全球供应链的复杂性和如何实现城市更简短、更自然的循环。我们必须更好地利用可再生能源，充分考虑温室气体排放的周期，以确保共同赢得零排放竞赛。

18. 韧性：地方和区域政府位于响应灾难的最前沿。各个社区必须准备好面对自然灾害，建立缓灾的有效机制。建设韧性社区不仅是出于响应灾难的目的，全球城市和地方运动旨在提升城市在自然资源管理中发挥的作用，为地球的韧性与和平以及全球社会正义做出贡献。

19. 性别平等：全球运动呼吁加强本地化进程中妇女和儿童的声音，并为此采取具体措施。妇女在制定和监督公共政策中的地位不容忽视，特别是考虑到女性在历史上曾饱受歧视，她们对塑造人类未来的特殊需求和独特贡献应被充分考虑。平等，更具体地说是性别平等，应该是所有发展过程的中心，以确保决策过程中包含性别意识，保证不会忽视占世界一半的人口。

20. 文化：文化是地方认同的重要组成部分，是可持续发展的第四大支柱，并在全球团结中发挥着关键的作用。关于记忆、遗产、创造性、多样性及知识的地方文化政策和计划是各地以人为中心的地方可持续发展的主要指标。

◆ 普遍性与团结性：城市、地区及地方政府协会会员的共同承诺

21. 我们的会员由各级地方和区域政府及协会组成，我们需要更加团结，使不同类型成员协同工作，促成直接交流和学习，实现国际社会长期呼吁的可持续发展目标“行动十年”。

22. 通过发展学习体系、加强地方治理合作和城市政策，全球城市和地方运动将传播共同信息，增强凝聚力，加强团结。我们需要付出更多努力，以创新方法和发展新工具增强知识和促进合作。

23. 我们重申承诺，积极参与地方政府组织网。通过地方和区域政府全球工作组以及友好生态组织，我们将继续加强协调和磋商机制。

24. 我们重申，地方和区域政府世界大会是真正让地方和区域声音发声的国际平台，大会致力于让地方和区域政府从自身角度思考社区事宜。

25. 以上是我们所认知的“地方治理议程”的基础，议程经过一个世纪的合作逐渐形成。地方和区域政府领导人以及世界城地组织深信，议程的价值观和经验可以帮助社会转型，我们需要可持续、公平、包容和团结互助的精神，保护地球，维护和平。通过德班政治宣言，我们确认对社区的责任，承诺与国际社会以及所有利益相关方合作，为人类谋求一个充满希望的未来。

四、丹吉尔宣言

地方与区域政府加入对话

我们，地方和区域领导人，共聚于丹吉尔，借世界城地组织召开务虚会之机，值此联合国成立75周年纪念之际，我们做出以下决定，就世界未来与多边主义展开磋商，发起全球对话，讨论如何通过国际合作创造未来。

我们，地方和区域政府强调，互联互通、兼容并包的多边主义是迈向和平社会之关键。

当前的全球趋势将塑造未来25年的世界，我们的应对方式是建立以人为本、多方对话的多边体系。我们所憧憬的未来是更加平等、更加和平的世界。

我们相信，唯有与群体的梦想和期待相呼应，并且各方社会力量共担责任，方可实现多边模式的转变。

我们承诺，深入群体，加入对话之中。

为达成目标，我们的活动将紧密贴合我们的初衷，坚持平等及社会平等，以期保护促进地方民主。我们所憧憬的2045年的世界会响应群体需求，呼应群体梦想，反应群体愿望。

眼下，我们的问题是，什么样的体系能够建设出我们渴望的世界？我们如何塑造管理模式，助我们达成五年前设立的目标？我们憧憬的未来，坚定民主，主张平等，为群体谋利益，与群体共生存。为达目标，我们将坚持权力下放，团结一致，持续推动问责制，坚持工作透明的原则。

我们承诺在群体间展开调研工作。

我们承诺，汇集各市长及领导人的愿景，保证区域平衡，接受整个群体的意见，确保最终呈现的理念符合整个活动的理念。

只有采用兼容并包、互联互通，且能满足以上愿望的多边体系，我们方可迎来憧憬中的未来。作为一个地方政府组织，我们承诺，愿意履行责任，尽心竭力，确保在合作关系中形成多边体系，不让任何人、任何区域、任何生态系统掉队。

五、后疫情时代宣言

一次为后代承担责任的机会

我们的社会所做出的牺牲不容忽视。

全球地方和区域政府领导人都在展望未来。我们很清楚，在这场危机过后，城市、城镇和地区的面貌将截然不同。

（一）对后疫情时代的几点思考

1. 地方和区域政府是引领团结的盟友

在这场空前的全球挑战中，地方和区域政府处在应对时代挑战的最前沿，是其他政府部门、科学界的同盟，也是全球行动的重要变革者和召集者。

新冠肺炎疫情提醒我们，地方政府在提高公众意识和维护基本公共服务中发挥着重要的作用；同时，也要求我们迅速提供新的、适用性更强的服务，保障各项措施的落实，也确保公职人员的安全和健康。

此外，我们还不遗余力地保护我们的弱势群体，促进各地团结，反对歧视、排外和不平等。

团结已成为安全的灯塔，应指导未来的变革。地方和区域政府在国家和国际层面已经展示出促进和维护团结的能力。

2. 我们的社会做出的牺牲不容忽视

尽管此次疫情需要我们竭尽全力应对，但我们在看到积极进展的同时，也必须考虑如何避免公共卫生危机转变为全球社会危机。

全球地方和区域政府领导人都在展望未来。我们很清楚，在这场危机过后，城市、城镇和地区将与以往截然不同。

这场危机对我们的治理模式提出了挑战，放大了我们其实已经意识到的短板，例如，应提供的公共服务资源（特别是公民的医疗健康资源），减少数字鸿沟（尤其在儿童教育和远程办公方面），以及为弱势群体提供充足住房和基本服务。

这场危机对最弱势和不受人关注的群体影响最大，尤其是移民，但还包括在恶劣环境中生活和工作的个人（尤其是妇女）。他们不仅受到疫情的影响，还受到其他方面的影响，这使得他们更加脆弱。

疫情伊始，我们就打造了在线学习平台，并将继续下去。疫情提出振聋发聩的问题，要让这些问题既能在疫情时立刻指导我们的行动，也要超越疫后恢复的初期阶段，长期指导我们的治理模式。世界城地组织作为全球性的城市、地方政府和区域组织，将不懈努力，互相学习和支持，引导社会探讨如何塑造未来。

3. 可持续发展目标是转型方向

前人栽树，后人乘凉。债务和投资需要与强劲的规划结合才能有可持续的未来。现在，作为实施转型措施的参考，2030地方行动原则和可持续发展目标比以往任何时候都更具实效性。

共同探索加上与社区和其他政府部门的通力合作，才是我们唯一的出路。

我们坚信，在当前高度联通的国际社会中，一个强有力的、能指导实施政令的多边治理体系是极为必要的。

（二）具体措施

1. 保障公共服务

1）发展广泛的全民医疗保健制度，提供强大的基本服务。

2）保护地方服务供给体系，确保收入下降不影响其正常运行。

3）确保全世界的公共交通能为关键岗位的工作人员提供到岗工作的交通运输服务，这对保障公民的基本生活需求至关重要。鉴于当前形势，我们必须保证充足的公共交通资源。

4）确保人人有房住以及具有包容性的住房体系是防灾减灾的关键。如果我们无法在疫情期间为人们提供住房，那么疫情过后，我们就无法恢复正常的生产经营。

5）疫情过后需要解决不平等问题，其方法是保障日常用品、住房、水和能源等基本需求，并且保证这些物品不成为投机性商品，以便所有公民都能获得这些物品。科技是保障人们基本需求的重要工具。协调科技与日常用品的关系至关重要，能确保在帮助人们恢复正常生活时，一个都不落下。

6）作为一项基本服务，我们要确保人人都能上网。通过网络，人们不仅获取信息，还能获得其他诸如教育之类的基本服务。

2. 一揽子金融支持

1）启动财政支持，保障地方和区域政府在疫情期间及疫后恢复阶段能继续在社区一线工作。

2）由于地方和区域政府财政收入减少，在国家层面需采取刺激措施，以确保能继续提供基本服务。

3）利用国际市政救济基金，为紧急情况和重建提供资金救助。

3. 全球产销合一模式

1）需建立临近生产模式，同时应考虑非正规单位、小微企业和初创企业的需求，从而促进包容性创新。

2）此次疫情揭示了许多城市的消费模式，即过度依赖旅游业和不可持续、不确定的生产体系。因此，重新平衡经济增长、环境与公共优先事项之间的关系至关重要。

3）重新评估技术、包容性和经济增长的关系，开发人人可用的替代技术。技术和数字使用权可以且必须共同发展。

4）粮食体系中的属地原则不仅应确保安全性，而且应保证更大的可持续发展模式。在这种模式中，众多尊重环境的小型生产者和加工商将助力日常生活的恢复。鼓励创造就业，促进当地的发展。

4. 全球绿色协定

1）必须确保疫情过后，全球继续采取应对气候变化的措施。要保证振兴经济的措施不影响合理的环保举措的实施。

2）新冠肺炎疫情的应对措施需要涵盖一项全球性绿色协定，能够帮助社区抵御未来的突发事件。这就意味着要采取可持续发展模式，以恢复经济活动。

3）大规模推广远程办公能够减排，为更加可持续的出行模式做出贡献，有助于协调好工作和个人生活。

5. 新公民身份和自由权

1）安全与健康，隐私与公民自由之间没有二分法。

2）各级政府需要确保数据收集和人工智能的开发都用于公共物品，保障参与社区和民主社会事务的权利。从技术上讲，这些都有可能实现。一旦危机结束，这也应是政府实施管理的框架。

3）保证对疫情后的应对方式采取以权利为导向的方式，确保弱势群体能在有利于他们的情况下恢复正常的生活。

6. 代际平等

1）现在正是在城市规划、立法和发展中建立平等原则之际，也是保证妇女和女童能够充分参与融入城市和区域政治与社会事务的时机。

2）过去一年，近五分之一的妇女遭受过暴力侵害。由于受到新冠肺炎疫情的影响，许多妇女的遭遇更为恶劣，我们必须采取对策抵御性别暴力，保护全世界的妇女和她们所需要的基本服务。

3）应扩大社会安全网络以保护包括妇女儿童在内的弱势群体。同时，长期无偿地照看和陪护应得到社会的认可，对经济发展贡献巨大。

7. 关爱公共服务的提供者

1）这场危机凸显了保护公务员的重要性。地方和区域政府应关注为社区提供基本服务的公务人员，重视他们对社会的贡献，并培育服务和服务提供者优先的模式。

2）更重要的是承认女性在护理行业所做的工作，在行业中她们通常获得的报酬较低，甚至无报酬。她们的照料不仅是一个必不可少的安全网，而且对我们的经济发展也至关重要。

8. 文化是应对次生效应的解药

1）文化参与者和文化部门积极应对，并提供了鼓舞人心的关键信息来帮助我们度过危机。人们通过文化展示团结，提高总体士气。这很好地说明了为何要将文化作为可持续发展的第四大支柱。疫情过后，社区如何展开文化互动和对话至关重要。

2）整个文化部门的财务可持续性处于危险之中，需要特别关注。

3）通过发展人人能参与的（即在地方层面实施文化权利）遗产、创造力和多样性项目，来解决不平等问题，这比以往任何时候都重要，因为这将促进关于人类团结一致的价值观的广泛对话。

9. 城际体系

建立在城市和地方政府的力量之上的城际体系，使各方可以共同学习和制定政策。加上协会的鼎力支持，使我们可以扩大行动规模。城际体系将以团结和地方民主为核心，将团结和调用资源能力作为人道主义的支柱。

10. 下一代多边主义

1）需制订一项全球计划。只有通过务实的国际和区域治理，众多兼容并蓄的国际举措才能得以实现，整个体系才能得以巩固，也才能更好地应对未来挑战。

2）应对流行病，未来我们需要一个强大的世卫组织，该组织应结合多个有能力采购医疗用品、检测试剂和个人防护装备的利益相关方。

3）辅助性原则对于各级举措的成功实施很有必要。政府各部门之间必须展开对话，并有效进行权力下放，以保证人们所需所想能够真实地反映在所有治理机制中，且这些机制能切实解决人民关切的问题。

4）对于突发情况和未来情势，相关政府部门应集中探讨，以不损害个人利益、集体利益及民主政体为前提，进行综合、全面的考量，再提出应对措施。

5）事实证明，国际合作对应对当前疫情和疫情后的恢复工作比以往任何时候都重要。通过加强城市治理合作，来确保知识和经验的交流，从而在疫情过后建立更优质、更强大和更包容的合作体系，这一点至关重要。地方和区域政府必须成为这种国际团结的守护者。

六、地方和区域政府2020年可持续发展高级别政治论坛联合宣言

《联合宣言》

在这艰难困苦之时，世界正面临着前所未有的危机。我们需要坚定决心，创造一扇机遇之窗，以扭转眼下不可持续之道路。世界已不复从前，为后代创造一个更加美好的未来，是我们共同的责任。

目前的局势凸显了我们的弱点，所以我们不能再忽视城市和领土范围内层出不穷的不平等现象、歧视现象以及排外现象。我们必须奋力抗争，消除贫困，转换消费生产模式；同时，保护今世后代的共同利益。与病毒的抗争很大程度上已变成我们与贫困及结构性不平等的抗争。

未来要想实现更高程度的可持续发展，全球发展议程的变革性框架仍是关键因素。此次疫情表明，所有发展议程需从整体着手，由地方采取果断行动，给予支持；由地方和区域政府及其服务的社区联合领导，还要同国家政府紧密合作。

（一）地方和区域政府与基本公共服务全覆盖

能否达成可持续发展目标与地方区域政府能力直接挂钩，地方区域政府需确保人民可获得如下保障生活质量的基本服务：住房保障、用水供给、卫生服务、教育资源、粮食系统、出行保障以及健康服务。

现在，尤其是当自我隔离以及封锁城市成为全球应对疫情的关键措施时，民众的生活条件关乎其生命安全，保障卫生措施尤为重要。

随着数字化的发展，线上派送服务、远程办公及医疗问题重塑着各城各镇的生活形态，因而我们需要构建崭新的区域模式，带动中小型城市繁荣振兴。

地方和区域政府要强大，要以团结一致为动力，就需要保证公共服务的质量，而公共服务的生态系统是城市化时代达成全球目标的关键组成部分。

在各国和国际实体商讨恢复经济的财政和资金政策之时，我们呼吁，确保并加强各级公共服务供给更好地投入重建工作。对于全社会做出的牺牲，不能视而不见。

（二）以本地化和就近模式为核心加速工作进程

本地化是指：扎根于地方和地区工作重点当中，落实2030年可持续发展议程。如此 一来，我们便可共同创造一个崭新的治理框架，并使其在民众的日常生活中发挥意义和作用。

本地化需要多级和多方协调，为地方及区域政府提供财政援助和能力建设，以助其更有效地加入本地化进程中。

限制全球供应链扩张这一做法，正在为新一波地方经济发展铺平道路。地方与区域政府已开始考虑就近模式，该模式可保证由当地生产来提供食物以及必需品。

在国家政府、投资人和全社会的支持之下，通过加强城乡联动、巩固地区性方法，地方及区域政府正在促进循环经济发展，构建全新的生产消费模式。

我们支持自下而上的包容性进程，将2030年可持续发展议程作为路线图，指引我们克服当前危机及其后续影响，同时在“行动十年”内加快达成可持续发展目标。

（三）在绿色和民主中恢复

要解决眼下危机，我们的工作必须基于民主价值观，并引领绿色复原。这样可以增强地方与区域机构和政府间的互信，创造全新就业岗位，加强可持续基础设施建设。

我们付出多年努力，解决气候紧急问题，保护生物多样性及地球自然资源，因此，凡损害以上利益的解决方案，我们一概不予采纳。

我们呼吁国际体系和国家政府推动必要的法律法规改革，以加强市政和地区政府资源，提高其采取行动、实现目标的能力，尤其在应对危难的时刻。

（四）满足地方和地区需求的全新多边主义

在联合国庆祝联大75周年之际，我们在各自辖区发起讨论，在民众间就世界未来开展对话。

只有建立更具包容性且灵活应变的多边主义体系，让社会各界都拥有发言权，各利益攸关方共担责任，我们才可能找到解决当前共同挑战的全球性方案。

（五）对2020年联合国高级别政治论坛的期冀

本组织相信，发展议程全球目标对于发展可持续未来仍旧非常关键。所以，即便是疫情当前，我们依旧坚持工作，只为确保在全世界落实可持续发展目标。

这也是我们期待在高级别政治论坛中进行交流的原因。高级别政治论坛部长级别宣言当中提到，应为地方和区域政府赋权，促进地方地区自主落实可持续发展目标，这一点值得庆祝。我们希望获得进一步认可，即地方和区域政府及其国内组织是推动实现可持续发展目标的关键动力。

地方和区域—全球层面的本地化活动近年来发展壮大。全球工作组向联合国高级别政治论坛提交的年度报告——《关于全球可持续发展目标报告》显示，地方和区域政府对国家资源审查工作的参与度已从2016—2019年的42%增加至2020年的55%。此外，我们的报告指出，地方自愿审查拟定工作有所增加，越来越多的国家愿意促进审查工作，并将其结果纳入国家审查中；他们同时也认识到，地方与区域政府组织作为进程推动者发挥着重要的作用。

我们期待联合国高级别政治论坛作为一个平台，供地方和地区以及国家政府之间商讨创新治理机制。我们呼吁建设一个兼容并包的联合国高级别政治论坛，用以促进地方和地区以及利益攸关方之间的对话，并将其制度化。

我们支持举办“加强地方行动以控制疫情并加快执行工作”会议，提出解决方案，增强城市、地方和区域政府、社区能力并给予支持，以便其处理有关气候适应、生物多样性、可持续城市发展、基础设施、文化、城乡联动和以人为本服务等问题。

我们庆贺由会员城市共同组织的第三届地方和区域政府论坛成功举办。我们视此次论坛为重要契机，在地方和区域政府、成员国以及联合国系统之间开展对话，商讨本地化以及该议程的后续事宜。

我们呼吁利益攸关方共同努力，利用当下时机变革社会，履行我们在全球协议中许下的承诺，构建憧憬中的世界。我们渴望的世界，将以崭新的地方和区域民主为基础，可以确保所有人的基本权利，保证平等，实现可持续发展。

我们呼吁国家政府认可次国家级自主审查工作的重要性并且给予支持，借此机会修订政策决策，进一步推动目标实现。次国家级自主审查，超越地方地区的边界和监察机制，是实现转化的杠杆，体现了地方和区域政府的愿望及其机构的主人翁意识。

我们重申对本地化以及全球发展议程所做出的承诺，我们呼吁国家政府以及国际体系不要忽略可持续发展目标的变革潜力。

变革，从此刻开始。我们未来的治理模式需要反映并支持全社会的想法。即便身陷困境，也不能将自身对未来的期望置于次要位置。相反，17项可持续发展目标需要激励我们行动，并且真正落实在人们的行动上。

我们愿意承担自己的责任，加快达成可持续发展目标。我们愿意与成员国以及国际社会共同努力，按照我们对2030年及之后的愿景，满怀斗志，重建世界。

七、《罗马宪章》2020

充分自由地参与文化生活的权力对城市和社会至关重要。

人人有权自由参加社会的文化生活，享受艺术，并分享科学进步及其带来的福利。

——《世界人权宣言》第27条

《罗马宪章》2020

第一部分　前　言

我们即人民，亦是城市。我们通过信仰、价值观和创造性活动——文化——用砖瓦和梦想塑造了城市。无论好坏，城市都是个人创造力和集体创造力的产物。我们的城市必须支持每位居民，激发他（她）们的潜力，使其为所处的社会做出贡献。

文化是价值观的体现，是一种共同的可再生资源。在文化中，我们彼此相遇，学会团结一心，学会在公共空间包容他人。差异存在于文化内部和文化之间，我们需要承认和包容这一点。一座包容、民主、可持续发展的城市能够推动这一进程，也能因此在这一过程中发展得更好。文化宛如创新工厂，在这里，公民可以想出许许多多应对共同挑战的解决之道。有时它本身就是解决方案，有时它又是我们发现其他解决方案的方法。

《罗马宪章》产生于这个黑暗且充满不确定性的时期。新冠肺炎疫情让我们意识到，我们需要反思当前的发展模式及其基本假设。疫情还让我们意识到，若要使新型模式具有包容性和可持续性，就必须有真正的文化民主精神。《罗马宪章》是对罗马人民以及全球所有城市的承诺。将共同的文化作为定义新型模式的核心，这并非易事，但这将是我们从疫情中恢复并重建生活的必要方式。

（一）文化功能

公共机构、国家和地方政府在文化参与方面负有法律责任，这在《世界人权宣言》和其他国际条约和公约中都有体现。它们必须与每一位参与者一起制定有效的政策，提供充足的资源，以履行相应的义务，否则承诺只是空话。

奉行文化民主的城市能履行义务支持其公民：

1）寻得文化之根，认定属于自己的遗产，获得身份认同，明晰自己在城市中的位置，理解他人所处的背景；

2）创造文化表达，成为城市的一员，丰富城市生活；

3）分享文化和创造力，通过交流深化社会生活和民主生活；

4）享受城市的文化资源和文化空间，使人人有所获，有所启发，有所焕然一新；

5）保护城市共同的文化资源，无论是现在还是未来，都能惠及所有人。

《罗马宪章》构想了一个更加包容、更加民主、更加可持续发展的城市。它的发展成就掌握在城市的每位居民手中。

以上内容确定了我们的目标，下一个任务便是制订计划，实现这一倡议。我们现在开启了合作与协商阶段，以便根据地方情况来制定详细的文化政策、计划和行动。

（二）为什么是现在？为什么这么做？

1. 为什么是现在？

短短几周内，新冠肺炎疫情席卷了我们所熟悉的世界。为保护健康而必须采取的措施已经改变了我们的生活方式，繁荣状况受到破坏。我们心情沉重，同时，也正发现存在于社会中的意想不到的资源，即善良、勇气和团结。

起初，我们谈论的是“危机之后”的生活。现在我们了解到，新冠肺炎疫情可能会伴随我们很长一段时间，也了解到我们将不得不适应它的存在。这种认知正在改变我们对自己、他人以及所处社会的看法。我们对重要之事、崇拜之人以及向往的生活的理解，也正在随之改变。

危机产生挑战，也带来责任和机遇，让我们能够超越现有的边界去思考，还能做一些之前似乎不可能的事情，而且在最近几周内，政府、机构和公民在某种程度上已经做了这两件事。如果说新冠肺炎疫情给我们带来了好处，那将是因为我们已经勇敢地设想出了不同的、更好的、更可持续发展的生活方式，我们不会在疫情结束即刻停止前行。城市，是应对挑战的中坚力量，到2050年，世界上三分之二的人口将会居住在城市。

2. 为什么是文化?

文化是人们将经验变为意义的方式——不仅仅是变成好的或真实的意义，更是一种力量，一种一直以来并正在被滥用的力量。文化是人们形成、表达、分享和确定其价值观的方式——包括那些无意识或无法直接表达的价值观。文化是生存以外的一切意义，是我们为丰富生活所做的一切事情。文化也影响着我们的行为，即便有时我们没有意识到这种影响。文化是对世界的描述，透过它我们审视这个世界。

文化也是我们在这场危机中可以利用的可再生资源。科学帮助我们寻求理解、答案和保护；艺术让我们在隔离期间获得安慰、教育和娱乐。两者不仅是娱乐的产物，更是研究、技能、创造力和辛勤付出的结果。文化通过音乐和歌唱，穿过无人的街道把我们连在一起，文化让我们有所感，并让我们有机会与他人分享内心的感受。文化让我们了解自我，遇见他人。正是在文化中，我们的存在有了意义，我们讲述故事，充满梦想，满怀希望。正是文化塑造了我们在疫情之后重建城市的价值观和行为方式。

现在，我们比以往任何时候都更想要确认文化的社会价值，即文化的核心和目标在于人，而不在于利益。但我们还无法确定文化在新兴世界意味着什么。这是一个发现的过程，由环境和环境中的人所决定。我们认为，帮助公民理解现在、畅想未来的对话有助于我们重新思考城市这一概念。这就是我们目前的处境。

有关文化、创意城市、包容性城市主义、权利和义务的既定思维，我们必须摆脱其束缚。我们不知道既定思维何时才会消失，但我们相信，我们比以往任何时候都更加需要文化民主。目前，整个社会都需要一段愈合恢复期，但在一段时间内可能会面临更多的冲突和进一步的不平等。旧的解决之道已不可行，我们需要找寻新方向。我们必须叩问自己的内心，我们想要什么样的生活，我们想为后代创造什么样的生活，答案取决于民主资源和慷慨精神。

3. 为什么是罗马？

城市为实践和创造提供了空间。罗马这座城市具有汇聚、连接和探索的能力，融汇了各种社会模式新思想，是世界和时代的中心。罗马，兼有古老和现代的魅力，经历了瘟疫、战争和文艺复兴，如今依旧美丽。罗马，正在努力让新型模式成为现实，并为世界所共享。这也促使我们在那些既是局限又是机遇的区域共同创造另一种未来：城市。

4. 为什么是世界城地组织？

世界城地组织（UCLG）是世界上最大的地方和区域政府组织。一个多世纪以来，无数人孜孜不倦地为获得权力而斗争，你我站在他们的肩膀上，促进社会发展，相互合作，以实现积极的变革。

我们代表、捍卫和宣传地方和区域政府的声音，让每个人、每个地方都不被遗忘，团结在一起。我们保护着世界各地公民的希望、梦想和愿景——寻找一种生活，让可持续发展目标成为现实，并倡导一种世界各地区共同建立的强有力的多边系统。

文化在社会可持续发展中的地位是世界城地组织关注的重点领域之一。

5. 下一步做什么？

《罗马宪章》是在与世界各地50多个城市和贡献者的对话中制定的。在接下来的几个月里，我们还将在下一个咨询合作阶段探索更多的内容，以根据当地情况制定详细的文化政策、计划和行动。我们欢迎各种响应、想法、新对话和辩论；我们愿意服务、汇集、联合和重塑万物新秩序。

您会加入我们的创造之旅吗？

第二部分 《罗马宪章》解释说明

文化能力的关键词都是表达动作的词汇，我们建议采用自下而上、以人为中心的周期性推进方式：

<table>
<tr><td>发　现</td><td>发现自己，了解他人。</td><td rowspan="5">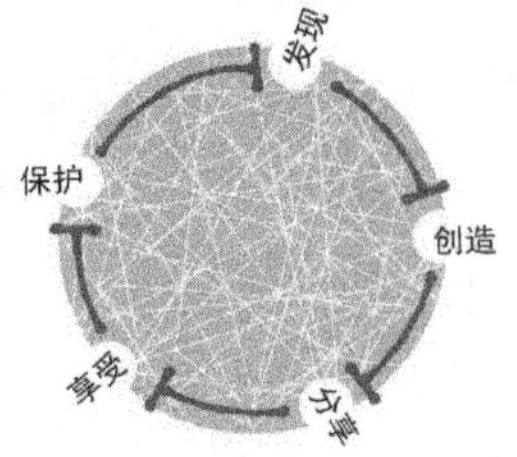
</td></tr>
<tr><td>创　造</td><td>用所学知识表达自我。</td></tr>
<tr><td>分　享</td><td>展示你取得的成就，参与文化生活。</td></tr>
<tr><td>享　受</td><td>欣赏、辨别、形成自己的审美。</td></tr>
<tr><td>保　护</td><td>珍惜和保存已被创造的东西，以便世人重新发现它们。</td></tr>
</table>

1. 发现

◆ 文化之根，让我们在城市拥有自己的资产、身份和地位；

每个人都有自己的资产，无论是个人的还是共享的，都来自于家庭、社会、身体、时间等等；同样重要的是，我们有能力理解他人的背景、根源和故事。

2. 创造

◆ 属于我们自己的文化活动，使它成为城市的一部分，并丰富城市生活；

参与文化生活需要创造的能力——无论是唱歌、跳舞、刺绣，还是设计电脑游戏或设想另一种未来，都需要创造艺术作品的手段、资源、技能、教育和时间。

3. 分享

◆ 文化和创造力，通过交流来丰富社会和民主生活；

如果我是创造者，那么对于那些感兴趣、乐意聆听、欣赏、交谈和评价我作品的人，我有权利和能力与他们分享我的作品。这并不意味着一切事物是价值等同的，而意味着你认同一切事物，无论受人喜爱与否，都有其存在的权利。

4. 享受

◆ 一切城市文化资源，人们从中受到鼓舞、获得教育、有所启发；

接触文化资源如同我们选择朋友，这是我们了解自己喜好的途径，是确定自己价值观的途径，是塑造自己未来身份的途径。我可以继承一种文化，但我也可能选择成为一名说唱歌手或歌剧演唱家。总之，除非我选择的文化能使我快乐，激励我，让我精神振奋，否则它的价值何在？

5.保护

◆ 城市共同的文化资源，从而让现在和未来的人们受益；

有了文化，即使我们不喜欢，我们也必须有能力珍惜、传授和传承这份文化，使其免遭人为破坏或因忽视而缺乏保护。正如生物多样性一样，整个生态系统需要保护，因为其相互依存，人类总有需要其发挥作用的时候。

八、2020年进展报告：同步之年

2020年世界城地组织发展势头强劲，拥有新的坚定领导层、新的主席团队和德班会议通过的大量政策指南，包括6份地区立场文件、5份政策文件和10条行动宣言。所有这些都被置于以我们区域工作为基础的强有力的政治宣言的保护下，这不仅代表我们地方治理者的利益，而且代表着我们致力于实现发展模式需要的转型，以回应社区的期待。

我们几乎没有意识到世界将要发生一个非常意外的转折，它将永久性地改变世界的现状。现在，全球疫情已经向今年前六个月的工作提出了质疑和

挑战，这种情况可能会继续下去。我们已成为一个更加紧密的社区，积极动员会员进行交流。世界城地组织在全球议程中履行了承诺，它仍然是团结的灯塔，也是未来时代里实现转型外交的工具。

本报告旨在概述由穆罕默德·邦德拉博士领导的世界城地组织主席团带领下的全球活动。

（一）第一次主席团会议，巴塞罗那，2020年1月

在与联合国秘书长和负责联合国75周年庆祝活动的副秘书长举行富有成果的会议之后，主席邦德拉在巴塞罗那召开了第一次主席团会议。

在巴塞罗那市中心的世界城地组织秘书处举行的两天会议中，世界城地组织领导层会聚一堂，讨论了他们对世界城地组织在2019—2022任期内的梦想和行动计划。这次会议特别有意义，因为它恰好是实施十年行动的开始，它力求巩固我们的集体行动并分享目标，以将市政活动带入下一个领域。

在本次主席会议上，商定了本年度三个基本目标：对世界城地组织进行外部评估；更新组织的咨询机制；并努力加强与联合国系统的对话，以期使地方政府享有特殊地位。

（二）丹吉尔务虚会

世界城地组织务虚会是一个非常有代表性的聚会，汇集了所有的关键节点。这次务虚会是继德班世界大会之后巩固2020年战略的重要会议，其精神是在整个工作体系中同步我们的行动。转变外交、行动十年、从国际体系到城市间体系的转变等概念在这一周内成为讨论主题，以确保我们所希望的社会转型从内部开始。

务虚会也是开展联合国75周年纪念调查问卷的地方。当我们站在“行动十年”初期时，我们的成员加入了关于世界未来和多边主义的对话。在务虚会的最后阶段发表的《丹吉尔宣言》，将我们的梦想写于纸上，想象着一个未来——它将使我们能够实现和平社会，并通过我们对包容性多边体系的承诺来确保这一未来可实现。

地方和区域政府全球工作组的年度会议聚集了来自其24个成员组织的代表，并商定了今年的联合行动。行动特别侧重于性别平等、气候和生物多样

性，我们在性别平等方面能够起到的作用，以及我们在即将到来的高级别政治论坛发挥的作用。这次高级别政治论坛将首次不与特定的可持续发展目标（SDG）相关联。

（三）爆发：赋予社区权力

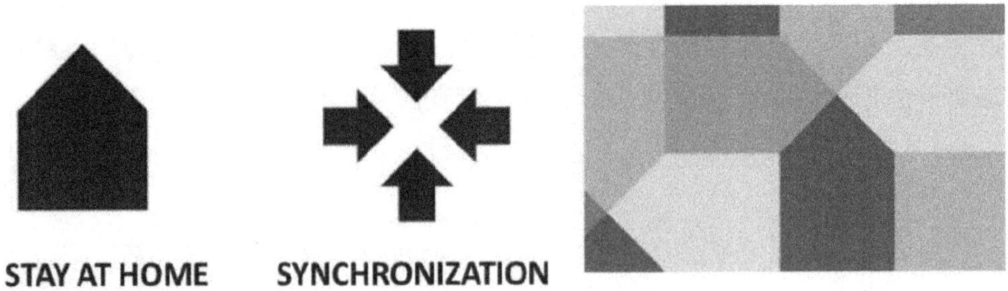

遵循国际和国家主管部门的指导以及卫生部门的指导，世界城地组织于3月开始采取预防措施，随后居家隔离。整个世界城地组织迅速适应了新情况，我们本着丹吉尔精神继续工作，确保我们在网络的不同区域同步工作，并在继续执行工作计划的同时认真听取成员的新需求。

在今年上半年，应对新冠肺炎疫情危机一直是我们的首要任务。我们一直致力于为交流、培训材料、政策文件和新知识平台创造新空间。整个世界城地组织都试图将其DNA用作城市间、协会与协会之间交流的主要媒介，以及一种产生集体知识和促进变革性政策的机制，同时提升全球成员的水平。

（四）实时经验分享会

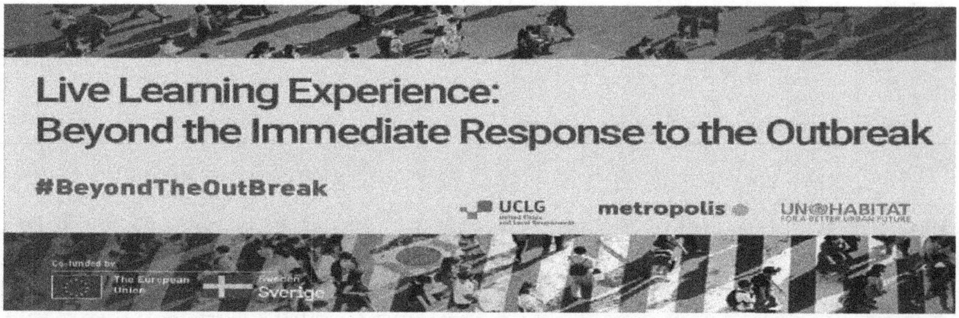

我们与联合国人居署、大都市协会和主要的民间社会组织合作，与地方和区域政府一起组织了“实时经验分享会”活动，这些活动通过团结和表达政治意愿，比以往任何时候都更加努力地发挥其关键作用。他们正在努力提供公平的服务，保护公民、保护人权。这些经验在第一线强化了地方和区域政府的团结，展示了当地公务员的价值。

该倡议成功举办了17次主题会议。从住房到流动性，从妇女领导到非正常状态……在过去的4个月中，实时经验分享会使地方和区域政府与合作伙伴聚集在一起，并在疫情期间，分享了来自地方和地区领导人的260多项经验。

每个实时经验分享会都通过新闻和学习笔记进行分享。这些经验充实了我们的工作，并成为了《后疫情时代宣言》的基础。《后疫情时代宣言》的十项建议也成为我们在联合国高级别政治论坛上倡导的指南。在大都市的推动下，“全球城市卫生”平台成为这一经验的组成部分，提供了地方政府代表应对危机措施的生动资料库。

（五）视频交流和学习将给我们的会员带来知识

尽管这些视频交流与实地学习（为正式和非正式交流提供宝贵的空间）、实地访问和体验式学习不同，但这些线上交流提供了可访问且灵活的平台，可以加强互动、合作和交流。我们为会员开发了全球网络内交流的指南，以了解如何自由开展线上交流，并正在继续努力帮助会员利用现有的学习资料适应在线平台。

世界城地组织还与一家咨询公司一起开发了完整的在线课程，以根据本地公共服务交付的重要性，对“实时经验分享会”的讨论和投入进行分析，该学习过程分为5章，有5个专家学习小组。在线课程采用大规模开放在线课程（MOOC）的形式。

（六）疫情暴发期间的政治领导

4月20日举行的主席团会议不仅强调了当前的危机如何改变了我们聚会和交流的方式，而且还强调了主席团对制定后疫情时代讨论框架的巨大承诺。

会议讨论了世界各地的城市、地区及其协会如何应对这场新冠肺炎疫情，主席团成员分享了实例和愿景。尽管现实情况各不相同，但UGLG领导层表示坚决致力于维持基本服务的提供，并确保其社区平等地获得这些服务，特别是关注最脆弱的群体。主席团还一致认为，世界将不断改变，我们的成员需要积极融入对未来的塑造之中。

（七）秘书长会议

今年召开了三次秘书长大会，以调整优先事项和策略。秘书长同意参加与联合国的对话，并举行区域磋商。他们在新冠肺炎疫情的背景下交流了经验，并讨论了全球议程方法以及第一个线上执行局的议程。

秘书长的最后一次会议是在6月举行的，其目的是筹备高级别政治论坛。

我们还举行了一次磋商机制会议，为在城地组织世界理事会框架内更新磋商机制做好准备。

（八）第一次世界城地组织线上执行局会议（意大利罗马市主办）

在由罗马主办的第一次线上执行局会议的第一天，各机构委员会成立，为今后的工作做好了准备。财务管理委员会评估了本组织的财务健康状况，并讨论了本组织的预算和财务状况；法律事务委员会会议上讨论了各政策委员会的最新问题，以及确保城市和地方政府联合组织在这个时代仍有意义和相关性的机制。

在执行局的框架内，我们与环境署、人居署、开发署以及全球工作组的成员（如环境倡议理事会、地方政府论坛和全球环境基金），共同举行了一次“市长之约”部长级对话。这次活动历时5小时，与会小组成员，三个联合国机构（环境署、人居署和开发署）的负责人，来自意大利、印度尼西亚、科特迪瓦、埃塞俄比亚、南非和智利等国的部长，以及来自世界各区域的25名省长和市长共200多人参加了会议。

这次会议提供了前所未有的机会，打开了政府各领域之间的沟通和信任渠道，促进了参与方之间的协调努力，以便更有效地执行气候协定，同时铭记需要改善全球的雄心壮志，加快采取行动。

在执行局会议的最后一天，通过庆祝“联合国75周年全球磋商”活动，专门展示了地方和区域政府对多边主义的愿景，来自世界各地的地方和区域领导人在磋商中提出了他们对2045年世界的愿景、希望和期望，以及为了实现这一愿景，多边主义应如何改变。

来自世界各地区的50多名与会者对此次磋商做出了回应，磋商围绕着三个指导性问题展开，涉及疫后恢复、治理工具和未来发展趋势等内容。这次活动也有近300人参加，并通过YouTube平台进行了直播。

磋商结束后，我们紧接着举行了执行局会议，主席穆罕默德·邦德拉宣布会议开幕，他赞扬了世界城地组织的多样性、创造性和远见，并强调世界卫生组织应适应新的现实。

1. 世界城地组织执行局会议达成了什么成果?

世界城地组织执行局会议结束之际，世界卫生组织、城市和地方政府联盟之间的合作得到了恢复。世界卫生组织总干事谭德塞参加了联合国75周年磋商会议，其中地方和区域领导人之间的结构性对话和加强与世卫组织联系是一个关键成果。

执行局成员通过了“宣言”，并赞扬主席团的这一举措。他们同意在其成员中和在其社交网络上传播“后疫情时代宣言”的内容。他们授权秘书处在本组织的宣传工作中使用该文件。

执行局还启动了“地方行动港”，这一举措将使我们的可持续发展目标本地化战略与成员的实践和举措紧密结合起来。

2.《罗马宪章》2020

世界城地组织文化委员会和罗马市议会共同制定更新了关于文化和发展的全球对话文件:《罗马宪章·文化权利议程》。

3. UCLGMeets网站

新冠肺炎疫情推动了世界城地组织“UCLGMeets”平台的开发，该平台在执行局会议期间首次用于讨论《后疫情时代宣言》和《联合国75周年愿景》。这个平台的源代码是开放的，这使得更多创新成为可能，在这种情况下，我们希望了解您的想法，最好地针对每个团队、委员会、工作组、实践社区等的不同需求进行创新。我们有世界上最大的城市间组织，有提高会员服务的能力，进而可扩展至为全球各地的社区服务。

#UCLGMeets网站正在进一步开发，未来将会成为理事机构成员的交流空间。

（九）联合国成立75周年大会

在前所未有、复杂多变的全球化挑战背景下，地方和区域问题不只停留在地方层面，没有地方和区域自主权，就不可能实现应对社区需求的全球转型。

为加强地方政府在国际决策中的作用，并考虑到地方和区域政府是应对全球化挑战的核心，世界城地组织承诺，通过在线调查（http://un75.online）和增加咨询人数及参与人员的多样性，来推动实现联合国75周年倡议。

应联合国要求，世界城地组织承诺协助编写一份报告，介绍地方和区域领导人对未来挑战的看法、我们憧憬的未来，以及适合实现这些愿望的具有包容性的网络化的多边体系。

我们正在开发一个在线平台，以提供更多获取地方和区域政府报告的机会。

为了真正将组织的声音纳入报告，我们已经在全球范围进行磋商，各区域分会在过去几个月里一直在进行商讨。6月，我们还与全球工作小组的伙伴进行了一次沟通。

（十）高级别政治论坛

在2020年高级别政治论坛中，由100多名市长和区域领导人组成的代表团呼吁大家重视2030年可持续发展议程本地化的重要性，称只有将可持续发展目标本地化作为我们努力的核心，才能遏制疫情带来的日益加剧的不平等现象，才有望建立更平等、更具弹性和更可持续发展的社会。

穆罕默德·邦德拉主席代表主要地方政府，参加了高级别政治论坛开幕式，呼吁促进必要的改革，加强市政府和地区政府自身能力，实现可持续发展目标。

在“加强地方行动”分会上，世界城地组织派出代表，与人居署合作举行了“地方自愿审查”发布会，介绍了地方自愿审查准则的第一部分内容，展示地区报告的价值。

作为高级别政治论坛的传统，我们与联合国经社部、联合国开发计划署、联合国人居署以及联合国秘书长执行办公室合作，推动了第三届地方政府论坛的举办。当天，与会者讨论了提供基本服务的重要性，在疫情期间需要多层级区域管理，以及如何在政府部门之间进行全面合作以更好地重建地方和区域政府。

我们还举行了地方和区域政府日，其中介绍了我们第四次实现可持续发展目标本地化报告的结果，该报告探讨了地方和区域政府在疫情中的作用以及我们在监测和管理中的作用。此外，我们还通过了组织2020年高级别政治论坛的联合声明。联合声明强调，根据可持续发展目标，整合各方面力量，改变我们的社区，并在紧迫时刻，重申地方和区域政府对全球发展议程的承诺。

“我们愿意承担责任，加快实现可持续发展目标。我们愿与各会员城市和国际社会团结努力，按照2030年及以后的共同愿景，雄心勃勃地投入再建设当中。”

包括来自世界各地的市长、联合国大会第73届会议主席玛丽亚·费尔南达·埃斯皮诺萨，以及“全民医保2030运动”的代表在内的14位发言人齐聚一堂，在全民健康覆盖全球契约和世界城地组织的对话中，讨论了疫情期间从社区吸取的教训，并确定我们的社会需要做哪些工作，如何做出更好的转变，以确保平等地获得医疗服务。

在2020年高级别政治论坛期间，我们坚定了对普遍议程的承诺，支持更新多边体系。虽然《部长宣言》尚未发布，但有一点很清楚，地方和区域政府已做好准备，以可持续发展目标为框架，以更可持续的方式从此次疫情中恢复过来。

（十一）我们响应联合国75周年的号召

9月21日，在联合国大会框架内，世界各地的地方和区域政府提交了给联合国75周年的报告，报告阐明他们的愿景——地方和区域政府如何展望全球未来。

2020年正值联合国成立75周年，面对严峻的挑战，在“行动十年”进程中，联合国秘书长安东尼奥·古特雷斯呼吁世界各国人民团结一致并加快行动，进行全球对话，讨论人类的重点事项以及我们如何为所有人打造更美好的未来。在世界城地组织的推动下，由全球工作组召集的“国际城市和区域运动”加入联合国75周年的全球对话中，确保代表全球城市和地区的声音。

为回应这一呼吁，我们提出了一份报告，阐述到2045年多边主义的情况。

我们提交的报告来自世界各地城市和地区拥有远见卓识的领导人，他们构想，在新冠肺炎疫情、流感和艾滋病的侵扰和恢复重建时，如何在决策过程中不遗余力地考虑到每个人。

我们还在联合国可持续发展目标行动区举行的会议上，探讨了地方和区域政府在疫情期间发挥的重要作用。在该会议上，世界城地组织主席、摩洛哥阿尔荷塞马市市长穆罕默德·邦德拉，联合主席、南非波罗克瓦尼市市长坦比希里·恩卡迪蒙，副主席穆罕默德·萨迪耶及其他两位市长共同提出了地方政府恢复经济的愿望。世界城地组织司库、加拿大基奇纳市市长贝里·沃班诺维奇参加了另一场会议主题为“行动的联盟：世界需要什么”，他着重强调了报告的成果。

我们与联合国75周年纪念活动的合作比以往任何时候都更加重要，因为我们提出将社区置于新的多边主义转型的中心来设想地球的未来。一个能够确保提供公共服务、促进当地消费和生产方式的世界，和建立在城市与地区实力基础上的城市间体系，对于发展我们社区要求的下一代多边主义至关重要。

世界城地组织代表地方和区域政府全球工作组于10月8日召开会议，专门讨论我们的报告和联合国75周年报告的调查结果，以及如何在地方、区域和全球范围内更好地推动它们的发展。

本次会议上，地方和区域政府的代表，以及来自联合国最高层的代表，就疫情后“更好地恢复”，未来的长期重点事项，以及更新的和交错互通的多边体系进行了深入的探讨。

（十二）城市和地区紧急治理计划——监控疫情的影响及其产生的后果

世界城地组织、大都市协会和伦敦经济学院正在合作分析当前全球健康危机和恢复进程对城市和地区治理产生的影响。地方和区域政府意识到，我们的世界将彻底改变，我们应做出回应，建立更安全和可持续的社区。

众所周知，新冠肺炎疫情的暴发正在并将对生活的各个方面产生巨大影响。疫情的暴发使我们的“社会赤字”更加明显，包括现有的治理结构。

从5月开始，以定期出版物形式发布的“紧急情况转变监控”将收集和分析有关城市和地区如何应对紧急状态的数据，这在很大程度上可能成为危机后恢复治理的基础。2021年发布的最终报告会总结有关地方和区域各级应急管理的最新看法、知识和证据。

（十三）地方和区域政府对联合国秘书长政策简报的贡献

作为全球工作组的推动者和地方和区域政府网络，世界城地组织为联合国秘书长关于“世界城市中的新冠肺炎疫情”政策简报做出了贡献。

该政策简报描述了城市如何管理疫情，成为能源、韧性和创新的枢纽，让人们居住的地方充满活力和吸引力。简报列出了疫情对城市的影响，并围绕三个方面提出了应对计划：

（1）解决不平等和长期的发展赤字问题；

（2）加强地方政府的能力，避免对基本公共服务造成干扰；

（3）实现有弹性、包容性、性别平等和绿色经济复苏。

在世界城地组织主席主持的一场媒体活动中，“宜可城”——地方可持续发展协会和联邦地方政府论坛主席以及我们的会员城市积极参与，与会者高度赞扬解决不平等问题简报发布，呼吁加强地方能力和追求有弹性的复苏。

在媒体活动中，与会人员表达了对联合国合作的承诺，并呼吁要认识到权力下放的重要性以及加强政府之间的关系，确保在决策过程中考虑到所有参与者，进行绿色复苏，始终铭记地球稀少资源，培育新的增长模式，不让任何一个人掉队。

（十四）前进的道路：从实施经验分享到“城市在倾听”体验

“城市在倾听”体验将为实施世界城地组织后疫情时代宣言打下基础，从我们在疫情暴发期间学到的经验教训以及地方和区域领导人对未来的展望中获得启发。它将通过“在线经验分享”系列会议持续推广虚拟社区、生活社区和政策建议，重点是提供公共服务和保护公共环境，旨在不遗余力，不让任何一个人掉队，并努力照顾那些为我们提供服务的人群。

260多位市长、地方和区域领导人及合作伙伴在实施经验分享会议中展示了200多个案例，有2800多名参会者在疫情暴发期间及此后的现场学习体验中提供了他们的经验。他们为我们提供推出前瞻性文件的政治动力，该文件将指导我们进入后疫情时代的下一个十年。

9月举行的首次战略性集会，汇聚了我们的关键合作伙伴。“城市在倾听”体验将成为不同国际组织、公民社会与地方和区域政府领导之间对话与互动的空间，共同定义我们的国际倡议，并塑造我们对人类未来的思考。世界城地组织政策委员会的问题将继续成为重要支柱。

第六章　合作伙伴

一、联合国人居署

（United Nations Human Settlements Programme, UN–HABITAT）

【成立】1978年10月，联合国人居中心成立。2001年12月，联合国大会第56/206号决议决定将联合国人居中心升格为联合国人居署。

【宗旨】促进社会和环境方面可持续性人居发展，达到为所有人提供合适居所的目标。通过支持城市发展和规划，推动经济增长和社会发展，减少贫困和不平等。

【主要负责人】执行主任麦姆娜·莫哈末·谢里夫（Maimunah Mohd Sharif，马来西亚籍），2018年就任，任期至2022年。

【总部】肯尼亚内罗毕。网址：http://www.unhabitat.org。

【出版物】《年度报告》（UN–HABITAT Annual Report）、《全球人类住区报告》（Global Report on Human Settlements）、《世界城市状况》（State of World's Cities）及一些期刊和宣传品。

【组织机构】（1）大会，系人居署决策机构，由联合国大会2018年通过决议设立，议事规则由人居署常驻代表委员会起草，并于2019年5月举行首届大会。（2）执行局，成员由首届大会选举组成，并于2019年举行首次会议。（3）常驻代表委员会，由所有联合国会员国的常驻代表和经人居署认可的联合国专门机构成员组成。（4）秘书处，系人居署执行机构，由执行主任领导，为人居大会服务，同时作为联合国系统内人类住区问题和活动的协调中心。（5）区域办事处，人居署在4个区域设有办事处，分别是位于巴西里约热内卢的拉丁美洲与加勒比地区办事处、位于日本福冈的亚太地区办事处、位于埃及开罗的阿拉伯国家办事处和位于肯尼亚内罗毕的非洲办事处。

【资金来源】主要包括:（1）定期预算分配，由联合国大会成员国批准。资金来自联合国主要预算。（2）一般捐款，即来自各国政府的非指定自愿捐款。（3）专项捐款，即来自各国政府、基金会、私营部门。联合国机构和其他捐款者指定用途的自愿捐款。

【主要活动】联合国人居署致力于推动“人人享有适当住房”和“在城市化进程中人类住区的可持续发展”两目标的实现。目前有两项全球倡议：安全的土地保有权（Global Campaign for Secure Tenure）和城市管理（Global Campaign on Urban Governance）。两项倡议的目标是加强与各国各级政府和民间社会的合作，以提高公众意识，并改善国家政策，消除城市贫困。

【双方合作情况】1988年，中国成为联合国人居中心委员会成员国。1990年，中国在肯尼亚内罗毕正式设立驻联合国人居中心代表处。

联合国人居署与中国合作关系良好，在中国实施了城市管理、垃圾处理等项目。唐山、杭州、威海、厦门、包头、扬州、南宁、绍兴、张家港等多个城市、有关城市建设项目、数位中央部委和地方政府负责人曾获联合国人居奖。中方也积极支持人居署工作，为推动“人居三”① 大会的成功举行和《新城市议程》的通过做出重要贡献。近年来，双方之间的交流与合作得到进一步加强。2012年4月，住建部与联合国人居署签署合作框架协议。2014年5月，李克强总理在肯尼亚内罗毕会见时任联合国人居署执行主任克洛斯。2017年5月“一带一路”国际合作高峰论坛期间，联合国人居署与中国签署“一带一路”框架下的合作谅解备忘录。2019年4月，人居署执行主任谢里夫来华参加第二届“一带一路”国际合作高峰论坛。2019年5月，住建部副部长倪虹率团出席首届人居大会，并在大会全会发言。2020年10月，在2020年世界城市日全球主场活动期间，住建部、福建省政府与联合国人居署在福州举办2020年世界城市日中国主场活动，围绕“提升社区和城市品质”年度主题分享经验做法，联合国秘书长古特雷斯、联合国人居署执行主任谢里夫发表视频致辞。

【奖项】

联合国人居署在人居领域设立了三个奖项，分别是“联合国人居奖”“联

① 指2016年举办的第三次联合国住房和城市可持续发展会议，简称“人居三”。

合国人居特别荣誉奖”及“联合国人居署迪拜最佳范例奖”。中国已16次荣获“联合国人居奖”和一次年度“联合国人居奖特别荣誉奖”。

◎联合国人居奖

联合国人居奖：由联合国人居署于1989年创立，旨在使国际社会和各国政府对人类住区的发展和解决人居领域的各种问题给予充分重视，并鼓励和表彰世界各国为人类住区发展做出杰出贡献的政府、组织、个人和项目，每年的获奖数量由人居署视情况而定，一般是每个大洲一个。

◎联合国人居特别荣誉奖

联合国人居特别荣誉奖旨在表彰对国家建设、人类住区发展有突出贡献的个人或组织。该奖项以唯一案例形式申报，该案例要能够全面反映在人类居住领域做出的巨大贡献，同时也能体现其特色。申报材料内容包括：申报案例基本描述、主要合作者的参与程度、社会影响、可持续性、可沿用性及如何沿用、创造性以及项目的社会认知度，申报材料采用英文叙述，图文结合，并附3—5分钟多媒体介绍片。

◎联合国人居署迪拜最佳范例奖

联合国人居署迪拜最佳范例奖是联合国人居署与迪拜市政府合作设立的可持续发展人居领域最高的奖项，每两年举办一次，评选10个全球最佳范例奖项，整个评选过程严格、权威，设有独立的技术委员会，评委均为来自五大洲的国际评委。在绿色生态、可持续发展逐渐成为全球话题的时候，联合国人居署迪拜国际范例奖以其严格的评审标准，成为全球在可持续性发展方面做出突出贡献的单位竞相攀登的“桂冠”。经过连续六届的评选，已有来自140多个国家2100多个项目和最佳范例收入其中。

二、联合国开发计划署

（United Nations Development Programme, UNDP）

【成立】正式成立于1965年，是联合国系统最大的多边无偿援助机构。其前身为1949年设立的“技术援助扩大方案”和1958年设立的“联合国特别基金”。

【宗旨】向发展中国家和地区提供资金和技术援助，以促进其以人为中心的经济和社会可持续发展。

【主要负责人】署长阿奇姆·施泰纳（Achim Steiner，德国、巴西双重国籍），2017年就任，任期至2025年。

【总部】美国纽约。网址：http://www.undp.org。

【出版物】《年度报告》(Annual Report),《世界发展》月刊(World Development),《联合国开发计划署通讯》(UNDP News),《人类发展报告》(Human Development Report)等。

【组织机构】(1)执行局：领导机构，由36个成员组成，其中亚洲7个，非洲8个，东欧4个，拉美5个，西欧和其他地区12个。执行局成员由经社理事会按地区分配原则和主要捐助国、受援国代表性原则选举产生，任期3年。执行局每年举行2次常会、1次年会。(2)秘书处：在署长领导下处理日常事务，在177个国家和地区设有常驻代表处。

【资金来源】(1)常规资金：来自联合国成员国和其他多边组织等不同合作伙伴的自愿捐款。(2)其他资金：各国政府、基金会、私营部门和其他捐助者的指定用途捐款。

【主要活动】联合国开发计划署是联合国发展业务系统的中央筹资机构和中心协调组织，主要提供无偿援助，包括提供专家，资助国内外培训、考察及购买硬件。联合国开发计划署项目以前主要由诸如工发组织、劳工组织等联合国专门机构执行，近几年国家执行的比例日益增加。联合国开发计划署的援助也从传统的以加强国外先进技术的吸收和转让为主转向以扶贫为中心，以环保和社会发展为重点的可持续发展。

联合国开发计划署执行局每年举行两次常会和一次年会，会议主要审议署长年度工作报告、财务预算和行政事项、联合国项目服务厅以及南南合作，并核准国别方案等。

【双方合作情况】中国自1972年开始参加联合国开发计划署活动，中国与联合国开发计划署的合作始于1978年，每五年一周期，成功实施了多期“国别方案”及“合作框架”。截至2020年，双方合作项目超过1000个，涉及农业、工业、能源、公共卫生、减贫和经济重建等多个领域。开发计划署已与中国签署共建“一带一路”合作文件。中国于2020年再次当选开发计划署执行局成员。2021年2月1日，联合国开发计划署执行局审议通过了中国同开发计划署新周期国别合作方案（2021—2025年）。

2015年5月，国务院总理李克强在北京会见时任联合国开发计划署署长海伦·克拉克。2017年12月，联合国开发计划署署长阿奇姆·施泰纳访华并出席2017中国环境与发展国际合作委员会年会。2018年11月，联合国开发计划署署长阿奇姆·施泰纳访华并出席2018中国环境与发展国际合作委员会年会。国务院总理李克强会见施泰纳，表示中国期待同开发计划署一道，在南南合作框架下共同助力各国提升自主和可持续发展能力，为世界和平与发展事业不断做出贡献。2020年6月18日，王毅国务委员兼外交部长在北京主持“一带一路”国际合作高级别视频会议，开发计划署施泰纳与会并代表联合国秘书长古特雷斯致辞。2020年9月26日，中国与联合国经济和社会事务部、联合国开发计划署合作举办减贫与南南合作高级别视频会议，联合国开发计划署署长阿奇姆·施泰纳与会并发言。

【驻华代表机构】联合国开发计划署于1979年在北京设立驻华代表处。现任驻华代表为白雅婷（Ms. Beate Trankmann，德国籍）。办公地址：北京市亮马河南路2号。电话：65323731，65323739。

三、C40

C40是一个国际性城市气候变化组织，在世界上具有广泛影响，致力于推动城市减少温室气体排放、降低气候变化风险、应对气候变化挑战、提升城市居民的健康和福祉、增加经济机会。包括中国、美国、加拿大、英国、法国、德国、日本、韩国、澳大利亚等国城市成员。

在全球范围内，C40支持城市间进行高效合作，共享知识，并在气候变化方面采取有意义、显著的和可持续的行动。C40连接了世界上97个特大城市，采取果断的气候行动，引领通往更健康、更可持续的未来的道路。C40组织的特色城市有美国旧金山、英国伦敦、埃塞俄比亚亚的斯亚贝巴、澳大利亚悉尼、孟加拉达卡和南非艾古莱尼市。C40的所有会员城市代表着全世界超过7亿公民，经济总量占全球的四分之一，采取了上万条措施应对气候变化。

2005年，C40在前任伦敦市长肯·利文斯顿的提议下成立，围绕着《克林顿气候倡议》（CCI）来实行减排计划，以CCI来推动C40城市的减排行动和可持续发展。

C40进入中国已近4年，其主要工作是为中国成员城市提供服务，推动实现低碳发展。C40在中国已有13个会员城市，分别是北京、上海、广州、深圳、香港、武汉、南京、大连、成都、青岛、福州、杭州和镇江。目前，北京和上海是C40观察员城市，青岛、武汉、深圳、广州、南京、香港、大连、成都为成员城市。C40其他成员城市包括伦敦、巴黎、纽约、里约热内卢、东京、雅加达、洛杉矶、墨西哥、约翰内斯堡等。

C40城市行动致力于城市碳低排放，为其他城市树立榜样。这样有助于城市节约资金，创造就业机会，降低城市二氧化碳和碳的排放，恢复城市原本清新的空气，引进清洁能源，以满足当地的能源需求。

2017年12月6日，第五届C40城市奖在芝加哥北美气候峰会期间举行颁奖典礼。武汉市和华盛顿市同时赢得2017年C40城市奖“城市的未来奖”。设立该奖项的背景，是鉴于美国城市在应对气候变化时扮演着越来越重要的角色，因此2017年每个奖项均授予了一个美国城市。2017年的C40城市奖共设置五个奖项，每个奖项都会有两个获奖者，一个是美国城市，一个是全球其他城市。武汉是唯一获奖的中国城市。

四、Urban20

Urban20（U20）是一项城市外交倡议。它召集20国集团（G20）包含的城市以及非G20成员国的观察城市，就重要的城市问题（包括气候行动、社会包容和融合以及可持续经济增长）进行讨论并形成共同立场。会议讨论最终形成公报，U20通过该公报向G20政府首脑发布建议。

U20于2017年在布宜诺斯艾利斯市市长奥拉希奥·罗德里格斯·拉雷塔和巴黎市长安娜·伊达尔戈的领导下，由其发起组织—— C40城市和世界城地组织在巴黎举行的一个地球峰会上启动。随后的第一届U20市长峰会于次年在布宜诺斯艾利斯举行。东京于2019年主办了第二届峰会。

U20联结了世界上主要的大城市。每个U20城市都代表着一个经济和政治强国。U20城市的人口总数超过世界第五人口大国，GDP超过全球8%以上，这等同于仅次于中国和美国的世界第三大经济体。

U20利用综合力量推动对可持续城市发展的持久影响。U20的目标是将城市问题作为G20议程的重点，为有作为的地方政府领导人提供独特平台，加紧向各国领导人发出呼吁，号召全球采取气候行动和实现可持续发展。通过向20国集团主席和国家元首提交最终建议书，实现这一目标。

五、宜可城—地方可持续发展协会

（Local Governments for Sustainability–ICLEI）

宜可城—地方可持续发展协会（以下简称“宜可城”）是全球最大的地方可持续发展合作网络，通过其项目、行动及地方计划来实现可持续发展。1990年，宜可城于纽约联合国总部由来自43个国家的200个地方政府联合发起成立,是一个非营利、非政治性的会员机构，会员包括来自120多个国家的1750多个城市和地区。宜可城在东亚地区有96个会员。

宜可城支持城市围绕五大路径实现可持续发展，即低碳发展路径、韧性发展路径、基于自然的发展路径、循环发展路径、公平和以人为本的发展路径。

作为城市和地区合作网络，ICLEI通过组织国际会议和学习网络等方式提供一个城市和地方政府相联系的平台，从而促进成员间的经验分享和洽谈合作。宜可城也会根据某些特定城市、自治区或区域的特殊需求来量身制定一些项目和活动。作为可持续发展的倡导者，ICLEI是地方政府在有关可持续发展和气候变化的主要的国际协商和会议上的代言人，并且鼓励来自全世界的地方领导人共同促进可持续发展。作为解决方案和资源的沟通渠道，宜可城也致力于发展解决工具和方法论；组织调查和研究项目；发布指南、案例研究和报告书；在其多年致力于促进地方可持续发展的经验基础上为地方政府提供相关培训和能力培养项目。

宜可城在全球建立了22个分支机构，包括秘书处、国家办公室和专业中心。宜可城全球秘书处位于德国波恩市，宜可城东亚秘书处于2012年由首尔市支持设立，主要负责协调东亚区域合作项目，以及联络中国、日本、韩国等国别办公室的工作。宜可城东亚秘书处负责协助和促进东亚地区超过96个会员城市的地方可持续发展行动。东亚秘书处北京代表处于2018年3月注册成立。

历史沿革

宜可城成立于1990年，拥有超过25年搭建城市与可持续发展方案之间联系的经验，一直致力于协助城市及地方领导规划和实现可持续发展的目标。

1990年，宜可城在纽约联合国总部创立。

1992年，宜可城提出21世纪地方议程（Local Agenda 21），致力于推广有参与性的可持续发展规划，是全世界首个以此作为主体的全球性活动。

1996年，宜可城开创了绿色采购（Eco-Procurement）活动，是当今国际可持续公共采购项目和网络的引领者。

1996年，宜可城开展“城市气候保护行动”（Cities for Climate Protection, CCP），是全球第一个及最大的地方政府反对温室气体排放的推广活动，现更名为“绿色示范型城市”（Green Climate Cities）。

2006年，宜可城发起了地方生物多样性保护活动（Local Action for Biodiversity），是唯一的城市生态多样性管理方面的全球性活动。

2012年，ICLEI在首尔市政府的支持下，在韩国首尔市建立宜可城东亚秘书处。

2015年，宜可城在韩国首尔市举行宜可城国际大会，庆祝成立25周年。

2018年，宜可城东亚秘书处北京代表处经中国政府批准注册成立。

全球项目

宜可城在可持续城市、资源高效及高生产力城市、低碳城市、韧性城市、生物多样性城市、智慧城市、生态出行城市或可持续城市交通、幸福健康和包容社区、可持续城市—地区合作、可持续地方经济采购等领域开展工作，通过提供技术支持和执行合作项目来促进城市可持续发展。

中国会员分布

上海长宁区、石家庄裕华区、贵阳市、长春市、深圳光明区、佛山新城、成都市、台北市、台中市、台南市、高雄市、新北市、新竹县、屏东县、桃源、嘉义、新竹市、香港。

六、联合国经济和社会理事会

（Economic and Social Council, ECOSOC）

【成立】联合国经济和社会理事会（以下简称“经社理事会”）于1945年成立，是促进联合国经济、社会和环境可持续发展的核心体系，是协调14个联合国专门机构、10个职司委员会和5个区域委员会的经济、社会和相关工作的主要机构，是《联合国宪章》规定的联合国6个主要机关之一。

【主要职能】协调联合国及各专门机构的经济和社会工作；研究有关国际间经济、社会、发展、文化、教育、卫生及有关问题；就其职权范围内的事务，召开国际会议，并起草公约草案提交联合国大会审议；其他联合国大会建议执行的职能。其54个理事国由联合国大会选举产生，任期3年，其席位按地区分配，每年由联大改选其中的三分之一（18个）。安理会常任理事国通常能当选为经社理事会理事国。理事会实质性会议每年7月举行一次，会期4周，在纽约和日内瓦之间交替举行。经社理事会设有8个职司委员会、5个区域性机构以及5个常设委员会，处理有关工作。此外，经社理事会还同14个有关经济、社会、文化方面的联合国专门机构建立工作关系，以及与四五百个非政府组织，与各国议会联盟、国际红十字会等，建立咨询关系。

【年度高级别会议】

可持续发展高级别政治论坛（HLPF）

成立　2012年6月联合国可持续发展大会决定，成立联合国可持续发展高级别政治论坛，取代可持续发展委员会。论坛于2013年9月24日第68届联大一般性辩论期间正式启动。

宗旨　政治上领导并指导可持续发展进程，提出相应工作建议；跟进并审议可持续发展目标落实进展，在监督全球的后续落实和评估工作方面起核心作用；在各层级、各领域工作中全面加强整合经济、社会和环境三大支柱；制定重点突出、具灵活性、以行动为导向的工作议程；应对可持续发展领域的新挑战和新问题。

成员　政府间机制，参与范围上具有普遍性，联合国193个成员国均是论坛正式成员。

主要活动　在联大和联合国经社理事会框架下分别举行会议。（一）联大框架下：每4年在联大开幕期间举行高级别会议，与会级别为国家元首和政府首脑。当年联大主席担任会议主席，会期2天，会后形成简短的政治宣言提交联大。论坛启动后联大框架下的首次会议于2019年9月24—25日召开。（二）经社理事会框架下：每年在经社理事会实质性会议期间举行一次会议，会期8天，包括5天高官会和3天部长级会议。会后形成部长级宣言，纳入经社理事会向联大提交的报告。自2016年起，每年举行自愿性质的定期审议，即国别自愿陈述，主要审议可持续发展目标落实情况。

中国参与情况　中国参加了论坛各项筹备活动。2013年，外交部长王毅出席了论坛首次会议。2016年，时任外交部副部长李保东出席论坛部长级会议，并代表中国政府参加首次落实《2030年可持续发展议程》国别自愿陈述。中国出席了经社理事会框架下可持续发展高级别政治论坛历届会议。2019年9月，《2030年可持续发展议程》通过后联大框架下论坛首次会议，即可持续发展目标峰会，在纽约联合国总部举行，国务委员兼外交部长王毅以习近平主席特别代表身份出席并致辞。2020年7月10日，世界城地组织联合主席、西安市市长李明远出席联合国高级别政治论坛"地方和区域政府日"分会并发言。

发展合作论坛

2006年，联合国首脑会议决定成立发展合作论坛，论坛在联合国经济及社会理事会2007年实质性会议上正式启动，以帮助各国为实现千年发展目标调整国际合作。

2021年主席团

主席：

巴基斯坦常驻联合国日内瓦办事处大使穆尼尔·阿克拉姆（Munir Akram）

副主席：

科伦·维克森·凯拉皮勒大使（Collen Vixen Kelapile）（博茨瓦纳）

胡安·桑多瓦尔·门迪奥里亚大使（Juan Sandoval Mendiolea）（墨西哥）

帕斯卡·贝里斯威大使（Pascale Baeriswyl）（瑞士）

塞尔吉·凯斯莉雅大使（Sergiy Kyslytsya）（乌克兰）

七、联合国粮食及农业组织

（Food and Agriculture Organization of the United Nations, FAO）

【成立】正式成立于1945年10月16日，以下简称"粮农组织"，属联合国专门机构。

【宗旨】提高各国人民的营养水平和生活水准；提高所有粮农产品的生产和分配效率；改善农村人口的生活状况，促进世界经济的发展，并最终消除饥饿和贫困。

【成员】共有194个成员国、1个成员组织（欧洲联盟）和2个准成员（法罗群岛、托克劳群岛）。

【主要负责人】总干事屈冬玉（中国籍），2019年8月1日就任，任期至2023年。

【总部】意大利罗马。网址：http://www.fao.org/。

【出版物】年度报告《粮农状况》（State of Food and Agriculture），以及各种专业年鉴和杂志。

【组织机构】（1）大会：最高权力机构，负责审议世界粮农状况，研究重大国际粮农问题，选举、任命总干事，选举理事会成员国和理事会独立主席，批准接纳新成员，批准工作计划和预算，修改章程和规则等；每两年举行一次，全体成员国参加。（2）理事会：隶属于大会，在大会休会期间在大会赋予的权利范围内处理和决定有关问题；由大会按地区分配原则选出的49个成员国组成，任期3年，可连任，每年改选1/3；在大会两届例会期间举行5次会议。（3）秘书处：执行机构，负责执行大会和理事会有关决议，处理日常工作。负责人是总干事，由大会选出，任期4年，在大会和理事会的监督下领导秘书处工作。秘书处下设20个司，涉及伙伴关系及外联、自然资源及可持续生产、经济及社会发展、组织后勤及业务支持四个领域。在亚太、非洲、拉美及加勒比、近东及北非、欧洲及中亚5个区域设有办事处，另设有10个次区域办事处、7个联络处和134个国家代表处。

【资金来源】成员国缴纳会费和自愿捐款。

【主要活动】作为世界粮农领域的信息中心，搜集和传播世界粮农生产、贸易和技术信息，促进成员国之间的信息交流；向成员国提供技术援助，以帮助提高农业技术水平；向成员国特别是发展中成员国家提供农业政策支持和咨询服务；商讨国际粮农领域的重大问题，制定有关国际行为准则和法规。

【粮农组织与中国合作情况】中国是联合国粮农组织创始成员国之一，自1973年恢复在该组织席位以来，一直是理事会成员国。联合国粮农组织积极支持中国农村改革和农业发展。1978年至今，联合国粮农组织在华实施了近500个国内、区域和国际项目。同时中国积极履行成员国义务，广泛参与和支持联合国粮农组织活动。

2008年9月，时任国务院总理温家宝在联合国千年发展目标高级别会议上宣布设立特别信托基金，用于帮助发展中国家提高农业生产能力的项目和活动。2015年6月，时任国务院副总理汪洋出席联合国粮农组织“反饥饿杰出进展”特别活动并致辞。中方与粮农组织签署南南合作信托基金第二期协议。2018年6月6日，中方与联合国粮农组织共同在粮农组织总部罗马举办主题为“减贫和粮食权的保障”的展览，多层次展示中国的减贫行动和成就，以及中国为保障包括中国人民在内的各国人民粮食权做出的重要贡献。2019年6月23日，联合国粮农组织第41届大会在意大利罗马举行并选举产生第九任总干事，时任农业农村部副部长屈冬玉高票当选，成为粮农组织历史上首位中国籍总干事。2020年9月，国家主席习近平在第75届联大一般性辩论上发表重要讲话，宣布中国将设立第三期中国—粮农组织南南合作信托基金。

【驻华代表机构】联合国粮农组织于1983年在北京设立驻华代表处。现任驻华代表为文康农（Carlos Watson，洪都拉斯籍）。办公地址：北京建国门外建外外交公寓4号楼2单元151/152号。电话：010–65322835。

八、世界卫生组织

（World Health Organization, WHO）

【成立】1948年成立，为联合国专门机构。

【宗旨】使全世界人民获得尽可能高水平的健康。该组织将健康定义为“身体、精神和社会生活的完美状态”。

【成员】194个成员和2个准成员。

【组织机构】主要为世界卫生大会、执行委员会和秘书处。

【总部】瑞士日内瓦。

【主要负责人】总干事谭德塞（Tedros Adhanom Ghebreyesus，埃塞俄比亚籍），2017年7月1日上任，任期至2022年。

九、联合国环境规划署

（United Nations Environment Programme, UNEP）

【成立】1972年第27届联合国大会根据同年6月在瑞典斯德哥尔摩召开的联合国人类与环境大会的建议，决定成立联合国环境规划署（以下简称“环境署”）。1973年1月该署正式成立。

【宗旨】促进环境领域国际合作，并为此提出政策建议；在联合国系统内协调并指导环境规划；审查世界环境状况，以确保环境问题得到各国政府的重视；定期审查国家和国际环境政策和措施对发展中国家造成的影响；促进环境知识传播及信息交流。

【成员】普遍会员制，所有联合国会员国、联合国专门机构成员和国际原子能机构成员均可加入。目前有成员193个。

【主要负责人】执行主任英格·安德森（Inger Anderson，丹麦籍）。2019年就任，任期4年。

【总部】肯尼亚内罗毕。

【网址】http://www.unep.org/。

【联络方式】电话：+254–20–7621234；传真：+254–20–7624489/90；电子邮箱：unepinfo@unep.org 。

【出版物】《联合国环境规划署新闻》月刊（UNEP News）。

【组织机构】（1）理事会：由58个成员组成，任期4年，可以连任。理事会席位按区域分配如下：亚洲13个，非洲16个，拉美10个，西欧及其他地区13个，东欧6个。每两年改选理事会成员中的半数。理事会通过联合国经社理事会向联大报告，每两年召开1次理事会会议。在不举行理事会的年份举行1届特别理事会。1999年，联大通过决议，启动全球部长级环境论坛，每年于理事会会议和特别理事会会议期间举行。2012年，联合国可持续发展大会决定将联合国环境署提升为普遍会员制，将环境署理事会升格为每两年举行1届的联合国环境大会。（2）秘书处：联合国系统内环境活动实施和协调中心。

【资金来源】环境基金：主要来自成员国自愿认捐。主要用途是为该署提供联合国预算外资金，用于支付或部分支付该署活动经费，以及与其他联合国机构、国际机构、各国政府和非政府组织进行合作的费用。

【主要活动】环境评估：具体工作部门包括全球环境监测系统、全球资料查询系统、国际潜在有毒化学品中心等；环境管理：包括人类住区的环境规划和人类健康与环境卫生、陆地生态系统、海洋、能源、自然灾害、环境与发展、环境法等。支持性措施：包括环境教育、培训、环境信息的技术协助等。该署定期召开理事会和特别理事会；此外，环境署和有关机构还经常举办同环境有关的各种专业会议。

2021年2月22日，第五届联合国环境大会在肯尼亚首都内罗毕开幕。大会主题为“加大力度保护自然，实现可持续发展”，邀请来自144个联合国成员国和74个主要利益攸关方团体、其他联合国机构、政府间组织、国际公约秘书处等共1700余名代表参加，共商全球环境政策。受新冠肺炎疫情影响，大会分视频会议、现场会议两个阶段举行。

【环境署与中国合作情况】中国自1973年以来一直是联合国环境规划署理事会成员。1976年，中国在肯尼亚内罗毕设立联合国环境规划署代表处，由中国驻肯尼亚大使兼任代表。长期以来，中国与环境署保持良好合作关系。2003年9月，环境署在北京设立代表处。2014年5月10日，中国国务院总理李克强在内罗毕会见联合国环境规划署执行主任施泰纳。2017年，习近平主席在首届“一带一路”国际合作高峰论坛倡议建立“一带一路”绿色发展联盟，联合国环境署参与筹建该联盟。2018年，时任环境署执行主任索尔海姆来华访问4次，生态环境部部长李干杰均与其会见。2018年11月，时任联合国环境规划署执行主任索尔海姆来华出席国合会2018年年会“绿色‘一带一路’与2030年可持续发展议程”主题论坛。2019年4月，第二届“一带一路”国际合作高峰论坛成立“一带一路”绿色发展国际联盟，联合国环境规划署以成员身份加入。2021年2月22日，第五届联合国环境大会开幕，生态环境部部长黄润秋率团与会，并在领导者对话会议上作了题为“凝聚共识、齐心协力，加强保护自然行动”的发言。

【驻华代表机构】联合国环境规划署驻华代表处，负责人是涂瑞和（中国籍）。地址：北京市朝阳区亮马河南路2号。电话：010–85320921。

十、联合国妇女地位委员会

（Commission on the Status of Women, CSW）

【成立】根据经社理事会决议于1946年成立，为联合国经济社会理事会职司委员会之一。

【主要职能】联合国妇女地位委员会（以下简称“妇地会”）是联合国处理有关妇女问题的主要机构，其主要职责是促进妇女在政治、经济、社会及教育等方面实现性别平等，就有关妇女权益的迫切问题向经社理事会提出建议和报告。

【成员】成员由经社理事会按地区分配原则选举产生，共45个成员，任期4年。

【组织机构】每年召开一次会议。闭会期间，日常事务由联合国妇女署负责。

十一、东南亚国家联盟

（Association of Southeast Asian Nations, ASEAN）

【成立日期】1967年8月8日

【目标】2008年12月，《东盟宪章》正式生效，确定东盟的目标包括：（一）维护和促进地区和平、安全和稳定，进一步强化以和平为导向的价值观；（二）通过加强政治、安全、经济和社会文化合作，提升地区活力；（三）维护东南亚的无核武器区地位，杜绝大规模杀伤性武器；（四）确保东盟人民和成员国与世界和平相处，生活于公正、民主与和谐的环境中；（五）建立稳定、繁荣、极具竞争力和一体化的共同市场和制造基地，实现货物、服务、投资、人员、资金自由流动；（六）通过相互帮助与合作减轻贫困，缩小东盟内部发展鸿沟；（七）在充分考虑东盟成员国权利与义务的同时，加强民主，促进良政与法治，促进和保护人权与基本自由；（八）根据全面安全的原则，对各种形式的威胁、跨国犯罪和跨境挑战做出有效反应；（九）促进可持续发展，保护本地区环境、自然资源和文化遗产，确保人民高质量的生活；（十）通过加强教育、终身学习以及科技合作，开发人力资源，提高人民素质，强化东盟共同体；（十一）为人民提供发展机会、社会福利和公正待遇，提高人民福祉和生活水平；（十二）加强合作，营造安全、无毒品的环境；（十三）建设以人为本的东盟，鼓励社会各界参与东盟一体化和共同体建设进程，并从中获益；（十四）增加对本地区文化和遗产的认识，加强东盟共同体意识；（十五）在开放、透明和包容的地区架构内，维护东盟在同外部伙伴关系中的中心地位和积极主动作用。

【成员】10个：文莱、柬埔寨、印度尼西亚、老挝、马来西亚、缅甸、菲律宾、新加坡、泰国、越南。总面积约449万平方公里，人口6.6亿（截至2019年）。

【主要负责人】东盟峰会是东盟最高决策机构，由各成员国国家元首或政府首脑组成，东盟各国轮流担任主席国，2021年主席国是文莱。东盟秘书长是东盟首席行政官，向东盟峰会负责，由东盟各国轮流推荐资深人士担任，任期5年。现任秘书长林玉辉（Lim Jock Hoi，文莱前外交与贸易部常秘），2018年1月就任，任期至2022年年底。

【总部】东盟秘书处设在印度尼西亚首都雅加达（70A Jalan Sisingamangaraja, Jakarta 12110, Indonesia）。网址：http://asean.org。

【组织机构】根据《东盟宪章》，东盟组织机构主要包括：（一）东盟峰会：就东盟发展的重大问题和发展方向做出决策，一般每年举行两次会议。（二）东盟协调理事会：由东盟各国外长组成，是综合协调机构，每年至少举行两次会议。（三）东盟共同体理事会：包括东盟政治安全共同体理事会、东盟经济共同体理事会和东盟社会文化共同体理事会，协调其下设各领域工作，由东盟轮值主席国相关部长担任主席，每年至少举行两次会议。（四）东盟领域部长会议：由成员国相关领域主管部长出席，向所属共同体理事会汇报工作，致力于加强各相关领域合作，支持东盟一体化和共同体建设。（五）东盟秘书长和东盟秘书处：负责协助落实东盟的协议和决定，并进行监督。（六）东盟常驻代表委员会：由东盟成员国指派的大使级常驻东盟代表组成，代表各自国家协助东盟秘书处、东盟协调理事会等机构开展工作。（七）东盟国家秘书处：东盟在各成员国的联络点和信息汇总中心，设在各成员国外交部。（八）东盟政府间人权委员会：负责促进和保护人权与基本自由的相关事务。（九）东盟附属机构：包括各种民间和半官方机构。

【主要活动】1976年至2021年4月，东盟共举行了37次峰会、4次非正式峰会和1次特别峰会。

2016年9月，第28和29届东盟峰会在老挝万象举行，主题为“将愿景变为现实，迈向充满活力的东盟共同体”，主要讨论推进东盟共同体建设、东盟与外部的关系和发展方向，并就共同关心的国际和地区问题交换意见。会议通过了《东盟愿景2025》《东盟互联互通总体规划2025》和第三份《东盟一体化倡议工作计划》。东盟国家领导人还签署了共同应对域内外灾害的宣言。

2017年4月，第30届东盟峰会在菲律宾马尼拉举行。会议以“携手促进变革，共同拥抱世界”为主题，重点围绕东盟共同体建设及共同关心的国际地区问题进行了讨论。2017年11月，第31届东盟峰会在菲律宾马尼拉举行。

会议就建设更加稳定和更具韧性的东盟共同体（即建设以人为本的东盟、维护地区和平与稳定、加强海上安全与合作、促进包容性与创新驱动型增长、加强东盟韧性、推动东盟成为区域主义样板和全球事务参与者）进行了讨论，签署了《东盟关于保护和提高移民劳工权利的共识》，通过了《东盟关于预防和打击网络犯罪的宣言》《东盟创新宣言》等多份重要文件。东盟及其对话或域外伙伴领导人共同出席东盟成立50周年纪念活动。

2018年4月，第32届东盟峰会在新加坡举行。会议围绕"韧性与创新"主题，重点就东盟共同体建设和国际地区问题进行讨论，会后发表《主席声明》《关于建设韧性和创新的东盟愿景文件》《关于网络安全合作的声明》和《东盟智慧城市网络概念文件》。2018年11月，第33届东盟峰会在新加坡举行。会议回顾了东盟共同体建设进展，重申加强非传统安全、环境挑战、可持续发展等领域合作，通过了《东盟智慧城市网络框架》《关于增加绿色就业以促进东盟共同体平等与包容性增长的宣言》等文件。

2019年6月，第34届东盟峰会在泰国曼谷举行。会议围绕"加强伙伴关系，促进可持续发展"主题，重点讨论了东盟共同体建设和国际地区问题，发表了《东盟印太展望》《东盟领导人关于可持续伙伴关系的愿景声明》《应对亚洲地区海洋垃圾的曼谷宣言》及其行动框架等文件。11月，第35届东盟峰会在泰国曼谷举行。会议回顾了东盟共同体建设，就东盟未来发展方向、加强东南亚地区各领域可持续发展交换了意见。会议发表了《主席声明》《东盟关于向第四次工业革命转型的宣言》和《东盟关于气候变化的联合声明》等文件。

2020年4月，东盟关于新冠肺炎疫情特别峰会以视频会议形式举行。会议重点就东盟国家合作抗击疫情、恢复社会经济发展等交换了意见，发表了《特别峰会宣言》。6月，第36届东盟峰会以视频形式举行，发表了《东盟领导人关于团结协作主动应对的愿景声明》等文件。11月，第37届东盟峰会以视频形式举行，通过了《东盟全面复苏框架》及其实施计划。

【对外关系】东盟积极开展多方位外交，有中国、日本、韩国、印度、澳大利亚、新西兰、美国、俄罗斯、加拿大、欧盟10个对话伙伴。1994年7月，东盟倡导成立东盟地区论坛（ARF），主要就亚太地区政治和安全问题交换意见。1994年10月，东盟倡议召开亚欧会议（ASEM），促进东亚和欧盟的政治对话与经济合作。1997年，东盟与中日韩共同启动了东亚合作，之后东盟与中日韩（“10+3”）合作、东亚峰会（EAS）等机制相继诞生。1999年9月，在东盟倡议下，东亚—拉美合作论坛（FEALAC）成立。

2011年11月，东盟提出“区域全面经济伙伴关系”（RCEP）倡议，旨在构建以东盟为核心的地区自贸安排。2012年11月，在第七届东亚峰会上，东盟国家与中日韩印澳新（西兰）6国领导人同意启动RCEP谈判。2017年11月，首次RCEP领导人会议在菲律宾马尼拉召开。2020年11月，第四次RCEP领导人会议以视频方式举行，会上，中国、日本、韩国、澳大利亚、新西兰和东盟十国正式签署了RCEP协定，标志着迄今世界上人口最多、经贸规模最大、最具发展潜力的自由贸易区正式启航。